饭店经理人丛书

酒店管理合同
从履行到争议解决

王丽华 主编

编委 孟宪石 张兵 王悦
　　　孙凌岳 李晓皓

旅游教育出版社
·北京·

策　　划：赖春梅
责任编辑：陈　志

图书在版编目(CIP)数据

酒店管理合同：从履行到争议解决／王丽华主编．--北京：旅游教育出版社，2014.1
（饭店经理人丛书）
ISBN 978-7-5637-2754-4

Ⅰ.①酒… Ⅱ.①王… Ⅲ.①饭店—经济合同—管理 Ⅳ.①D913

中国版本图书馆CIP数据核字（2013）第197430号

饭店经理人丛书

酒店管理合同：从履行到争议解决

王丽华　主编

出版单位	旅游教育出版社
地　　址	北京市朝阳区定福庄南里1号
邮　　编	100024
发行电话	(010)65778403　65728372　65767462(传真)
本社网址	www.tepcb.com
E-mail	tepfx@163.com
印刷单位	北京中科印刷有限公司
经销单位	新华书店
开　　本	710毫米×1000毫米　1/16
印　　张	16.5
字　　数	243千字
版　　次	2014年1月第1版
印　　次	2014年1月第1次印刷
定　　价	56.00元

（图书如有装订差错请与发行部联系）

序 言

自2008年至今，转眼5年。北京奥运、上海世博、世界金融危机等时世盛衰都还如在眼前，但紧随其后的国内外历史早已奔流而去不复回还。五载前后，彼时今日，国际酒店业的发展环境早已不可同日而语。

笔者拙著《酒店管理合同：从谈判到履行》自2008年起筹划，于2009年9月由旅游教育出版社正式付梓出版，并于2013年4月再版。时至今日，中国酒店业突飞猛进，新酒店、新品牌、新管理公司层出不穷，日新月异。在此期间，笔者所在的中伦律师事务所酒店业务团队所接触的酒店项目案例，不仅在数量上进一步扩大，而且服务范围日益纵深到酒店管理合同谈判、酒店工程建设、酒店日常事务运营、管理公司和业主争议解决等酒店行业的方方面面。专业领域的扩展和纵深发展，进一步开阔了我们作为专业酒店律师的视野、思路和思维方式，也加深了我们对酒店管理合同具体条款适用和实践操作的理解与掌握。如今再次回顾《酒店管理合同：从谈判到履行》，笔者深感有必要结合所参与和了解的具体案例，就酒店管理合同的具体条款履行和相关争议解决，通过另一个角度、另一种方式和另一条思路向读者做更为清晰的剖析。

从主体内容及讲述方式来看，前书《酒店管理合同：从谈判到履行》的重点在于酒店业主和管理公司在管理合同谈判阶段所应注意的主要问题，旨在加深读者对管理合同谈判要点的认识，对合同履行部分的分析未过多展开。该书的体系及内容更像酒店业务领域的入门及进阶教材。认真读过该书的读者将对酒店委托管理项目（目前国际酒店管理公司参与国内酒店项目的主要方式）有个整体的了解和把握，并初步认识到酒店管理合同中所涉及的主要问题，以及目前酒店业内的普遍惯例，这对初入酒店领域的广大酒店业主等人士的普及教育作用尤为明显。

本书《酒店管理合同：从履行到争议解决》既是前书《酒店管理合同：从谈判到履行》的续、补，更是新的角度、新的展开、新的境界，也大可自成体系，独立成篇。如果说《酒店管理合同：从谈判到履行》是类似一种教科书式的按部就班的系统阐述，则本书《酒店管理合同：从履行到争议解决》是与前书的相互映衬、相得益彰、相映成趣的对照和呼应。前书《酒店管理合同：从谈判到履行》更多运用的是系统的归纳方法，通过层层架构酒店管理合同的复杂结构，在读者面前清晰地搭建起一个框架体系，为读者画了一幅脉络分明的图；而本书《酒店管理合同：从履行到争议解决》则是引导读者按图索骥、顺藤摸瓜，去发现和挖掘酒店管理合同脉络框架里更为丰满充实的内容。通常来说，争议和纠纷更易引起大家的共鸣和思考，其焦点也更为明确而集中。本书将由此及彼，由果及因，通过解析和解构的方式，通过真实发生的或经改良模拟的案例，为读者揭示那看似风轻云淡的合同文字表层下所掩藏的层层陷阱。

本书以时间为主线，从酒店业主和管理公司签署合作意向书开始，引用双方在意向书履行阶段、技术合同谈判和履行阶段、管理合同谈判阶段、开业前技术合同履行阶段、开业前管理合同履行阶段、开业后管理合同履行阶段以及管理合同违约终止等阶段的具体案例，对其逐一进行分析解读；特别是在酒店开业后阶段，专门就酒店管理的人、财、物等核心内容进行分章扩展讲解；最后以争议解决的方式和途径作为全书的归纳和落脚，试图为读者指明更为清晰和更具操作性的解惑之路。读者可跟随着笔者一路走来，顺流而下，看酒店业主和管理公司双方恰似"夹岸高山，皆生寒树；负势竞上，互相轩邈；争高直指，千百成峰"，领略双方出于自身利益考虑而引发的争议案例中的种种玄机，亦可根据自身需要来选择可借鉴的相应阶段和环节。

在本书中，笔者将就该等争议和纠纷进行或繁或简的解析，介绍相关知识背景和法律常识，分析处于不同时期不同阶段的案件中所存在的问题、风险及其不同特点，解析其中所涉及的商业问题和法律问题，引领读者做深层次思考，并尽可能从多个角度分析解决思路、方案及方法，在引导读者寻找合适解决方式的同时，也可以启发读者防范类似商业风险和法律风险，以期达到与前书《酒店管理合同：从谈判到履行》相互印证、相互注解、相互呼应的效果。本书将对酒店管理合同履行及争议解决起到切实有效的实践指导作用。大多时候，一个问题的答案可能并非唯一，也可能并不是最佳，不同角度、不同立场都可能推导出截然相反的结果和判断。在案例讲解过程中，孰是孰非、谁输谁赢其实还在其次，如何通过案例及其分析从中获得启发和引导可能更为重要。这也是笔者编写本书的主要意图之一。

本书共设四编。第一编，从意向到签约；第二编，从签约到开业；第三编，从开业到终止；第四编，从争议到解决。每一编开篇为读者导读，介绍整编的架构和主要内容。每一编之下设章，章下设节，每一节为一个经典案例。每一个案例分为"案例介绍"（介绍相关案例来龙去脉）、"争议要点"（案例所涉知识要点的归纳总结）、"简要分析"（案例的分析演绎）。以上为本书体例。

五年一小结。作为笔者及中伦律师事务所酒店业务团队对过去数年来辛勤工作及专业经验的归纳和总结，作为对于前书《酒店管理合同：从谈判到履行》的参照，《酒店管理合同：从履行到争议解决》向《酒店管理合同：从谈判到履行》致敬。书非巨作，笔非如椽，但所幸句句来自平日实践。错漏之处，在所难免；如有差池，欢迎指正切磋，万勿贻笑于大方。

王丽华
2013年6月于北京

目 录

第一编 从意向到签约

第一章 《意向书》的履行 ………………………… 3
第一节 《意向书》的法律效力 ………………… 4
第二节 缔约过失责任的认定 …………………… 8

第二编 从签约到开业

第二章 酒店开发技术协助 ……………………… 15
第一节 品牌标准的差异 ……………………… 16
第二节 技术协助服务的定位 ………………… 18
第三节 第三方顾问的选聘 …………………… 21
第四节 酒店行业硬件星评标准 ……………… 26
第五节 对周边配套设施的要求 ……………… 32
第六节 管理方内部技术意见的分歧 ………… 35
第七节 《技术服务合同》的转让 …………… 39
第八节 合同双方的实际履行能力 …………… 42
第九节 酒店样板房的核查 …………………… 45
第十节 酒店工程进度定期报告制度 ………… 49
第十一节 酒店开发的技术责任范围划分 …… 51
第十二节 酒店品牌标准责任的落实 ………… 54

第三章　酒店开业前筹备 …… 63

第一节　酒店开业前支出费用 …… 64
第二节　酒店开业前人事安排 …… 65
第三节　首个财务年度预算的审批 …… 69
第四节　合同的签约主体 …… 70

第三编　从开业到终止

第四章　人事安排 …… 77

第一节　酒店总经理聘请之困境 …… 78
第二节　酒店总经理的中途缺失 …… 82
第三节　业主代表如何代表业主 …… 85
第四节　酒店总经理和副总经理的关系 …… 88
第五节　酒店总经理过错的归属 …… 92
第六节　酒店总经理的撤换 …… 94
第七节　酒店总经理的竞业禁止 …… 96

第五章　财务和费用 …… 100

第一节　财务印章的管理 …… 101
第二节　年度预算的制定 …… 104
第三节　年度预算的调整 …… 108
第四节　酒店财务账簿的审计 …… 111
第五节　财务双签制度的执行 …… 114
第六节　酒店经营中的重大合同 …… 117
第七节　储备基金的使用 …… 120
第八节　管理费用的税负承担 …… 123

第六章　物业和资产 …… 127

第一节　酒店的用地性质 …… 128
第二节　酒店管理区域的确定 …… 131

第三节　公共区域的管理及费用分摊 …………134
第四节　酒店设备及物资采购 …………137
第五节　酒店资产的保管和盘点 …………141
第六节　酒店资产的转让 …………144
第七节　不干扰协议的履行 …………148
第八节　酒店损毁和征用赔偿 …………152

第七章　知识产权 …………155

第一节　酒店品牌注册 …………156
第二节　品牌标准的变更 …………160
第三节　合同终止后摘牌 …………164
第四节　集团服务和品牌标准的关系 …………166
第五节　管理公司的专有资料 …………169
第六节　业主对品牌的合理使用 …………172
第七节　品牌公寓对品牌的使用 …………175

第八章　业绩考核 …………179

第一节　业绩考核的时间设置 …………180
第二节　业绩考核条款的落空 …………183
第三节　业绩考核的例外情况 …………187

第九章　发展限制 …………191

第一节　业务发展的时/空限制 …………192
第二节　对发展限制的限制 …………194

第十章　违约和终止 …………198

第一节　违约赔偿金的计算 …………199
第二节　故意不当行为和重大过失责任 …………202
第三节　《管理合同》的终止难题 …………205
第四节　有限的违约赔偿金 …………208
第五节　天价违约索赔 …………211
第六节　法定抗辩权 …………213

第四编　从争议到解决

第十一章　专家解决机制 ……………………… 219
 第一节　专家解决的概念和适用范围 ………… 220
 第二节　专家解决的程序 …………………………… 222
 第三节　专家解决的其他问题 ………………… 225
 第四节　选择专家解决的利与弊 ……………… 228

第十二章　仲裁解决机制 ……………………… 230
 第一节　仲裁解决机制的特点和优点 ………… 231
 第二节　仲裁机构/仲裁地的选择 ……………… 233
 第三节　仲裁条款的效力 ………………………… 238
 第四节　提起仲裁应注意的其他事项 ………… 240

第十三章　诉讼解决机制 ……………………… 243
 第一节　诉讼作为争议解决方式的实践应用 ……… 244
 第二节　诉讼作为辅助争议解决方式的应用 ……… 245

第十四章　其他通用条款 ……………………… 247
 第一节　管辖法律 ………………………………… 248
 第二节　不可抗力 ………………………………… 248
 第三节　政府批准 ………………………………… 250
 第四节　合同语言 ………………………………… 251
 第五节　保密义务 ………………………………… 251
 第六节　通知 ……………………………………… 252

后　记 ………………………………………………… 253

第一编
从意向到签约

在国际品牌酒店委托管理项目中，酒店项目开发商（即酒店业主）和国际品牌酒店管理公司之间较为正式的合作关系通常始于双方所签署的《合作意向书》（或称《谅解备忘录》；以下简称《意向书》）。一纸文书，虽非契约，且通常不具有普遍意义上的法律约束力，但却以书面形式正式地开启了双方"独家"合作关系的序幕，表达了双方继续合作的良好诚意和强烈意愿。好的开始，往往预示了双方在今后《管理合同》谈判及履行过程中的良好合作和共同发展。在有的酒店项目中，《意向书》中还可能同时包含部分技术服务的相关内容，或者双方在签署《意向书》的同时另行签署一份独立的《前期技术服务合同》或《临时技术服务合同》（也有提前签署正式《技术服务合同》的个案）。这使得《意向书》在法律上已不再只是一纸君子协定，而增加了更多的"协议"成分。《意向书》性质的复杂化也增大了酒店业主和管理公司双方在此阶段发生分歧和争议的概率。

第一章
《意向书》的履行

导读

酒店业主和管理公司甫一签署《意向书》，即在法律责任和商业道义上进行了一定程度的"捆绑"，既是双方较正式合作关系的书面确认，也是双方就正式合同进行谈判的开始。根据《意向书》题中应有之意，双方对项目合作中的主要商业条件和条款已然达成共识，《管理合同》《技术服务合同》等不过是在合同法律形式上作进一步的丰富和补充，其实质不会改变《意向书》中达成的"君子协定"。然而，商业合作关系瞬息万变，不变的是各方对各自公司利益的最大化追求和最有效保护。《意向书》从"捆绑"双方之初就是较为宽松的"活结"，究其法律本质，总体而言多为非强制性，实践中也无太强执行力。其中特别约定的具有法律效力的条款（诸如保密义务、排他义务等）也多为官样文章，现实中双方为此纠结的案例极少。然而，涉及技术服务及技术服务费此类实质性内容的《意向书》则另当别论，其相关条款在此方面已具备一般合同和协议的特质，也具体关系到双方的切身利益，因此该部分也是《意向书》阶段更为实质性的争议点所在。本章将截取几个案例，通过对酒店业主和酒店管理公司在《意向书》履行阶段的某些争议和纠纷的分析，以使读者对《意向书》有一个更为清晰的认识。

第一节 《意向书》的法律效力

案例介绍

A 公司是我国某市一家房地产开发公司，其拟在本市投资建造一个国际五星级品牌酒店，因此需要引进一家国际品牌酒店管理公司。经与某知名国际酒店管理公司 B 公司初步接洽和磋商，A 公司与 B 公司双方就该项目合作的主要商业条件达成了一致意见，并于 2011 年 3 月 1 日签署了关于该项目的《意向书》。在《意向书》中，双方约定了达成合作意向的主要商业条件（包括合作期限、管理费、技术服务费、许可费等），并约定在《意向书》签署后 6 个月内，双方有排他性义务与对方就该酒店进行《管理合同》、《技术服务合同》、《品牌许可合同》等正式合同的商业谈判，任何一方不得与第三方就该项目进行任何商业性的接洽或谈判。同时，《意向书》也详细约定了各个条款不同的法律效力，分别约定其是否对双方具有法律约束力。由于该酒店的建造工期较紧迫，A 公司急于 B 公司技术团队的及早介入，并尽快取得该酒店品牌的技术设计标准。因此，双方在《意向书》中同时约定了 A 公司应在《意向书》签署后向 B 公司支付 30% 的前期技术服务费，B 公司收到前期技术服务费后即开始向 A 公司提供技术支持和顾问服务。随后，在《管理合同》等正式合同的谈判期间内，双方就正式合同进行了激烈的谈判。与此同时，双方的技术工作也在有条不紊地进行中。就在上述 6 个月期限即将到期之际，A 公司和 B 公司就正式合同谈判和基本合作理念产生了重大分歧，经多次协商最终无法调和。A 公司决定另行选择聘请其他更为适合的国际品牌管理公司，终止与 B 公司的合作。此时，双方却就如何终止《意向书》产生了分歧。那么，如何来确定《意向书》的法律效力？是否 6 个月到期即可自动终止？《意向书》中的技术服务内容的效力如何确定，如何解决？这都成为双方当时必须解决的问题。

争议要点

《意向书》的法律约束力；《意向书》不同条款的法律效力。

简要分析

《意向书》，顾名思义，是当事人双方或多方在就某事件签署正式合同之前，先就主要商务条款和条件达成初步设想的意向性文书。在《意向书》约定的谈判期限内，双方将依据《意向书》所确定的原则，协商正式合同的具体条款。如果双方能如愿以偿在《意向书》期限内签署正式合同，《意向书》将完成其任务，从双方的有效性文件中退出，让位于具有正式法律效力的正式合同。然而，在类似项目中，经常出现本案中所描述的情况，即双方在《意向书》约定的期限内终止双方的正式合同谈判。此时，双方面临如何处理《意向书》终止的善后问题，必然将牵扯到《意向书》条款的效力问题。

一、《意向书》的效力

《意向书》是双方意志和意愿的表达，但并非以协议或合同的方式在法律框架下固定下来。意向而非协议，是《意向书》的题中应有之义，但《意向书》的法律性质并不能如此简单地概括，其法律性质和效力需具体分析。

简单而言，《意向书》中的主要商务条款（例如《管理合同》期限、基本管理费、奖励管理费、技术服务费、双方在《管理合同》中的主要权利条款等）并不具有法律效力，仅是双方的一纸君子协定。作为双方谈判《管理合同》的基础和依据，这些条款从法律角度来看对双方并不具有法律约束力，届时如果双方终止《管理合同》的谈判，该等商业条款对双方并不具有强制约束力，双方不会因此而构成违约，进而向对方承担法律责任。《意向书》中具有法律效力的条款多数为法律性条款，例如保密义务、谈判排他性义务、《意向书》期限、争议解决条款等。

关于保密条款，《意向书》的保密条款内容与正式合同的保密条款并无实质区别，即约定《意向书》双方对《意向书》所涉及的相关事项，以及业主和管理公司向对方提供的与酒店、地块、品牌、技术、系统等相关的所有信息均为保密信息，除非法律（包括证券交易所规定）的强制要求，未经另一方的事先书面同意，《意向书》中的任何一方均不得向第三方披露前述信息。除法律要求或上市需要的强制性披露之外，可允许的信息披露通常还包括：双方向其内部相关高管人员、各自关联公司、财会和法律专业顾问等进行合理的、必要的披露，而且披露方应告知接受方该等信息为保密信息，并为接受方的保密义务承担连带责任。如果业主或管理公司信息的接受方违反其保密义务，业主或管理公司则应当相应承担责任。在实践操作过程中，保密责任通常更多地适用于对业主方的限制，特别是在酒店业主借国际品牌来获取酒店项目土地使用权或者房地产综合体项目开发商利用酒店品牌出售临近住宅的案例中，管理公司对业主使用酒店品牌的限制将更加严格。业主在争取酒店项目土地使用权的过程中，通常被当地政府部门要求引入国际知名酒店管理公司，以此作为其竞拍土地使用权的前提条件。在笔者接触到的案例中，管理公司的参与更像一次冒险。为避免被地产开发商利用，管理公司通常约定较为严苛的违约赔偿金。

关于谈判排他性义务，该义务通常也是主要为了保护管理公司在《管理合同》谈判过程中的排他性权利，即在《意向书》签订之后的一段期限内，双方应排他性地进行《管理合同》的谈判，业主不应同时与其他管理公司进行类似的谈判、协商等商务接洽。例如在本案例中，双方约定，在《意向书》签署后6个月内，双方有排他性义务与对方就该酒店进行《管理合同》、《技术服务合同》、《品牌许可合同》等正式合同的商业谈判，任何一方不得与第三方就该项目进行任何商业性的接洽或谈判。该条款的目的在于节省各方谈判成本，更具有目标性，有利于提高双方合同谈判的效率和效果。该条款是《意向书》中具有法律效力条款中最有实际意义的条款之一。另外，业主在面对管理公司提供的排他性条款时应考虑如何保证业主方在该条款的权利，增加对管理公司的排他性限制，防止该条款成为仅仅限制业主的单方条款。本案例中双方对排他性义务的约定仅限于"该项目"的范围内，实际上仅是约束业主 A 公司一方的单方条款，对管理方 B 公司并无约束力。由于《管理合同》的谈判需要双方进行较长时间的博弈，因此通常情况下，双方可能无法在《意向书》中最初约定的排他期限内完成《管理合同》的谈判，从而需要在初始排他期届满前进行延展。该等延展不仅是双方谈判期限的延展，同时也是双方排他性义务的延展，而后者往往是双方所经常忽略之处。

关于争议解决条款，考虑到《意向书》的上述法律效力特点，相对于正式合同的争议解决条款，《意向书》的争议解决条款的实际意义并不大。但《意向书》中同样有具有法律效力的条款，由于存在发生争议的可能，而且《意向书》的争议解决方式往往关联到双方对正式合同的争议解决条款的约定，因此双方可在《意向书》阶段即就争议解决的方式进行沟通。

结合对上述《意向书》效力条款的分析，在本案例中，A 公司提出准备解除

《意向书》的时间点为6个月排他期限即将到期之际，因此违反排他性条款的情况基本可排除，且双方并不存在违反保密义务等具有法律约束力的条款，因此双方仅就《意向书》基本内容而言，并没有实质性的"违约"行为。

二、临时技术服务的处理

然而，本案中的《意向书》并非传统意义上的《意向书》。考虑到《意向书》所处阶段的特性，《意向书》的履行和管理公司技术服务的履行密切相关。在一些项目中的《意向书》中，常常同时包含了技术服务因素，或者本身综合了技术服务和技术服务费条款，或者与《前期技术服务合同》（或正式《技术服务合同》，但为个案）同时签署、效力相关联。具体而言，在《意向书》期限内，酒店的工期往往正处于最需要管理公司前期技术介入和提供技术顾问意见的阶段，管理公司未及时介入可能导致酒店后期设计和建设的返工，造成业主不必要的浪费。因此，在《意向书》签署之后，业主和管理公司的合作关系一旦基本确定，此时大多数业主会需要管理公司技术工作的提前开始。但《意向书》毕竟只是意向而非合同，仅依赖于双方对商业规则的信守，并无法律强制约束力。管理公司此时通常并不愿过早地提供实质性的技术服务，所能提供的通常仅仅是简单的大体指导，并非正式而详细的意见，通常也不提供书面意见或现场服务。有的酒店业主为了获得管理公司更为正式和专业的技术服务，与管理公司协商先行签署正式的技术协助服务或临时技术协助服务协定，或在《意向书》中即约定基本的技术服务内容和技术服务费用金额，并约定技术服务费的支付细则。《意向书》中的技术服务内容和技术服务费支付条款已具有协议和合同的基本特征，从法律角度来看，已具有正式的法律效力，对双方具有强制约束力。但是，此时的技术服务应考虑到双方的正式合作关系并未完全确定，还存在双方不能继续合作的极大可能性，因此双方在《意向书》或单独协议中约定临时技术服务内容和费用时应特别考虑双方合作终止时该如何处理。

对于管理公司而言，提前提供品牌标准文件和技术服务可能导致自己的知识产权泄露，浪费开发部门和技术部门的人力、物力，被无诚意合作的业主所利用，因此管理公司对提前提供技术服务通常比较谨慎，仅在对该项目《管理合同》能够达成合作意向有一定把握时才会同意提供技术服务。对于业主而言，提前获得管理公司技术的同时即须向管理公司支付技术服务费，双方的技术合作关系有可能会导致业主骑虎难下，在《管理合同》谈判过程中失去主动地位，被迫接受管理公司在《管理合同》模板中设定的苛刻条件。而且，不同酒店管理公司不同酒店品牌的技术要求均不相同,中途换牌将导致业主大量返工和成本浪费。因此,双方在确定双方技术合作关系之前应对未来合作有清楚明确的预期,而不应仅因为《意向书》主要条款无法律约束力而轻视《意向书》条款的签订和履行。

在本案例中,双方在《意向书》中同时约定了 A 公司应在《意向书》签署后支付 30% 技术服务费,同时 B 公司应开始向 A 公司提供技术支持和顾问服务,并且《意向书》中明确约定该等条款具有法律约束力,因此该等条款即等同于合同条款,需要双方严格履行并相应承担责任。双方因为《管理合同》谈判的终止,其在技术方面的合同关系即也终止,如何界定双方在终止时的权利和义务,如何确定 A 公司支付技术服务费的额度,则需要综合考虑《意向书》终止原因、B 公司已提供的技术服务与 A 公司已支付的费用等因素。在本案例中,经双方诚意协商,B 公司放弃 A 公司尚未支付的部分初期技术服务费,A 公司向 B 公司退还相关技术标准文件。双方和平解决了该争议,并未因此而对簿公堂。

第二节 缔约过失责任的认定

案例介绍

在我国某市一房地产开发项目中,开发商 A 公司聘请国际酒店管理公司 B 公司经营管理该房地产项目中的五星级豪华酒店。双方经几次协商后签署了关于 A 公司委托 B 公司经营管理该酒店的《意向书》。在《意向书》中约定了双方的合作意愿及主要商业条件,并且约定了 B 公司向 A 公司提供技术服务并收取一定技术服务费。然而,就在双方在《意向书》有效期内进行《管理合同》谈判过程中,双方在众多核心商业条款上意见发生了严重分歧,无法达成妥协意见,双方之间的谈判最终以失败告终。此时,A 公司以 B 公司存在缔约过失责任等为理由,要求 B 公司归还所有已支付的技术服务费,并赔偿 A 公司在谈判过程中的损失。B 公司认为 A 公司的诉求毫无依据,因此拒绝向 A 公司返还和支付任何费用。

争议要点

酒店业主和管理公司在《管理合同》谈判过程中的缔约过失责任。

简要分析

在本案例中，A 公司所提出的"缔约过失责任"是一种先合同责任，以下笔者将首先对缔约过失责任进行简要介绍，进而对本案例进行简要分析。

一、缔约过失责任

缔约过失责任是指在合同订立过程中，一方当事人因违背其根据诚实信用原则本应尽到的先合同义务（或称为先契约义务或缔约过程中的附随义务，通常包括依照诚实信用原则应尽到的协助、告知、保管、保密、忠实义务等），而导致合同不成立或虽然成立但因不符合法定生效要件而被认定为无效、被变更或被撤销，从而使另一方当事人的信赖利益受到损失，由此而应承担一定的民事责任。

缔约过失责任在我国《合同法》中有明文规定："当事人在订立合同过程中有下列情形之一，给对方造成损失的，应当承担损害赔偿责任：（一）假借订立合同，恶意进行磋商；（二）故意隐瞒与订立合同有关的重要事实或者提供虚假情况；（三）有其他违背诚实信用原则的行为"，"当事人在订立合同过程中知悉的商业秘密，无论合同是否成立，不得泄露或者不正当地使用。泄露或者不正当地使用该商业秘密给对方造成损失的，应当承担损害赔偿责任。"该等法律条文即规定了缔约过失责任。

上述法律条文列举了缔约过失的几种具体行为，其中第一种为"假借订立合同，恶意进行磋商"。所谓"假借"，是指本没有与对方签署合同的意愿，但为了其他目的而假意与对方进行合同谈判。例如有的开发商为取得土地使用权假意与管理公司签署《意向书》，待取得土地使用权后借故终止《管理合同》谈判。所谓"恶意"即主观故意的主观心理状态。

第二种行为是"故意隐瞒与订立合同有关的重要事实或者提供虚假情况"。根据中国法律规定："一方当事人故意告知对方虚假情况，或者故意隐瞒事实情况，诱使对方当事人做出错误意思表示的，可以认定为欺诈行为。"因此该行为为欺诈行为，具有明显的主观故意过错，通过积极地提供虚假情况或消极地隐瞒重要事实来错误地引导对方以损人利己。

第三种行为是泄露或不正当地使用在订立合同过程中所知悉的对方的商业秘密，包括违反保密义务向第三方披露商业秘密，或者不正当地使用商业秘密谋取私利，或非法地允许他人使用。

第四种为兜底条款，将其他违背诚实信用原则的行为涵盖在内，例如当事人一方违反协助、通知、保管等义务的行为。

通过以上对相关中国法律条款的分析可以看出，缔约过失一方通常具有明显的恶意，违背了诚实信用原则，因此即便双方未签署具有约束力的契约文件，有主观过错一方仍应为己方的过错承担责任。体现在具体案例中，则非过错一方需要通过举证来证明对方的主观过错。本案例中A、B双方均应收集在此期间能够反映对方主观过错的证据，以及能够表明自身无过错的证据。双方在日常沟通过程中的电子邮件、传真、信函往来、通话记录以及会议纪要等都是常见的证据形式。

二、缔约过失责任的认定

不同于违约责任和侵权责任，缔约过失责任是独立于前两者的单独责任。确定当事人是否应承担缔约过失责任，可从以下构成要件逐一进行对比分析：

①首先，缔约过失一方当事人存在违反先合同义务、先契约义务或法定附随义务的行为。以本案例为例，双方当事人在《管理合同》谈判过程中，虽然双方之间没有《管理合同》进行约束和限制，但双方却存在另一种特别关系，即一种信赖关系。根据该信赖关系，双方依照诚实信用原则相互之间须承担一定的配合、协作、告知等附随义务。如果一方违反该等附随义务，则可能产生缔约过失责任。

②上述违反先合同义务的行为客观上给对方造成了可信赖利益的损失。可信赖利益损失指缔约另一方因信赖合同将会有效成立但因合同最终不成立或无效而受到的利益损失。但可信赖利益应是建立在合理的信赖基础之上的，超出合理范畴的信赖利益不应作为缔约过失责任的损失。

③前述违反先合同义务的行为与对方利益损失具有因果关系。

④缔约过失责任是过错责任，违反先合同义务一方应具有主观上的过错。主观过错包括故意和过失。

上述构成要件在判断当事人是否构成缔约过失责任时缺一不可。在本案例中，业主A公司要求酒店管理公司B公司承担缔约过失责任，首先需看B公司是否违反了上述先合同义务，即是否存在假借订立合同，恶意进行磋商；故意隐瞒与订立合同有关的重要事实或者提供虚假情况；泄露或不正当使用在订立合同过程中知悉的商业秘密；或有其他违背诚实信用原则的行为等。总之，A公司应举证B公司在履行《意向书》的过程中存在任何违反诚实信用原则的、具有主观过错的不当行为。如有证据证明B公司确实存在任何前述行为，A公司仍须证明上述行为对A公司造成了可信赖利益的损失。在证明对方具有主观过错的行为和己方存在可信赖利益损失之后，A公司还须证明对方过错和己方损失两者之间存在因果关系。通过具体事实和前述构成要件的一一对应即可判断B公司是否存在缔约过失责任。由此可见，举证责任基本在A公司这一业主方。如果B公司并无明确的、可被证明的主观过错行为，则B公司的缔约过失责任很难认定。在本案中，A公司未能提出充分的证据，放弃了对B公司的索赔。B公司也放弃了对欠付技术服务费的主张。

第二编
从签约到开业

　　酒店业主与管理公司签署《管理合同》、《技术服务合同》等酒店项目相关合同后，双方正式从谈判桌两边对立交锋的关系，转变为需要同舟共济、为打造一个出色酒店项目而共同努力的合作关系。相应的，酒店项目由《意向书》和《管理合同》谈判阶段，进入了下一个阶段——酒店开发建设阶段和开业前筹备阶段。虽然酒店业主与管理公司此时已经成为了合作伙伴，但是双方出于不同的商业目的和商业需求，在酒店开发建设和开业前筹备阶段，会有不尽相同的倾向性。一方面，管理公司通常比较坚持酒店硬件必须符合品牌标准，而业主出于投资成本、投资回报等综合性考虑因素而希望在酒店建造及物品采购方面有一定程度的灵活性。业主方与管理公司在酒店品牌标准和《技术服务合同》责任上的妥协和争执，为双方未来合作过程中可能产生的分歧和争议留下了隐患。

第二章
酒店开发技术协助

导读

在酒店开发建设阶段,酒店管理公司通常会非常坚持和强调业主对酒店品牌标准的落实。在酒店设计方面,管理公司对于客房面积、酒店客房/餐饮/服务/后勤等区域的布局、室内装饰装修风格、园林设计及酒店外观等方面均有特定的要求。对于酒店工程技术方面,管理公司会对酒店机电、管道、排水、电讯、照明、电梯、空调、消防等提出品牌标准。业主对此一般会有两种倾向。有的业主倾向于不计成本地以高标准和高规格建设酒店。这类业主多出现在市场流动性宽裕、融资成本低廉、政策支持到位的房地产业快速发展时期。而另一类业主在笔者从业过程中更为常见,其对于酒店开发建设工程精打细算,从聘请设计师到购买建设材料,从装修标准到机电设备的配备,尽力控制成本。管理公司对于品牌标准的坚持程度也不尽相同。据笔者了解,对于进入中国市场时间较长的大型国际酒店集团,由于其业已形成的市场地位,因此一般会对品牌标准更为坚持。对于一些在我国发展较晚的酒店集团,由于其市场地位尚有待巩固,因此其有可能对标准进行更多妥协。然而,无论出于任何原因的妥协实际上都是一柄针对双方的双刃剑。一方面,业主有了更为灵活的酒店开发标准,不需拘泥于管理公司的要求,可能影响到管理公司品牌标准的统一性;另一方面,品牌标准是管理公司结合其经营经验和品牌策略制定出的反映品牌特色的标准性文件,对其内容妥协越多,则开发出的酒店产品可能越远离公众普遍认同的品牌特色,进而影响酒店质量,最终对业主不利。

第一节　品牌标准的差异

案例介绍

某地的房地产开发商 A 公司为了开发其酒店项目，与国际知名的酒店管理公司 B 公司签署了关于该酒店的《意向书》。其后，A 公司根据 B 公司的酒店品牌技术标准设计和建设酒店项目。与此同时 A 公司与 B 公司进入《管理合同》的谈判阶段。B 公司在签署《意向书》后即介入了酒店项目，向 A 公司提供一部分前期技术协助工作，按照其酒店品牌标准打造酒店建筑。在 B 公司的众多品牌标准中，其对酒店客房有一个特殊的品牌标准要求，即要求房间必须配置有特色的单独衣帽间。根据 B 公司的上述要求，A 公司设计建设并完成了酒店相应客房的施工工作。然而，A 公司和 B 公司在《管理合同》谈判过程中最终由于某一重大商业条款无法谈妥而导致分道扬镳。B 公司也由此终止了对 A 公司的前期技术服务。A 公司随后联系了多家管理公司，部分管理公司从其经营角度向 A 公司提出，从优化客房面积配置以降低能源消耗并增多酒店钥匙间数量方面，其酒店客房不应设置单独衣帽间。但此时客房衣帽间位置已经留出，再进行调整已非常困难，由此严重影响了 A 公司再次寻找新酒店管理公司的进度。A 公司通过对酒店客房进行适当调整后，最终与一家认可该酒店客房衣帽间设置的酒店管理公司签署了《管理合同》，勉强解决了上述难题。

争议要点

不同管理公司对于酒店品牌标准的不同要求对于业主的风险。

简要分析

根据笔者与众多酒店业主接触的经验，业主在与管理公司就酒店项目进行沟通初期，最为关心的问题往往都是：管理公司能在什么时候开始介入酒店项目。由于业主开发酒店项目通常都会存在诸如资金压力、财务成本、政府要求、商业协同等一系列问题，酒店项目的设计、建设等开发环节往往都存在较大的时间压力，业主一般都会根据排定的日程安排推进设计、建设工作。因此，如果管理公司能够早日介入酒店项目，并提供相关技术意见，能使业主方的酒店开发工作更早地迈上正轨，尽量少做无用功。同时，由于房地产建设开发某些部分的不可逆性，如果直到酒店封顶甚至竣工后管理公司才介入的话，酒店物业已经固化的很多指标（例如外沿高度、酒店层数、每层层高、网柱间距、房间面积等）可能根本无法再行更改。即便可以修改，也需要业主进行大量的返工操作，这将带来经济成本和时间成本的双重消耗，影响酒店项目的经济性和效率。

根据我国酒店行业的传统惯例，管理公司一般都选择在与业主正式签署《管理合同》及《技术服务合同》后，才会正式介入酒店开发工作，在此之前，管理公司最多提供一些简单的非实质性问题解答。管理公司和业主正式签署《管理合同》及《技术服务合同》之后，双方正式地确立了合作关系，法律权利义务分担才得以明确。对于管理公司来说，此种方式将最有利于其利益得到法律保护。例如，这样才能更好地确保其收费权、要求业主聘请第三方顾问的相应权利，以及管理公司知识产权保护等。

在业主与管理公司签署酒店项目的《意向书》或《谅解备忘录》后，很多业主通常会要求管理公司及早参与酒店项目，而不论《管理合同》的谈判情况进展如何。为了迎合业主的这种要求，部分管理公司可能愿意作出妥协，即在《意向书》签署之后至《管理合同》签署之前的阶段，甚至《意向书》谈判期间，管理公司提供某些有限的技术服务。该等技术服务大多仅针对酒店设计、建设工程所开展到的阶段而提供，并且仅提供某些管理公司认为必要（而非全面）的意见，从而在未签署《管理合同》和《技术服务合同》的双方关系不确定阶段尽量保护其知识产权。

此外，目前有些酒店管理公司为了适应我国酒店市场的新变化，并使管理公司在《管理合同》和《技术服务合同》正式签署前为业主提供技术协助服务也师出有名，因此可能会要求在签署《意向书》的同时，与业主一并签署一个临时技术协助服务合同，还有些管理公司直接要求在此时与业主方签署《技术服务合同》。针对管理公司的这种对技术协助相关事宜的灵活处理方式，根据我们的理解及对该行业的了解，这一方面给业主方提供了更多的技术协助，有助于业主更早地得到管理公司的品牌技术标准，可以在一定程度上提高开发效率，及时推进酒店项目的设计及建设进程；但从另一方面讲，由于管理公司尚未与业主签署《管理合同》，《管理合同》的很多商业条款双方并未谈定，因此，存在双方由于一些商业条件始终无法达成一致意见而最终放弃酒店项目合作的风险。

通过本节上述案例可以看出，管理公司提早介入酒店项目的开发建设工作对业主方而言是一柄双刃剑。如果运用得当，将十分有利于尽快推进业主对酒店项目的开发工作。但是，如果运用不得当，可能会在一定程度上影响业主方的商业利益，使业主耗费更多的技术服务费用和工程改建费用，因此，业主对此应考虑周详。如果业主决定提早邀请管理公司介入技术协助服务，则应对与管理公司最终能否达成酒店项目合作进行提早判断，以减少己方的商业和法律风险。

第二节　技术协助服务的定位

案例介绍

某地房地产开发商A公司与国际酒店管理集团B公司签署了关于某酒店的《管理合同》和《技术服务合同》，A公司聘请B公司为酒店项目提供技术协助服务和全权管理服务。但在合同签署后双方合作过程中，A公司对于酒店开发建设阶段所应聘请的第三方顾问相关问题产生了困惑。根据其最初理解，A公司认为既然已经聘请B公司作为技术协助顾问，则不必另行聘请酒店开发工程的项目管理人和内装设计顾问等第三方顾问，B公司应承担相关责任。为此，A公司和B公司进行了反复多次的沟通，最终B公司向A公司解释清楚了B公司在酒店项目中的具体工作的定位和范围，澄清了A公司的上述误会。

争议要点

酒店管理公司所提供技术协助服务的性质和定位。

简要分析

经常有酒店业主会向笔者咨询这样一些问题：管理公司提供的技术协助服

务到底是什么服务？该服务与设计公司、监理公司、项目管理公司的服务有何区别？对管理公司的技术协助服务的职责及其工作定位的模糊理解，是我国很多首次开发委托管理酒店项目的业主普遍遇到的一个问题。明确管理公司技术协助服务的职责与房地产开发中的设计、建设、监理等第三方机构的职责区别，将有利于业主与管理公司良性顺利地洽商《技术服务合同》，有利于《技术服务合同》的具体落实执行，也有利于在双方发生《技术服务合同》项下争议时得以顺利解决。

一、技术协助的目的和职责定位

总体而言，在酒店开发项目中，管理公司向业主提供技术协助服务的主要目的一般包括以下方面：

首先，确保所开发的酒店项目是一个能够反映相应酒店品牌市场定位的合格产品。各酒店管理公司经过长期经营积累了丰富的管理经验，根据商业背景的不同，其管理风格和商业定位都有所不同。例如，最佳西方集团（Best Western）和凯富集团（Comfort）以经营管理快捷酒店及中端酒店为主，因此其经营多以 B+B（Bed + Breakfast）为模式。相应的，此类管理公司会对酒店中的餐饮区域和会议区域占酒店总面积的配比提出一定要求，减少不符合其经营定位的酒店设施，以尽量增多客房配比，从而使经济利益最大化。对于客房面积，管理公司会根据项目具体定位的不同而设定客房面积上限（而非一般常见的客房面积下限）的要求，这也是从增加客房数量，以及降低单位客房能耗及人工成本等角度出发，以提高酒店的经济性。从另一方面讲，客房面积、酒店附属设施配备等，在酒店竣工开业后，都很难再进行调整。因此，管理公司在技术协助服务阶段将其经营理念糅合进酒店设计，将有利于其未来经营。即便是同一个酒店管理公司旗下的不同酒店品牌，管理公司也会赋予其不同的市场定位。以万豪集团为例，其旗下的丽思卡尔顿（Ritz-Carlton）品牌要求奢华尊贵独一无二，因此每一家丽思卡尔顿酒店从内而外都是一个建筑艺术精品。万豪（Marriott）品牌则相对传统，万豪集团要求每一家万豪品牌酒店都要反映出与标杆酒店类似的经典风格。万丽（Renaissance）品牌则讲究现代个性，每家万丽酒店之间可能都不相同，各有风格。

其次，确保酒店设计建筑水平满足酒店品牌的档次。例如，万豪集团、喜达屋集团、雅高集团等以经营五星级及以上酒店为主的管理公司，对于酒店设计建筑及装潢的品质要求较高，对酒店配套设施、园林及周边建筑均可能提出一定要求。管理公司提出的这些条件一般都是为了确保酒店开发建设的档次，从而确保竣工交付管理公司经营管理的酒店物业产品能够与酒店品牌档次相符。

再次，将相应酒店品牌的技术标准落实在酒店建筑的具体细节中。每家管理公司都有对于酒店建设开发的详尽的技术标准，从照明到音响，从客房层高到洗手间配置，从暖通到机电，管理公司都在长期的酒店项目开发和经营过程中摸索出了一整套有益于其经营管理酒店的具体解决方案。这些技术标准的最终落实，将有利于该酒店成为一家名副其实的该品牌酒店，并将有利于管理公司未来的经营管理。

最后，通过管理公司丰富的酒店管理经验，更深层次地优化酒店项目内外部布局的设计建设，提高经营效率。除了上面提到的管理公司既有的对于品牌技术标准的要求之外，管理公司还将针对酒店的具体个案情况，提出针对性的方案。比如提出节能降耗的措施，或优化酒店餐饮流程等，提升酒店经营的效率，降低成本消耗。

但是，酒店管理公司并不会直接帮助业主具体落实上述品牌标准的要求，而是通过业主聘请的设计公司、建筑公司等第三方顾问来具体完成。因此，在酒店项目开发过程中，管理公司就好比业主聘请的一位"军师"，除此之外，业主方仍然需要正常地聘请设计公司、监理公司及项目管理公司等第三方顾问，为业主开发建设酒店。不同的是，在酒店设计、建设、验收等各个阶段，管理公司也将介入酒店工程，针对业主聘请的设计公司、工程公司、项目管理公司等第三方顾问对酒店提出的设计、工程意见，根据管理公司的相关品牌标准提出相应意见，以使酒店的设计、建造工程反映和符合品牌标准。但是，具体的修改工作还是需由第三方顾问完成。同时，管理公司一般会在合同中申明，其技术咨询意见仅是从其品牌标准出发所做出的，主要涉及的是酒店的审美装潢方面以及经营功能方面，而根据我国法律强制要求具体落实该等意见的工作还是需要由业主和第三方顾问来完成，管理公司对此亦不承担责任。

二、业主应明确技术协助服务的定位

通过上述介绍，我们可以初步了解管理公司为业主提供技术协助的具体工作定位。通过对该定位的了解，我们也就能够更容易地理解《技术服务合同》中很多条款的合理性。例如，酒店管理公司虽然与业主聘请的设计、施工等第三方顾问没有合同关系，但通常会要求其有权参与业主与该第三方顾问之间对于酒店设计建设的意见沟通。再比如，有的管理公司会明确地在合同中表示其提出的意见可能是不全面的，可能无法直接满足我国法律的相关要求，管理公司提出的意见最终如何得到合法可行的落实仍属于业主及第三方顾问的责任。

当然，随着我国酒店业市场的不断发展，一些酒店管理公司为了适应业主的要求，同时达到将酒店管理公司的产业链做大做长的目的，也开始进入酒店设计及项目管理的市场。酒店管理公司自带设计团队为业主提供酒店设计服务的个案越来越多。这种做法将有助于使业主得到更为"短平快"的技术支持，可能在一定程度上提高工作效率，并节约业主为酒店开发投入的成本。不过鉴于这种服务方式要求管理公司具备充足的设计团队，并对我国及当地建筑设计规范要求有着足够的掌握，因此对管理公司提出了很高的要求。对于此种酒店开发模式将为业主带来的实际开发效果及其未来市场状况，我们将拭目以待。

总体而言，只有了解管理公司技术协助服务在酒店项目开发过程中的定位，才有助于业主和管理公司在谈判及执行《技术服务合同》中更好地协作配合，实现双方利益的最大化。

第三节　第三方顾问的选聘

案例介绍

A公司是位于我国某地的一家房地产开发商，为了开发酒店项目，其与酒店管理公司B公司签署了关于该酒店项目的《管理合同》和《技术服务合同》。同时，A公司与一家全球知名的室内设计机构C公司签约，聘请C公司为酒店项目进行室内设计。在该酒店项目中，将涉及业主公司、酒店管理集团及设计公司三方关系协调问题。设计公司C公司虽然是与业主A公司建立的法律关系，但酒店项目的很多设计工作均需要直接与管理公司B公司衔接。在该项目中，由于设计师的失误，导致酒店工程节点严重延误，管理公司B公司最终以此为由提出终止《管理合同》。

争议要点

第三方顾问选聘的具体方式及相关分歧。

简要分析

一、目前国内相关行业现状

一般来说,高档次国际品牌酒店通常是通过两方面来展示其国际性与豪华性的。首先,从软件方面,酒店管理公司通过其多年的酒店管理经验,可以为酒店管理提供丰富的既往参照,为酒店员工提供足够和有针对性的培训,从而保证酒店管理的流程顺畅高效,酒店员工从门童、侍应、礼宾、前台,到客房事务、餐厅接待、会议服务等,各个方面均能做到体现其品牌品质的管理服务亲切、周到和富有成效。但是,仅有管理公司提供的软件——酒店管理经验是不够的,酒店通过第一印象来打动客人的,一定是别具一格、卓尔不群的酒店外观和设计考究、风格独特的酒店内装。为了确保酒店硬件符合管理公司对酒店档次的要求,管理公司一般会对业主选聘的建筑设计师和内装设计师等第三方顾问有特别的要求。就目前国内的国际酒店行业来看,国际酒店管理公司还是青睐于国外的知名设计公司。管理公司倾向于业主选聘与管理公司合作良好的设计师为业主进行建筑设计和内装设计,原因是这些设计师由于拥有与管理公司合作的经验,因此对于管理公司相关品牌标准有所了解,便于管理公司技术部门与设计师的沟通。总体而言,国际设计师通常情况下拥有更为广泛的国际视野,这对于酒店行业发展经验相比西方尚显不足的中国的本土设计师来说,具有比较明显的优势。国际设计师也可以更多地借鉴其参与过的其他成功项目的经验,使原本处于后发地位的我国酒店行业更充分地利用国际设计师的专业优势。

二、常见的设计师聘任方式

管理公司对于业主选聘设计师的要求一般分为如下几种类型:
①管理公司建议业主选聘富有相关经验的设计师;
②管理公司与业主协商选聘设计师相关事宜;
③管理公司要求业主选聘富有相关经验的设计师;

④管理公司要求业主从管理公司认可的设计师名单中选聘设计师。

对于上述不同情形,我们将在下文分情况讨论。

在上述第 1 种情况下,当管理公司仅仅建议业主选聘富有经验的设计师时,业主并没有强制性义务必须按照管理公司的要求选择其满意的设计师。这种情形常见于几种情况。例如,管理公司对于在国内开展酒店业务的经验和市场地位可能较为有限,因此其与业主之间的商业条件谈判天平更倾向于业主一方。管理公司为了达到其取得本酒店项目的目的,弱化了其对于设计师水平的要求。另一种可能是因为管理公司对业主比较了解,业主对于酒店开发建设拥有足够的经验,管理公司有合理的理由相信业主建设开发酒店的能力,因此作为一种商业策略,管理公司对业主选聘设计师的问题不再进行强制性要求。在此,对于业主而言,我们认为,从保障设计品质和为保障酒店物业未来的升值潜力出发,业主仍有必要选择经验丰富、有足够高档酒店设计建设经验的设计师参与本项目。业主切不可从短期节省成本考虑出发,选聘能力不足的设计师,以免影响酒店未来开发经营及物业价值,也减少就此可能与管理公司间发生争议的概率。

关于第 2 种情况,在管理公司同意与业主方协商选聘设计师事宜时,管理公司会要求业主聘请的设计师应征得管理公司的同意,或起码要征求管理公司的意见,即事后认可的程序。这种设计师的选聘模式在实践中十分常见,管理公司可能会就设计师选聘事宜为业主提出合理化建议。如果业主要求,管理公司还可能为业主提供一个管理公司认可的设计师建议名单,由业主自行与设计师进行接触,并最终由业主方选聘中意的设计师。业主也可能从管理公司推荐的名单之外选择设计师,但也需要与管理公司进行沟通。

在第 3 种情况下,在管理公司要求业主选聘富有经验的设计师时,一般管理公司会在合同中明确要求业主选聘具备某种资质或具备某种设计经验的国际设计师。此时管理公司对业主的要求是强制性的,业主必须从具有该等资质及经验的设计师中选聘其认可的设计师。第 3 种情况与第 2 种情况的不同之处在于,由于管理公司在《管理合同》中所提出的约束性条件一般会将设计师局限在很小的范围内,因此从合同约定层面上讲,业主选择设计师的空间更为有限,而第 2 种情况给予业主的选择空间相比更大。

至于第 4 种情况,管理公司要求业主从管理公司认可的设计师名单中选聘设计师时,这种情况类似于第 2 种情况和第 3 种情况的结合,即管理公司为业主方提供认可设计师名单,业主仅可在名单中进行选择,且业主无权在管理公司提供的名单外进行选择。

强势的管理公司一般更倾向于采取第 3 种及第 4 种模式。在选聘设计师问题上,我们认为,如果管理公司对业主选聘设计师有一定要求,则管理公司推荐的设计师名单至少应有两家或三家以上的可比设计师候选人。业主应尽量避免管理公司仅推荐单一设计师的情况发生,否则业主将完全丧失对于设计师选聘的主动权。对于管理公司来说,也应避免向业主推荐单一的设计师,原因在于单一候选人的推荐有可能会产生寻租行为,容易被外界视为可能存在商业腐败的潜台词。而且,管理公司与业主方一旦发生纠纷,则业主很可能从法律层面主张,由于业主无选择设计师的权利,因此该等设计师实际上完全代表了管理公司的意志,业主可能通过质疑和否定设计师工作成果的方式,结合一些法律规定和合同约定的内容,将设计师对酒店项目开发建设所带来的不利影响归结到管理公司身上。

就业主对于设计师的选聘问题,笔者还有一点与各位读者分享。国际设计机构目前仍是酒店设计市场的主要参与者。由于近年来我国酒店业市场欣欣向荣,国际设计机构为了更好地参与国内的酒店项目,很多机构已经在我国境内设立了境内分支机构。从法律上说,主要包括代表处(Rep. Office)、外资企业(Wholly Foreign Owned Enterprise,"WFOE")、中外合资企业和中外合作企业(Joint Venture,"JV")等组织形式。其中,WFOE、JV 是具备法人主体资格的独立实体。在业主与设计师进行交流沟通时,应注意了解该设计师在我国国内是否已有分支机构,特别是是否已成立境内法人机构。从法律角度讲,如果其已有境内分支,则应坚持与其境内机构签署设计合同,因为设计师在我国国内设有实体,将使其在国内拥有财产,一旦双方出现争议,则业主和设计师可以在国内进行争议解决程序,双方在国内也均有可供执行的财产。这就避免了对国内一般业主来说并不熟悉的境外诉讼/仲裁或境外执行程序,而诉讼/仲裁结果也可在国内进行执行,一般不需再去境外法院申请协助执行。如此将大大便利于业主在国内的维权行动,减少业主的维权成本。如果业主与设计师境外实体签署设计合同,则业主在对外支付时需要履行代扣代缴及购汇付汇手续,不但为业主增加了烦琐程序,而且还有可能使业主面临汇率波动风险。根据我国法律法规,境外实体在境内营业的,还需要根据其具体业务情况取得商务部门、工商部门等不同部门的批文,一般境外设计师也会要求由业主代其办理相关手续,还会为业主增加大量的额外工作量。

三、本案的具体分析

本案中的法律争议主要发生在业主 A 公司、管理公司 B 公司及设计师 C

公司三方之间。A、B、C 三方之间能否协调好权利义务关系，将直接决定该酒店项目是否能顺利完成。如果三方关系不能理顺，将产生很多法律争议。例如，由于 B 公司是经验丰富的酒店管理集团，往往会为 A 公司推荐与 B 公司有合作经验的室内设计师人选，因此 B 公司和 C 公司的关系可能更为熟悉密切。当 A 公司与 B 公司之间发生争议时，B 公司和 C 公司之间这种推荐与被推荐的密切关系，可能会被业主 A 公司提出质疑。C 公司是一家国外著名设计机构。C 公司在服务过程中，并未长期派遣设计师在酒店项目驻场，而是前期派遣设计师驻场一段时间后，即命设计师回到其国外办公室进行远程设计工作。由于设计师未能长期驻场，导致设计师对于酒店现场施工情况的了解未能保持持续更新的同步状态。设计师后来为业主 A 公司提供的设计图纸，出现了很多无法与设计现场吻合的情况，由此导致了施工现场反复返工的情况，导致 A 公司为此增加了很大一笔开支。更为严重的是，由于设计师的失误，导致酒店始终无法满足管理公司 B 公司的酒店品牌标准，造成酒店始终无法竣工和开业。工程节点的延误直接导致 A 公司违反了《管理合同》中关于酒店开业日期的约定。B 公司最终以此为由向 A 公司提出终止《管理合同》。

在本案仲裁过程中，业主 A 公司主张，虽然管理公司 B 公司根据《技术服务合同》无权为 A 公司指定设计师候选人，但实际合作中，由于 A 公司缺乏对于酒店开发的经验，因此 A 公司非常依赖于 B 公司的意见，而且 B 公司仅为 A 公司推荐了 1 家设计师候选人，这使 A 公司别无选择。A 公司不但质疑 B 公司与设计机构 C 公司之间存在不正当关系，而且认为由于 A 公司无从选择设计师，仅能根据 B 公司的意见挑选其推荐的设计师，因此认为 B 公司和 C 公司实际存在利益和意志的关联，C 公司的工作实际上代表了 B 公司对于酒店设计技术方面的意见，因此应由 B 公司承担 C 公司的失职责任。

在此我们暂不讨论管理公司在法律及合同约定层面上是否应该代设计师承担责任，而将仅就推荐设计师环节分析如何降低管理公司在此方面的风险。在本案中，在 B 公司提交的 B 公司为 A 公司推荐设计师的证据中载明，B 公司在一份文件中同时向 A 公司推荐了 2 家设计师。本案实际情况是，B 公司就推荐设计师问题，前后一共向 A 公司推荐了 6 家候选设计师，并且每次至少向 A 公司推荐 2 家。我们认为，B 公司的这种推荐方式是十分可取的，很大程度上降低了管理公司在推荐设计师这一环节上的风险。即便 A 公司采取断章取义的方法仅提交部分证据文件，也无法证明 B 公司未给予 A 公司足够的设计师选择。B 公司给予 A 公司必要的设计师选择自主权，对于降低 B 公司的相关法律风险是有必要的。

第四节　酒店行业硬件星评标准

案例介绍

在位于某市的酒店业主 A 公司与国际酒店管理公司 B 公司签署的关于某酒店项目的《管理合同》中，双方约定的酒店品牌标准是，A 公司应将酒店建成为符合我国四星级酒店硬件标准的酒店，否则将视为 A 公司严重违约。但在双方实际履约过程中，A 公司发现，我国四星级酒店硬件标准究竟应该达到的具体要求其实并不明确。B 公司要求 A 公司在酒店花园中添置喷泉，并整改酒店大门旁的商店以提高品质。A 公司认为这些要求并非我国四星级酒店标准所必须具备的。但 A 公司研究我国星级酒店标准后，也无法明确确定酒店的硬件条件是否已经满足了四星级酒店标准。随后，B 公司和 A 公司就酒店是否已达到合同约定的硬件标准、A 公司是否履行其相关义务、B 公司是否应同意酒店开业等问题发生了争议。

争议要点

我国酒店星级标准的复杂性及其对国际品牌酒店项目的影响。

简要分析

一、物业品质和管理水平的配合

在我国国内的国际品牌酒店行业市场中，很多酒店管理公司的《管理合同》范本中通常不会主动地提及在管理公司管理下的酒店应达到我国酒店挂牌评星的星级标准要求。部分管理公司可能会用另一种约定方式，例如引用国际酒店行业惯例的方式，对酒店经营管理水平进行一定描述。根据我国的规定，酒店的星级标准是由酒店硬件设施部分和酒店软件服务两部分评判内容构成的。仅有硬件设施达标的酒店物业，而没有相应匹配的软件服务管理，无法使酒店通过酒店星评。同样的，即使管理公司为酒店提供了适当的服务管理工作，但业主方未能提供符合硬件标准的物业，酒店同样无法获得相应星级认定。因此，酒店星评问题涉及业主与管理公司双方的相互配合问题，任何一方都无法凭借自身单独的工作而赢得相应星评。管理公司对于在《管理合同》中明文约定酒店未来应取得相应星级的问题是十分慎重的。

在实务操作中，笔者还见过对于酒店通过星评的其他约定方式。某些管理公司为了更好地获得酒店项目，尽快地发展其酒店规模，可能在酒店星评方面对业主方作出一定让步（当然根据目前市场情况，坦率地说，可以作出这种让步的管理公司非常少）。例如，当业主提供的酒店物业在硬件条件上满足我国规定的星级标准评定的情况下，管理公司将通过勤勉管理提高酒店运营质量的管理水平，使酒店在一定期限内获得评星。很多业主愿意接受这种约定方式，从而通过合同约定来保障酒店可以达到特定酒店星级，以确保业主开发酒店之初欲实现的商业目标得以明确，并保证对酒店的投资回报。但是，这种约定方式是否真正能够在操作层面上落实，是否真正能有利于业主的商业期待，需要具体分析研究。

二、我国的酒店星评标准

在我国，酒店星评标准主要依据由中国国家旅游局起草、中国国家质量监督检验检疫总局和中国国家标准化管理委员会发布的《旅游饭店星级的划分与评定（GB/T 14308-2010）》（简称"《星评标准》"），《星评标准》已于2011年1月1日正式实施，并替代了此前颁布的《旅游饭店星级的划分与评定（GB/T 14308-2003）》，成为我国国内酒店星评规范的权威标准。

《星评标准》分为四大部分内容，即对于《星评标准》的整体性要求和对《星评标准》适用方式的总则性说明部分，以及涉及具体打分项目的三个附录表格。根据《星评标准》，参与星评的酒店首先需要进行星级酒店必备条件检查。《星评标准》对于一星级至五星级酒店应必备的设备及运营服务质量进行了明确的规定。如果参评酒店不具备相应酒店星级的必备要求中任意一项，均将导致酒店在星评程序中被"一票否决"，无法继续参加酒店星级评选。在酒店通过必备项目检查后，将进入设施设备评分和运营质量评价环节。设施设备评价针对酒店的整体情况、共用系统、前厅、客房、餐饮、安全设施、员工设施、特色类别酒店设施总计八大项硬件设施进行了详细分类,并设置了总共600分的评分方案。《星评标准》对于一星级、二星级酒店不做设施设备最低得分线要求,三星级酒店应获得高于220分的设施设备评分,四星级酒店应获得高于320分的设施设备评分,五星级酒店则应获得高于420分的设施设备评分。

运营质量评价针对酒店的总体管理要求、前厅服务管理质量、客房服务及维护管理质量、餐饮服务及维护管理质量、其他服务项目管理质量及公共后台区域管理质量总计六大项运营管理区域质量进行了具体分类,总分也是600分。评审时由评审人员按照"优"、"良"、"中"、"差"的评估方式对于相应评分项目进行具体评估打分,并按照如下公式计算酒店的得分率:

$$得分率 = 该项实际得分 / 该项标准总分 \times 100\%$$

根据《星评标准》,对于运营质量评价,一星级、二星级酒店不作要求,三星级酒店得分率应高于70%,四星级酒店得分率应高于80%,五星级酒店得分率应高于85%。只有酒店同时得到了相应的设施设备评分和运营质量得分率认定,才能达到《星评标准》对于星级酒店的星评要求。

在酒店硬件必备项目中,有一些硬件必备要求涉及建筑物重大的布局和结构问题。如果在酒店物业开发设计时未考虑该等因素,则在酒店建成竣工后再进行调整以满足硬件必备要求的难度将非常大,这点有别于必备项目中的其他管理运营项目的要求,因为对于其他管理运营项目要求而言,可以通过业主和管理公司后期的改造和加强管理,使酒店达到相关必备标准。仅以四星级酒店硬件必备项目为例,根据我们处理案件中最容易产生问题的几个重大事项为各位读者进行简单说明,从而使读者们能够更直观地理解在酒店开发设计阶段将该等硬件必备项目作为重要开发条件因素进行考虑的必要性。另外,我们认为,对于租赁物业经营酒店的业主,以及受托经营物业的酒店管理公司,如果设立了将酒店达标某一星级标准的商业目标时,同样需要在经营酒店前的商业论证阶段,仔细考虑《星评标准》对于硬件必备项目的要求。

(一)应有中央空调,各区域通风良好

四星级酒店应配备中央空调系统,但别墅度假型酒店不在此要求之列,原因是很多别墅度假酒店是采用独栋/联排别墅的建筑形式,不适宜采用中央空调系统。我国北方地区的酒店业主应格外注意该等要求。在我国纬度较高的很多地区,由于夏季凉爽且昼夜温差较大,因此一般不需要使用空调制冷系统消暑降温。进入采暖季后,更倾向于采取比空调制热效率更高的采暖系统保持室温。因此,在该等地区的民居、办公楼、商业建筑及建成的酒店可能通常不配备空

调设施。但对于希望取得酒店相应星级的业主方而言，则必须考虑《星评标准》对于中央空调系统的这一要求，为酒店配备适合酒店具体情况的中央空调系统。另外，为每一酒店客房分别配备单体空调的方式，也无法满足《星评标准》的要求。

（二）客房数量

《星评标准》对四星级酒店的最少客房数提出了要求，即四星级酒店至少拥有 40 间可供出租的客房。可供出租的客房也是通常意义上理解的"钥匙间"，相应的，也就不包括酒店会议室、办公场所、后台区域及员工房等。这就要求对于一些规模较小但仍有获得四星级评星商业要求的酒店而言，在其设计开发时（对于新建酒店而言），或在对其进行商业可行性论证时（对于已建成酒店而言），必须考虑是否满足 40 间钥匙间的因素，否则，由于酒店其他经营设施与客房的设计存在区别，改造客房的任务将十分艰巨复杂。

（三）客房面积

《星评标准》要求四星级酒店 70% 客房的不含卫生间的面积不应小于 20 平方米。所谓不含卫生间的面积是指扣除卫生间及门廊一侧衣柜面积后，走廊及卧房相加的客房净使用面积。一般来说，房间面积涉及酒店重大结构，一旦酒店工程竣工后，再行调整房间面积将面临非常大的难度。在笔者处理过的案件中，我们也看到过业主方为了达到和满足客房净面积的要求，在酒店主体结构封顶后，将原本三间相邻的客房重新打通、合并成两间客房的情况。但这将涉及大量的墙体、地面、吊顶的拆除和重建，水电管线的重新铺建，消防设备的重构，弱电系统的改造等大量改造工作，甚至还会涉及建筑物及其地基的加固问题。这不但意味着业主方大量重复投入，重建建筑结构还可能影响酒店建筑物的耐久性。同时更为重要的是，重复改造工作将直接影响酒店装修、设备调试和开业前准备工作，进而影响酒店正常的开业计划。

（四）客房类型

根据《星评标准》，四星级酒店应有标准间（大床房、双床房），有两种以上规格的套房（包括至少 3 个开间的豪华套房），且套房布局合理。根据业内一般观点，套房是指由两个相对独立，功能互不影响、互不干扰的空间组合而成的客房。所谓两种规格，是指空间分割方式、组合方式不同的套房形态（例如常见的套房、行政套房、总统套房等的区别）。3 个开间的豪华套房一般应满足使用面积不低于 100 平方米，通常由客厅及卫生间、独立的书房或餐厅、卧室及卫生间组成。特别的，在酒店客房中，有一种特殊的连通房形式，即在两个独立的客房单间之间使用隔音双扇门进行连接，既可以将双扇门锁闭作为两间客房分别出租，也可以将双扇门打开作为一间连接客房出租。连通房一般适合于一家出游时、两代人或不同小家庭居住客房时，既满足方便一家人相互来往两间客房，又可在夜间将房门关闭，保持相对独立和私密性，这种房型广受旅游客人居多的酒店的青睐。不过需要注意的是，连通房不能被认定为套房。

（五）餐饮设施

四星级酒店应有中餐厅，能提供品质较高自助早餐的咖啡厅或简易西餐厅（在国际品牌酒店中也被称为全日餐厅 All-Day Dining Restaurant）、酒吧或茶室，以及可以提供宴会服务的宴会单间或小宴会厅。这就要求四星级酒店必须具备一定提供中西餐饮服务的能力。中餐厅一项容易被忽略的设计细节是餐厅与厨房的距离问题，由于中餐对于保持菜品热度的要求较高，如果餐厅与厨房距离较远，则会使新出锅的菜品变凉，极大地影响菜品品质。四星级、五星级等星级较高的酒店中，早餐的质量是很多酒店客人十分关注的餐饮品质服务细节，一般来说，咖啡厅或全日餐厅会承担提供早餐的功能，早餐品质也成为反映酒店餐饮质量的重要方面，需要格外受到关注。

（六）会议设施

四星级酒店应有至少两种规格的会议设施，配备相应设施并提供专业服务。酒店行业中一般认为，至少两种规格会议设施要求是指在酒店中，应至少有面积和位置不相同的两种会议室（例如常见的董事会议室、大会议室等的区别）的设施。

（七）康体设施

四星级酒店应有康体设施，布局合理，提供相应的服务。酒店行业中，一般认为康体设施包括健身设施（例如健身器械、球类运动和游泳池等）和娱乐设施（例如歌舞影视娱乐等）两大类内容。有些酒店物业在设计时未考虑设置康体区域，则此后可能需要将其他功能的酒店设施（例如客房、功能性用房及后台办公区域等）改造为康体设施，以满足必备要求。如此不但增加了酒店建设工程量，而且将挤压酒店其他功能，有可能影响酒店功能的总体布局计划。因此，需要在酒店设计阶段即关注该等必备设施要求。

在酒店完全满足《星评标准》中对必备项目的要求后，方能进入设施设备评分和饭店运营质量评价环节。正如前文进行的介绍，设施设备评分包括了对酒店的整体情况、共用系统、前厅、客房、餐饮、安全设施、员工设施、特色类别酒店设施等硬件设施进行的测评，并设置了总共600分的评分方案。

在必备项目中，《星评标准》为酒店提出了明确的硬指标，酒店需明确地达标每一项要求方能满足评星要求，而设施设备评分则体现了《星评标准》为酒店硬件设施提出的软性指标。我们在这里所说的软性，主要是指在该部分评分阶段中，酒店缺失任何一个设施设备评分项目，均不会直接导致酒店丧失评星资格，但如果酒店缺漏过多设施设备评分项目，则将导致酒店无法得到相应星级的最低得分，从而使酒店在评星中出局。

三、对酒店星评标准充分了解，减少未来开发风险

作为专业法律人士，笔者认为，硬指标清晰明确，为酒店提出了明确的标准条件，一旦在该问题上发生争议纠纷，相对容易判断是否满足和达到了相应标准；而软性指标则为判断酒店是否已经满足相关酒店星级标准带来非常大的难度，在设施设备评分环节中，酒店实际能够取得的分数是无法先期预测的。在该部分评分环节中，还涉及一部分主观性评价内容，例如设置合理、用料高档、工艺精致等描述性要求，这就为设施设备评分增加更多不确定性。如果一旦在此问题上业主与管理公司发生争议，在仲裁或诉讼过程中，需要各方提供大量证据以证明酒店所涉设施设备评分的具体情况。同时，由于该问题专业性很强，还需要双方及双方律师用大量时间向仲裁员或法官解释相应问题，以便使仲裁员和法官对此有更深入的了解，从而有利于其审判案件。

总之，一旦涉及对酒店硬件设施的设施设备评价，将涉及诸多专业性问题，从而使双方很难简便清晰地判断出权责分配。在特定酒店项目中，如果必须涉及以《星评标准》的设施设备评分来判断酒店硬件标准时，就需要各方在《管理合同》谈判阶段即进行充分完备的研究工作，准确把握《星评标准》在本项目的使用，从而降低未来发生争议的概率。在《管理合同》签署后，如果一旦双方由于《星评标准》适用问题而产生争议，则各方应专业、谨慎、细致地收集与《星评标准》评分有关的各方面的证据，以支持己方观点，从而将争议对己方的影响降至最低。

第五节　对周边配套设施的要求

案例介绍

在某起业主 A 公司与管理公司 B 公司之间的酒店纠纷案例中，如何定义酒店配套商业的档次成为本案双方争议的焦点。在该酒店项目的《管理合同》中，双方约定，酒店业主有义务在酒店项目周边配套商业中的 S 商场项目内，全部经营国际一流品牌。但在 S 商场开业后，酒店管理集团 B 公司对于 A 公司在 S 商场内引入的商业品牌的档次产生了争议。B 公司认为 S 商场中目前的商业品牌档次不符合国际一流水平，不能与其酒店项目的豪华定位进行配套，业主 A 公司未能为酒店项目提供理想的配套商业环境，降低了酒店项目的商业价值。双方因此而产生争议。

争议要点

对配套商业的模糊描述，以及法律定义缺乏可操作性的法律风险。

简要分析

在本案中，对于如何定性国际一流品牌的认知，导致了酒店项目所出现的法律争议。举一个简单的例子，Hermes、Chanel、LV、Marc Jacobs 属于国际一流奢侈品品牌毋庸置疑，那么作为 Marc Jacobs 的副牌 Marc by Marc Jacobs 是否仍然属于国际一流奢侈品品牌？早年进入我国并在老一辈人眼中有名的金利来或皮尔·卡丹是否能算为国际一流品牌？近年以发展迅速和紧随时尚潮流著称的 Zara 是否属于国际一流品牌？Jack & Jones、Only 及 Vero Moda 等有国际背景但以中国作为其主要市场的定位于青年人的休闲品牌，虽然肯定不属于国际一流品牌，但其是否还可被视为国际品牌？这些问题都有讨论空间，也就引发了法律争议。

一、案例初步分析

根据我国《合同法》规定的合同解释原则，当事人对合同条款的理解有争议的，应当按照合同所使用的词句、合同的有关条款、合同的目的、交易习惯以及诚实信用原则，确定该条款的真实意思。因此，根据上述原则，双方可向仲裁庭就《管理合同》签署前双方就合同条款进行商议的往来文件中可以反映双方对国际一流品牌的具体定义的内容进行举证。然而，对于国际一流品牌概念的定义恰是双方签约前的分歧所在，也是双方在《管理合同》的合同文字中有意回避的内容。因此双方均无法举证出对己方有利的对于国际一流品牌的理解。

基于双方无法用证据还原《管理合同》签署时就此问题双方的客观意见，因此从商业目的角度及市场习惯角度对于该问题进行论证将对双方十分重要。笔者认为，对于一个品牌是否属于国际一流品牌，不能仅看该商标的初始注册地点是否在国外，或者该商标在国内的持有人是否为外国公司，而还应该具体分析该品牌在国际市场上的定位人群（高端人士或普通大众）、国际市场上的影响力和领先性（例如以原创见长还是以山寨见长）、国际知名度和曝光率（包括其市场声誉及是否在国际大都市建立了其高端销售网络）、国际市场占有率（主要针对高端市场的占有率）、产品价格、相关企业理念等，进行综合判断。

根据我们长期的酒店项目争议的法律实践经验来看，酒店项目由于其商业属性很高，如果在争议解决过程中，律师仅从法律角度出发，而不了解酒店行业的具体情况，或者不能以商业市场角度分析具体争议情况，将很难使其在法律辩论中占得先机。

二、高端酒店对周边配套的基本要求

从理论上讲，商业地产项目大体上主要分为三大类，即办公楼、商场、酒店。一般来说，高档酒店项目对商业地产项目有很大的增值作用，并可带动其周边办公楼、商场等的商业档次，进一步推高周边房价，实现商业综合体的协同发展。但相对而言，酒店的经营管理难度也最大，国际酒店集团往往需要凭借几十年的酒店经验，才能为其酒店品牌赋予最高的价值。正是因为管理公司可以为酒店项目业主带来专业化管理和国际知名的酒店品牌，可以为业主酒店物业及周边物业带来更多增值潜力，管理公司对于悬挂其旗下某些酒店品牌（一般为高端品牌）的酒店项目，往往会要求酒店项目业主提供与酒店品牌档次相匹配的配套物业环境。根据商业地产开发及酒店行业发展的一般规律，我们认为管理公司对于高端品牌酒店周边物业配套的要求是有道理的。试想，如果在一家国际奢华五星级酒店的隔壁是一家便利店或普通超市，便利店和普通超市的顾客主要是普通大众，与国际奢华五星级酒店所要求的高端性、私密性和该等酒店着力为其宾客创造的优待感受完全不匹配，便利店或普通超市的存在将严重影响酒店对外表现出的高端品质，不但会影响管理公司对于酒店的日常经营业绩，更重要的是，这将影响酒店的升值潜力。

在我国目前的酒店行业市场中，大多高端酒店项目是与业主方开发的物业综合体结合在一起的，业主方开发高端品牌酒店能够直接有利于其开发的物业综合体的商业价值，高端酒店对物业的升值作用直接作用于业主方的商业楼盘，而业主方也直接有权决定物业综合体的开发定位、档次及投入，有能力配合管理公司对于酒店周边物业配套的要求。在《管理合同》中，管理公司可能会对业主方开发的周边住宅、办公楼、商场的档次进行要求。在笔者见过的一些高端酒店品牌《管理合同》中，管理公司会要求业主方开发的住宅达到国际一流标准，办公楼达到5A级写字楼标准，商场应销售国际一流品牌及奢侈品。在双方商业安排中，笔者经常能见到《管理合同》签约双方用一些约定俗成的概念作为合作条件的要求，而这些约定俗成的概念并非法律上的专业术语，深究其具体含义，可能也会存在歧义。我们作为律师介入类似合同谈判时，一般均会要求在合同中明确定义该等概念的具体含义，以防产生争议。但作为商业律师，我们也深深了解，在某些合同谈判中，对于一些商业要求和商业概念，是很难精确地用词语完全概括明确的；而在另一些情况中，这种模糊情况的存在，恰恰是谈判双方由于存在商业分歧，为了确保双方合作的大前提，而刻意用模糊语言在合同文字中进行妥协的产物。但在双方合作过程中，如果未来真的在双方故意模糊的地方出现了分歧，则如何准确理解模糊辞藻的实际含义，将决定双方的合同责任分配。

一言以蔽之，酒店项目的争议解决，律师仅依靠对于法律的理解是不足以全面保护客户利益的。这就要求从事该领域业务的律师，必须更多地了解酒店行业的具体实践，了解市场发展和商业运作模式，只有如此，才能为客户提供更广泛视野的法律意见和法律保护。

第六节　管理方内部技术意见的分歧

案例介绍一

　　A公司是我国某地一家房地产开发企业，与国际酒店管理公司B公司签署了《管理合同》和《技术服务合同》，共同合作开发该地的某酒店项目。A公司为此聘请了设计公司C公司承担室内设计工作。在该酒店的开发建设阶段中，B公司组成了包括X先生、Y先生和Z女士的技术服务团队。从理论上说，X、Y及Z三人的分工不同，X分管土木结构和功能分区部分，Y负责该酒店公共部分，Z负责室内装修装潢和外立面设计等。但在实际的技术协助工作中，C公司的设计方案往往需要B公司至少两个人审阅，而B公司技术团队各人之间的技术意见又不尽一致，有时甚至存在互相矛盾的技术意见，造成C公司始终无法落实设计方案，A公司也无法开展酒店项目的建设工作，拖延了该酒店项目的建设工期。

争议要点

　　管理公司技术意见不统一的不利影响。

简要分析

　　在笔者曾经接触过的一起代表业主方追究管理公司在酒店开发设计建设阶段发生违约行为而造成《管理合同》和《技术服务合同》被终止责任的仲裁案例中，业主方对管理公司违约行为提出的一项重要主张即是管理公司技术团队内部没有形成对业主的统一口径，管理公司技术团队的各个单项负责人均单独分别地与业主及业主设计师进行技术设计对口，缺乏管理公司的项目负责人对于该项目进行内部统一协调，造成管理公司技术团队内的不同设计师对酒店项目的房间大小、空间布局、会议设施、休闲设施（包括水疗和游泳池等）、餐饮设施等的意见产生巨大差别。

一、技术意见出多门的法律风险

业主经常遇到的情况是，业主按照管理公司某一设计工程师所提出意见对酒店设计及工程进行整改后，管理公司的另一设计工程师或竣工验收时的运营团队会提出与其同事完全相反的意见，并坚持其意见，要求业主落实。业主方只得按照要求再将酒店工程返工。有的管理公司还可能提出与我国法律法规相矛盾的意见。例如，管理公司客房设计工程师曾经从美观和扩大客房面积考虑，要求业主对酒店客房过道进行修整。但是，如果依据该等意见，将造成酒店过道设计不符合我国酒店业消防强制性标准，导致酒店无法消防验收，进而无法正常开业。该工程师给予的解释是，其只负责酒店客房内部设计工作，职责是使客房符合其酒店品牌标准，从而达到管理公司所认为的优化目标，并不对具体设计标准与我国建筑标准接轨（例如酒店过道是否能满足我国消防标准）负责。管理方的这种解释让业主方无所适从。实际上，这种问题的出现明显是因为管理公司技术团队未能综合协调客房设计与总体安全设计之间的关系，造成了管理公司的意见与我国法律发生了冲突。这恐怕也是管理公司在本案《技术服务合同》项下的失职行为。

二、应避免技术意见出多门

对于避免管理公司技术团队意见出多门的问题，实际上很多管理公司也意识到这一问题的重要性。从法律规定和合同约定角度来看，如果管理公司提出的技术咨询意见是错误的，或者前后意见无理由的存在矛盾，而这种错误和矛盾最终被证明是管理公司的工作失误或者故意行为（故意行为的情况较为罕见），则管理公司有义务向业主承担因其违约而给业主造成的损失。

笔者还看到一些管理公司在《技术服务合同》中即明确了管理公司在与业主进行技术问题沟通时，必须由特定人员相互联系，只有在特定人员之间的联系沟通才被认为是双方公司层面上对于酒店项目的有效的沟通意见。有一些管理公司干脆连每次双方书面沟通的格式化文件也作为《技术服务合同》的附件进行签署。我们认为，管理公司的这种尝试将能在一定程度上降低管理公司内部意见出现矛盾的可能，如果利用格式化表格进行交流，则更加能够提高双方沟通效率，双方能将每次双方需要讨论和关注的问题凝练于交流表格之中，从而将管理公司技术团队提供意见不统一所可能产生的法律风险降低。

案例介绍二

在我国某一线城市的酒店项目中，业主 A 公司与酒店管理集团 B 公司对酒店设计和建设问题始终意见不一。A 公司出于节省成本的考虑，拒绝 B 公司技术部门提出的提高酒店品质的提议。B 公司在国际范围内久负盛名，但其国内发展相对滞后，且该酒店项目对其具有很大的商业吸引力，因此 B 公司始终不愿放弃该酒店项目。由于 B 公司始终无法与 A 公司就该酒店所有设计及施工细节达成一致意见，为了促使该酒店早日开业，B 公司只能对酒店品质的某些要求作出妥协。此后酒店工程进展得以提速，酒店很快完成开发建设阶段，进入了开业筹备阶段。B 公司为了使该酒店具备其在国内的旗舰性效应，派遣了一位经验十分丰富并且工作一丝不苟的外籍总经理 X 先生。然而，X 先生到任后，发现了 B 公司对于 A 公司的技术妥协太多，以至于在 X 先生看来，酒店已经不具备悬挂 B 公司的该酒店品牌的基本条件，如果该酒店勉强开业，将会严重损害 B 公司及该酒店品牌的声誉。为此，X 先生向 A 公司提出了明确要求，要求 A 公司对该酒店进行整改，否则他将拒绝为酒店筹备开业。该酒店项目陷入僵局。

争议要点

管理公司技术团队和管理团队间意见不一的不利影响。

简要分析

一、管理团队的行为认定

该案为另一起更为复杂的、因管理公司内部意见不统一而产生的与业主间的争议案件。就本案而言，从该总经理 X 先生个人角度来说，他勤勉尽职地履行了其责任，他从其职业精神角度出发，为了保护 B 公司的商业声誉及该酒店品牌在国内的名声而对业主 A 公司提出超出其职责范围的要求。客观地说，这种提议最终也应是有利于酒店物业提升品质的。但问题在于，X 先生提出的技术要求并不合时宜，他所提出的技术改进要求均是 A 公司之前明确向 B 公司拒绝的，B 公司因此作出妥协让步。从法律上讲，B 公司无权再要求 A 公司进行更改其已经妥协的事项，而 X 先生超越职权所提出的意见，不但由于酒店已经竣工，很难再予以实施，更重要的是，X 先生的做法导致了酒店开业筹备工作严重受阻，使酒店的预期开业日期遭到屡次延误。这种情况的发生，既不利于业主 A 公司早日使酒店开门迎客愿望的实现，同样也十分不利于 B 公司早日收取管理费用。X 先生在《管理合同》项下是代表 B 公司为 A 公司提供酒店管理服务，X 先生的这一行为实际上否定了 B 公司对于技术要求的妥协意见，造成了 B 公司内部对于酒店是否已具备开业条件的意见出现了矛盾，最终影响了酒店的如期开业。就该问题而言，由于 X 先生的部分言行实际代表了 B 公司的项目态度，B 公司应被视为存在一定违约行为。

在本案中，双方经过反复协商，最终由 B 公司通过撤换总经理 X 先生的方式，将这一问题解决。A 公司由于已按 B 公司标准将酒店建成，也不愿轻易更换酒店管理公司，因此双方解决了争议事项，酒店得以开业。从本案中，我们可以得出相同的结论，酒店管理公司内部意见的不统一，不但会给业主带来损失，也很有可能给管理公司招致麻烦。管理公司高效优质的管理，不仅仅在于管理公司具备各个领域的经验丰富的管理人才，还在于管理公司可以通过良好的内部协调机制，再次综合放大其专业能力，将其各个领域的专业优势最终转化为业主和酒店项目在激烈的酒店行业市场竞争中优于竞争对手的胜势。

二、避免管理方技术团队分工细致所存在的客观弊端

对于任何工作而言，为了获得更为高效和专业的工作成果，都需要从事该工作的专业人士具有长久的针对该项工作的工作经验，以及其对该项工作的专注和不懈钻研。国际酒店管理公司在国内酒店市场所占据的市场地位，也是由于其长期以来专注于酒店行业的全方位业务的必然成果。酒店管理公司为了提升其酒店业务的专业性，会组建稳定的团队长期负责酒店项目的开发、设计、建设及运营管理。为了适应中国发展迅速的酒店业市场，多数大型酒店管理公司均组建了专门的技术团队为业主提供技术咨询服务。

不仅如此，一些管理公司的技术团队中，技术工程师的分工也非常细致，有些工程师负责为业主及业主设计师提出总体意见，有些工程师专门负责通风、空调等的设计，还有些工程师专门负责灯光、酒店园林景观、水疗等事项，甚至还有专门负责酒店外观外立面设计的工程师。管理公司如此细密的分工，为其技术意见的专业高效创造了基础。不过如此专业的分工也会给业主实际的酒店设计建设工作带来问题。由于技术咨询的专业性，造成有些管理公司的不同设计师之间相互并不了解其他同事所负责专业领域的设计工作的具体细节要求，如果《技术服务合同》项下管理公司的技术服务范围中未涵盖一些管理公司要

求业主独立完成的技术项目，例如水疗咨询及酒店景观咨询等，业主方可能需要额外向管理公司支付费用以聘请管理公司相关技术人员完成必要工作。

三、要"意见出一门"，不要"意见出多门"

酒店管理公司提供技术咨询的专业复杂性，难免造成管理公司所提技术意见可能存在重合或者矛盾之处。我们建议业主在履行与管理公司的《技术服务合同》时，有必要要求管理公司的技术团队"意见出一门"而非"意见出多门"，在管理公司向业主或者业主的设计师出具技术咨询意见时，争取由管理公司的技术工程团队负责人或指定联系人统一管理公司的内部意见，如果管理公司内部意见存在矛盾，则应由管理公司内部首先统一意见，待其更正矛盾事项后，再向业主或业主设计师提供。如此将大大降低业主方和管理公司间由于管理公司内部技术意见不统一所产生矛盾，甚至业主被错误意见误导的可能，减少设计反复，从最大程度上降低业主方在施工时由于管理公司的原因而造成返工的可能性，降低业主方的酒店开发建设成本，同时也提高管理公司在履行《技术服务合同》时对于可能产生的相关履约风险的控制能力。

第七节 《技术服务合同》的转让

案例介绍

在地处我国某市的酒店项目中，作为业主方的 A 公司与酒店管理公司 B 公司签署了关于该酒店项目的《管理合同》和《技术服务合同》。在《管理合同》和《技术服务合同》中，均约定 A 公司和 B 公司在一定条件下可以不经对方允许而转让《管理合同》和《技术服务合同》的条款。A 公司对于合同中的此类约定表示不解，向 B 公司提出，如果赋予合同双方转让合同的权利，将使 A 公司在《管理合同》和《技术服务合同》项下的合同权利处于不确定的状态，可能影响 A 公司在酒店项目中的利益。为此，B 公司就《管理合同》和《技术服务合同》条款中该等约定的必要性为 A 公司进行了细致的分析，其后，A 公司最终认可了《管理合同》和《技术服务合同》中增加转让条款的合同约定方式。

争议要点

《技术服务合同》转让的权利和限制。

简要分析

在酒店项目开发中经常存在一种情况，业主方以开发商业房地产综合体的"大"公司作为法律主体，与管理公司签署《管理合同》及《技术服务合同》。由于商业综合体可能包括酒店、商业、写字楼及住宅等，不同物业形态的开发/经营方式存在很大区别，因此为了便于业主方保有和经营酒店项目，业主方可能会对商业综合体中的不同物业形态进行整合重组，比如可能将酒店物业项目单独分立为独立的项目公司，便于业主方构建未来的商业计划。对于管理公司来说，也存在未来重组大中华区业务的可能性，比如将原本在国外的商业主体转至境内，或者将国内业务重新布局，或者整体调整管理公司全球战略等，同样存在未来转让合同履行主体的可能性。因此，业主和管理公司是否能根据约定转让《管理合同》和《技术服务合同》，是业主和管理公司在签署合同时通常都比较关心的问题。

一、合同转让条款是双方的必然商业需求

基于上述分析，根据笔者的相关经验，在《管理合同》和《技术服务合同》中，赋予业主和管理公司双方一定的转让权利都是必要的，或者说是必须的。从另一个角度考虑，对于一些已经使用酒店项目公司与管理公司签约、未来不存在转让《管理合同》和《技术服务合同》需求的业主来说，为了追求合同从法律角度上的稳定性和连贯性，而要求管理公司放弃该等转让权利的期望恐怕也很难得以实现。因此，对于律师来说，如何在协助业主谈判时帮助业主方把握更稳妥的合同转让机制，避免在发生合同转让时产生争议，或者即便产生了争议也能够使己方占据更有利的法律地位，应是最需注意把握的问题。

根据我们的项目经验，很多酒店管理公司的《技术服务合同》中都会允许双方根据《管理合同》允许的方式来转让《技术服务合同》。在项目合作中，《技术服务合同》一般会被双方当作一个较之《管理合同》而言的"小合同"，其约定方式可能会与《管理合同》有所差别。笔者遇到不少案例都约定只要在符合

或不违背《管理合同》转让约定的情况下，《技术服务合同》即可以转让。同时，由于一些管理公司因为其公司海外与境内管理结构及税负考虑等原因，与业主签署《管理合同》的主体和签署《技术服务合同》的主体不一致，因此在一些《技术服务合同》中可能会单独明确约定，代表管理公司一方的法律主体只要在一定条件被满足的情况下，就可以转让《技术服务合同》给他人。此时，如何界定管理公司的"一定条件"将十分有必要。

二、妥善厘定合同转让条款的重要性

业主方聘请管理公司管理酒店，一般是倚重管理公司知名酒店品牌和丰富的酒店经营经验，因此管理公司的酒店品牌和相关标准性文件的知识产权是其最有商业价值的资源之一。从保护业主方这一重要商业利益的角度出发，笔者认为要求管理公司在《技术服务合同》项下的知识产权权属的连贯性是非常必要的，这包括要求管理公司应享有相关知识产权（例如酒店品牌、品牌标准、技术参数、设计图纸等）权利，或者应得到相应的许可/授权权利。另一方面，从现实工作角度出发，如果管理公司将合同履行主体转让，则新主体是否具备履行《技术服务合同》相关服务的能力，也需要业主方进行关注。一般来说，很多存在该等转让情况的知名酒店管理公司，多数情况下是其在国内已经有了一支技术服务团队，只是转让前由境外主体作为合同义务履行人，收取相关费用，而转让后则由境内主体或其他境外主体来履行，因此这种转让很多是发生在"一套班子，两块牌子"的管理公司境内外法律主体之间。如果管理公司的转让发生在这类管理公司，则对业主方来说实际产生的相关风险可能较小。但如果转让发生在一些在华发展规模有限的管理公司，则确实可能因为管理公司在华经营实力有限而导致其履行《技术服务合同》责任受影响的可能性。因此对于管理公司转让《技术服务合同》责任时，受让人履行合同责任的能力也需业主方进行关注，业主方在必要时甚至应对受让人的资质及履约能力进行一定调查研究。

三、签署补充协议的必要性

另外一个需要关注的法律问题是，不论是管理公司或是业主根据合同约定进行了转让，都应由新的合同主体另行签署一份与原来条款一致的《技术服务合同》，或者一份对于原《技术服务合同》的补充协议，以明确反映双方新合同

主体的法律信息。这样不但将方便双方根据新合同文件办理相关的政府登记手续（例如税务、外汇、商务等部门），更重要的是，这将避免由于合同主体转让造成履约主体不明，而使得起始仲裁程序时，难以明确甚至很难证明管理公司履约主体，而后者又会是仲裁实践中可能被忽略但却极为重要的问题。

第八节　合同双方的实际履行能力

案例介绍

A公司是某房地产开发企业，作为业主方与酒店管理公司B公司就其某酒店项目签署了《管理合同》和《技术服务合同》，以开发和经营该酒店项目。合同签署后，双方开始酒店项目开发工作的具体合作。但在双方合作过程中，A公司发现B公司的业务能力有限，不足以完全满足A公司开发酒店项目所需的技术协助需求和开业筹备服务需求，但B公司履行合同的行为还不够认定为存在违约行为。那么此时A公司应如何处理与B公司的关系，从什么角度选择切入点来与B公司沟通呢？

争议要点

合同一方履行合同的实际能力将是决定合同履行是否会产生争议的重要问题。

简要分析

一、相关案例分析

如果酒店管理公司的技术人员储备不足，在业主方与管理公司签署《技术服务合同》后，管理公司欠缺完备的履行《技术服务合同》的实力保障时，业主方如何确保其利益，是一个需要关注的现实问题。笔者近期接触的一个案例正好与上述案例的情况类似。该案件中的酒店业主是一家位于中国南方的上市开发商，其业务主要以住宅项目为主。为了应对国家调控政策和平衡资产配置，开发商决定进军商业房地产领域，开展商业综合体项目的开发，其中包括高端酒店项目。由于开发商对于酒店行业了解有限，特别是对高端酒店管理公司的认知并不充分，而该酒店项目所处地区的国际品牌酒店行业市场已初步成熟，酒店品牌覆盖齐全，留给后来者可供选择的酒店品牌较为有限。该酒店开发商根据当时可供选择的管理公司和酒店品牌、管理公司提供的商业条件及其当时对于管理公司的了解，选择了一家小众的国外管理公司为业主提供酒店开发的技术协助，并在酒店竣工后管理酒店。该管理公司进入国内时间很短，在国内已签署的项目屈指可数，并且尚没有成功开业的酒店项目。开发商和管理公司签署《管理合同》和《技术服务合同》后，合同履行中的问题便接踵而来。管理公司由于进军国内时间有限，在国内尚未设立代表机构或外商投资法人企业，并且在国内除了发展团队外，也没有组建技术服务团队和酒店运营团队，业主方每次要求管理公司派员到酒店实地考察，均需要管理公司从其境外总部办公室安排人员前往，这不但导致每次会面的间隔被拉长、工作效率降低，而且管理公司经常无法及时满足业主方的现场考察要求，或者派来的技术人员不完全具备履行技术协助服务的能力。更为严重的问题是，该管理公司在《技术服务合同》中也申明，管理公司不负责其酒店品牌标准与中国国家建筑设计强制性标准的衔接问题。我们知道，主流管理公司虽然在《技术服务合同》中会申明技术免责要求，但该免责更多的是在法律层面上的形式化要求，主流管理公司在国内已经有丰富的技术协助经验，其所提出的品牌技术意见基本能做到符合中国国标要求的标准。但本案中的小众酒店管理公司则较为欠缺在我国国内的既有技术协助服务经验，其履行技术服务也是在"摸着石头过河"，不能确保其酒店品牌技术意见是否能与我国国标顺畅衔接。

本案中出现的实际问题是，开发商为了满足商业综合体的整体开发计划，其酒店项目一直在"抢工期，赶进度"，酒店项目开发安排十分紧张。在《技术服务合同》签署后，开发商希望管理公司尽快对接酒店技术事项，开展全面的技术服务。然而管理公司由于技术团队规模有限，并且无专门服务于中国大陆的技术团队，同时管理公司对中国建筑设计要求的掌握也有限，因此管理公司始终处于无法满足开发商技术服务要求的状态，或者无法及时安排技术人员来酒店项目现场进行视察并参加技术协调会议，或者无法及时审核和回复开发商所聘请的设计公司的设计意见。这些问题都严重阻碍了开发商计划的酒店项目开发进度，也影响了商业综合体的整体开发。

本案中同时出现的另一个附随问题是，该酒店品牌属于五星级档次的品牌，但管理公司为了追求更好的设计效果，使该酒店项目可以成为其品牌旗舰店在国内一炮打响，希望酒店按照超五星级酒店的标准来设计建设，但该酒店所处地域的酒店市场实际上根本无法支持超五星级酒店的房价，这种对于开发商不计成本的投资要求，一部分原因也是由于该管理公司对于国内酒店行业特别是当地酒店市场不够了解所造成的。管理公司所出现的上述种种问题，造成了开发商对于管理公司实际履行《技术服务合同》和《管理合同》能力的严重怀疑。

然而，对于开发商不利的是，虽然业主方认为管理公司履行《技术服务合同》不理想，影响了开发商的合同利益和项目总体进度，但是根据《技术服务合同》的约定，管理公司的所有履约行为均是在合同限定范围内。例如，《技术服务合同》约定技术意见答复周期最长不超过 28 天，管理公司一般会在 2 至 3 周后作出答复。再比如《技术服务合同》约定在开发商提出管理公司派员实地考察后应派员前来实地考察，管理公司均按要求派员前来，但派遣来的人员并不具备代表管理公司向开发商提供技术服务的能力，管理公司甚至曾经派遣从未来过中国的欧美餐饮专业人员前来酒店项目，与开发商商讨酒店中餐厅设计的相关问题，并且开发商还需要承担该等专业人员的差旅费用。管理公司还存在一个问题，即管理公司负责该酒店项目的技术人员频繁出现变动，造成管理公司提出的技术意见经常存在前后不一致甚至矛盾的情况，影响了开发商对于酒店项目的设计和建设工作。

上述种种问题的出现，使得开发商陷入《技术服务合同》和《管理合同》履约的两难境地：一方面其正当权益确实受到了不利影响，酒店项目开发进程缓慢，更严重的是，整个商业综合体项目的开发进度都受到了影响；但另一方面，从合同约定角度分析，管理公司并不存在明确的合同项下违约行为，如果开发商提出终止《技术服务合同》和《管理合同》，很有可能形成合同项下违约，反而要向管理公司承担相应违约责任。

二、摆脱将全部精力仅投入谈判而忽略实体性调研工作的误区

在业主方与管理公司谈判和签署《管理合同》的阶段时，双方往往仅将沟通精力放在对于合同条款的研究探讨之中，业主方更注重的是从合同层面上争取更多的利益，对于合同中已有的条款争取更有利于业主方利益的措辞，对于合同中未囊括的事项，提出更有利于业主利益的要求和约定。但实际上，业主方可能会忽略一些合同签署后的事实性（而非法律性）问题，而这类事实性问题对合同履行结果的影响将不亚于法律性问题可能给业主方所带来的影响。就

笔者处理过的国际品牌酒店项目争议案件来看,上述尴尬的两难境地可能是很多酒店项目中业主方均会遇到的问题。笔者认为,解决上述问题的关键之道无外乎两点:

其一,业主方在与管理公司谈判《技术服务合同》和《管理合同》时,不能仅将注意力放在合同中的原则性问题上,而必须格外注意双方履约时可能发生的具体问题和现实问题,因为这些细节同样将会影响到合同目的是否能够最终实现。建议业主方聘请有经验的谈判顾问,弥补业主方可能存在的酒店项目经验不足的问题,从而减少合同中存在的漏洞未来可能给酒店项目所带来的隐患。

其二,即使在合同中已经约定了对业主方不利的条款,业主方在履行合同时,仍然应该完整地保留与管理公司沟通的书面证据,对于重要的催告管理公司的函件应以妥善的并且可以通过不同角度予以印证的多种书面正式方式予以送达。在一定条件支持下,业主方可视情况要求管理公司签署对于合同内容的补充协议,以根据合同具体履约情况适当纠正合同内容对业主方的不利约定。

总之,即便已经签署的合同条款对于业主方不利,业主方也可以通过合同履行过程中的法律调整手段,校正合同约定的不足,从而尽力维护业主方的合同利益。

第九节 酒店样板房的核查

案例介绍

在某度假目的地的酒店项目中,业主 A 公司与酒店管理公司 B 公司签署关于该酒店项目的《管理合同》和《技术服务合同》后,双方进入酒店开发合作阶段。根据《技术服务合同》的约定,酒店项目的客房部分建设需要根据双方共同的认可。经过 A 公司和 B 公司的相互配合,双方取得了各方均满意的样板房设计方案,并按该方案建造了样板房,样板房建设品质也最终取得了 B 公司的认可。A 公司随后按照样板房标准建造酒店客房,但此后 B 公司又要求 A 公司对客房设计建设进行调整。落实该等调整要求势必增加A公司对酒店建设的重复劳动，并增加工程投入。因此A公司就是否应落实B公司新提出调整意见的问题，与B公司发生争议。

争议要点

样板间核查工作在酒店开发过程中举足轻重的意义。

简要分析

一、相关案例介绍

该案件的具体情况是，根据酒店品牌标准，该酒店项目的客房卫生间本来均应装配四件套卫浴设备，但业主方建造的样板间却只使用了三件套卫浴设备，没有安放浴盆。然而根据该酒店品牌的品牌理念，为体现休闲、惬意的度假感受，卫生间必须安放浴盆。但是，未安放浴盆这一问题在管理公司技术人员核查样板间程序中却鬼使神差地被忽略了，管理公司技术人员未对该问题提出整改意见。其后，业主方根据样板间核查结果建造了酒店客房。管理公司在酒店客房装潢工作基本完成时，才发现客房卫生间存在该等问题。但业主方按管理公司的样板间核查意见已完成了客房卫生间的装潢，如果再加入浴盆，则不但需要业主方重新设计装修所有客房的卫生间，使业主面临大量资金投入，而且还将延缓酒店的预定开业日期，造成酒店无法赶在当地旅游黄金季节及国际性展会季节开业，这将严重影响酒店的市场影响力及首年业绩。

就上述案件所涉问题，管理公司初步的想法是，品牌标准文件在双方合作之初已经提供给业主方，其中明确了客房卫生间应配备浴盆，因此管理公司要求业主方一定要根据品牌标准对酒店客房卫生间进行整改，即使如此整改会使业主方蒙受大量经济损失并影响酒店经营，否则管理公司不同意为酒店悬挂其酒店品牌。对于管理公司的上述意见，业主方根据《管理合同》和《技术服务合同》进行了据理力争的沟通。业主主张，虽然从《技术服务合同》的大原则层面来看，业主方开发酒店项目应满足管理公司的酒店品牌标准，但由于《技术服务合同》中对酒店品牌标准的落实已有明确约定，即业主方应按照管理公司批准的样板间设计建设方案建造客房，因此只要业主方完全按照管理公司批准的样板间方案建造完成客房，即使存在客房未符合酒店品牌标准的情况，也应视为酒店产品已经符合了合同约定的酒店建造标准，管理公司在样板间核查时未提出卫生间浴盆设置问题，应被理解为管理公司已就此问题向业主方作出了品牌标准的妥协。在充分的合同依据面前，经过双方反复沟通，管理公司最终放弃了要求业主进行整改的要求。

二、管理公司坚持品牌标准的内在合理性

在这起争议案例中，虽然业主方最终化解了其与管理公司之间的矛盾，使酒店按时开业，但这种对品牌标准的妥协从酒店的经营及业主的长期利益来讲可能未必是一个最佳的选择。酒店品牌标准是管理公司在酒店经营中不断摸索和积累下来的成功经验，其一点一滴要求均出于对酒店经营有正面促进效应之目的。就本案而言，虽然业主方无须另为酒店卫生间装潢花费附加费用，并使酒店可以在当地黄金旺季开门迎客，但酒店客房卫生间只有淋浴，没有盆浴，是否会在该酒店未来的经营中影响客人对于该酒店的选择倾向？是否会影响该酒店的业绩？也许仅因浴盆设置问题不会影响酒店的主要经营业绩，那么如果类似问题发生在其他更为重要的酒店开发的技术环节（例如客房面积、户型结构、内部设计等问题）上时，如何处理该问题才能既保护业主方的当下利益，又能有助于酒店未来的长期经营呢？因此，从该案例可以明确地看出，样板间环节的落实情况将对业主方和管理公司履行《技术服务合同》、《管理合同》以及酒店未来的经营带来重要的影响，是双方必须极为重视的一个酒店开发环节。

三、落实样板间细节的重要意义

酒店是否高档奢华，在软件方面主要取决于酒店管理公司是否有丰富、细致的管理经验，精准地把握酒店客人的需求；而在硬件方面则主要取决于酒店的设计建设是否科学、合理、人性化，取决于酒店的装修风格是否超凡脱俗，也取决于在酒店经营中酒店硬件设施维护和更新是否及时。而酒店的建设和装潢是否出色，将是决定该酒店项目硬件档次的基础和前提。酒店建设和装潢标准高档奢华的一个显著的表现层面是，建设和装潢的设计细节细致入微，能够抓住建设装潢的重要细节着力做文章，这将是酒店设计建设团队和酒店管理公司技术团队通力协助、从而脱颖而出的重要体现。

由于酒店管理公司比一般房地产开发项目更关注细节问题，为了能够在酒店项目建设开发过程中将酒店主要细节直观地落实到位，酒店管理公司一般都会将酒店开发建设流程在《技术服务合同》中明确要求。在酒店项目建设工程

的相应部分正式开始前，业主方应首先为不同房型的客房建设样板间，有一些管理公司还会要求业主建设部分样板走廊等。样板间核查环节一般被视为酒店项目开发过程中非常重要的一项里程碑式工作。管理公司借此可以直观地实地核查样板间，对于样板间是否符合酒店品牌标准，以及哪些细节有待改进等提出正确的意见。业主方根据管理公司的核查意见修改样板间后，一旦得到了管理公司的认可，业主方将依据管理公司核准的样板间设计装潢方案，对酒店客房、走廊等已经过管理公司核查的部分进行建造。从样板间程序的上述作用可以看出，业主方和管理公司如何确定样板间的最终建造方案，将对业主方未来酒店建设方案带来直接和决定性的影响。

从笔者所处理过的案件看，样板间核查过程是业主方和管理公司在酒店开发阶段中一个主要的着力点。从管理公司视角出发，管理公司希望按照其酒店品牌标准的硬件标准来测评样板间，将所有管理公司认为不符合其标准的细节全部找出，要求业主方进行整改，以确保酒店未来客房的建筑品质。而对业主方来说，一般更重视性价比高效，对于管理公司的一些可能带来较高成本的整改意见，业主方是否赞同肯定会有自己的考虑。从客观中立的角度来说，管理公司的酒店品牌标准很多也存在一定灵活调整的自由裁量空间，酒店品牌标准所适用于本酒店的具体标准，一定需要管理公司技术团队来最终落实，由此才能做到酒店管理公司旗下酒店的整体标准化和个案差异化的有机结合。此时，管理公司对于品牌标准在其品牌标准规定内的自由裁量权的运用，将左右业主方开发酒店的方向。因此，如何确定样板间的设计建设方案，是业主方需要格外注意和着力的问题。

另外，对于很多酒店管理公司在《技术服务合同》中明确要求的业主方只有在管理公司批准样板间方案后，才能对酒店相关客房和走廊开展施工工作的问题，建筑工程通常一定是"先设计后工程"，设计方案会在工程开展前完备。但如果出现了"工程等设计"，即客房、走廊等工程建设已可以开始，但却缺乏经认可的设计方案的情况，则会造成酒店开发的窝工，如此将严重影响酒店开发安排。因此业主方应注意《技术服务合同》中对于管理公司和业主方审批样板间设计的流程安排，防止出现设计工作迟缓而影响酒店工程建设情况的可能。

第十节　酒店工程进度定期报告制度

案例介绍

　　某酒店项目的业主 A 公司和酒店管理公司 B 公司因为对该酒店的开发进度问题产生争议，最终提交仲裁解决。在该案件中，A 公司与 B 公司签署的关于该酒店的《管理合同》明确约定了酒店开发工程的开工日期、竣工日期及预定开业日期，同时双方之间的《技术服务合同》亦明确了双方在酒店设计工程阶段的权利义务。但双方在履行《技术服务合同》时，由于 B 公司技术标准要求较高而 A 公司从成本控制角度出发希望控制成本支出，因此双方对于酒店开发的技术合作并不顺畅。A 公司随后又因为国家调控政策导致资金链紧绷，无力正常开展酒店开发工作。A 公司借口双方对于酒店设计建筑标准始终无法达成一致，将酒店开发工作暂停。《管理合同》所约定的竣工日期及预定开业日期已过，但酒店迟迟未能依 B 公司的品牌标准竣工，双方只能协商将酒店开业日期一拖再拖。由于酒店项目的迟迟不能竣工开业已打乱了 B 公司在该地酒店业市场的整体战略布局，因此 B 公司选择终止与 A 公司的《管理合同》及《技术服务合同》，以便 B 公司可以放开手脚在该区域发展其他项目。B 公司向 A 公司发送终止《管理合同》和《技术服务合同》的函件后，双方进行了长时间的协商争论，A 公司最终对 B 公司提起了仲裁，要求 B 公司赔偿相关损失。

争议要点

　　固化酒店开发进程证据将有利于争议解决阶段分清双方的责任。

简要分析

一、简要处理意见

　　在本案中，B 公司对于合法解约的一大抗辩理由是，A 公司长期无力开展酒店项目建设开发工作，造成了《管理合同》和《技术服务合同》所签署的目的根本不能实现。对于酒店开发项目暂缓的事实，B 公司提供了一些证据。根据 B 公司提交的该等证据，B 公司对于酒店工程进展的情况及相关证据的掌握是非常有限的。该酒店管理公司 B 公司在本案中的行为显示出其很可能是由于在华发展过快导致人力资源紧张，无法充分深入每个项目。在本案中，B 公司仅能提交每次 B 公司技术人员来酒店工程现场考察时，顺路为 B 公司总部制作的工程开发情况汇报材料，并搭配了简单的文字说明和记录。而关键问题在于，这些记录材料仅仅是为向 B 公司总部汇报目的而制作，因此没有任何 A 公司的确认信息，也很难确切证明资料的制作时间。除此之外，B 公司再难提供其他有关酒店项目开发过程的证明。对 A 公司较为有利的是，在 B 公司选择终止《管理合同》和《技术服务合同》后，由于 B 公司不再参与技术意见，使得 A 公司设计工程标准更为灵活，而且当时的宏观经济状况有所改善，A 公司取得了必要的融资，使 A 公司可以开足马力建设酒店。因此，在仲裁案件启动后，该酒店已经竣工并在进行开业前准备工作，这使得 B 公司也不可能再委托公证员到酒店工程现场进行酒店工程尚未完成的取证工作。

在本案中，最终由于 B 公司无法提供有力证据证明其主张的争议期间酒店工程进展缓慢的事实，B 公司进而无法证明 A 公司未能根据《管理合同》和《技术服务合同》的要求按工程时间点约定完成酒店的相关开发工作，无法证明 A 公司存在相关违约行为，仲裁庭也因此完全否决了 B 公司提出的抗辩理由。

二、用适当形式固化酒店开发进度及情况

业主公司在酒店项目设计、开发和建设过程中，都会制定详细的项目开发时间安排及工程开发进展记录，通过这些安排和记录，可以使业主公司更好地掌握项目开发进展的预期，有利于开展后续经营管理工作。同时，对于开发程序进行必要的记录，将对因为酒店项目开发事项而可能产生的纠纷进行更好的记录备案，必要时可成为证据材料。由于酒店开发进展情况对于《管理合同》及《技术服务合同》来说都十分重要，因此对于酒店开发情况的记录问题，也越来越被酒店管理公司所重视。通过上述真实案例，读者们可以清晰地看到，如何制备和留存酒店开发过程的必要信息和记录，将直接影响到双方发生争议时的裁定结果。正是基于此原因，目前在某些管理公司的《技术服务合同》中，已经要求业主方（或促使其项目管理公司）应按期将酒店项目开发的各个顾问的工作进度进行汇总，并提交给管理公司留存。从我们

处理争议案件的经验来看，我们认为管理公司在《技术服务合同》中要求业主方提交酒店工程进度的模式，并非仅在保护管理公司的利益，在一定程度上对于业主方的工程进展现实情况也有益处。原因在于，业主方随时向管理公司明确披露酒店开发的进展安排，使管理公司从法律上讲已经处于对于酒店项目清晰明确了解的位置，管理公司在此情况下不应再以不清楚酒店开发的进程或者不了解酒店工程具体情况为由，被动地怠于履行其相关技术协助责任，或拒绝承担其相应的责任。

笔者认为，争议解决是还争议事项以真实的面孔，因此从原则和理论上讲，将事实情况明确地进行记录，将有利于业主和管理公司双方间定纷止争，减少由于项目不确定性而带来争议的可能性。

第十一节　酒店开发的技术责任范围划分

案例介绍

某酒店业主 A 公司与酒店管理公司 B 公司因《技术服务合同》项下的争议而引发了一起仲裁案件。在该案的仲裁请求中，A 公司诉称，由于 B 公司提出的技术意见存在瑕疵，导致酒店项目的客房普遍存在照明不足的问题；由于客房空调设计不科学，导致双层复式客房存在严重的冷暖不均问题，且风机盘管噪声大，造成客房噪音大，这些问题严重影响了酒店住客的居住品质，进而影响了酒店正常经营，因此 B 公司应赔偿 A 公司由于 B 公司未能提出适当的技术协助意见而给酒店经营造成的所有损失。

争议要点

酒店开发技术责任承担以及管理公司技术意见责任涵盖的范围。

简要分析

一、初步处理意见

在《技术服务合同》中已对管理公司的责任进行了明确限制的情况下，一旦酒店由于开发建设原因而产生争议，业主方如何追究管理公司提出的技术意见的责任，将是业主方是否能成功主张合法权利的重要因素。在本案中，针对 A 公司的指责，B 公司主张：B 公司向 A 公司提供的技术标准中已经明确规定了酒店客房的人造灯光的照度标准根据不同情况应满足 50Lux 至 400Lux 不等的标准，酒店客房一般应满足 30～35 分贝的噪音指标，室内温度应可实现夏季 23℃、冬季 22℃等标准，这些标准均符合我国的相关建筑标准。同时在技术服务中，针对复式客房空调出风口设置问题，根据热空气轻而冷空气重的物理特性，B 公司的技术人员已经提示过 A 公司应对复式客房的空调设计进行重新评估，但 A 公司所聘请的设计师未能将之落实。根据《技术服务合同》的约定，B 公司的职责仅是向 A 公司提供酒店使用功能方面的技术意见，使之满足酒店品牌的技术标准，具体设计工作应由 A 公司聘请的设计 / 建筑公司来完成。鉴于 B 公司的技术标准完全符合我国规定标准，并且 B 公司在其责任范围内对 A 公司进行了充分的提示，因此酒店存在的工程技术问题应由 A 公司（而非 B 公司）承担责任。由于 B 公司的答辩逻辑清晰，明确地论证了 B 公司在《技术服务合同》项下的履约行为既符合了合同约定，又满足了法定要求，因此仲裁庭最终判定应由 A 公司承担相关争议所产生的责任。

二、管理公司提供的技术协助是有限的服务

在《技术服务合同》项下，管理公司为业主提供的技术咨询意见的性质是什么，管理公司对其意见应该承担怎样的责任范围，这是业主方在开始酒店委托管理项目之前就应关注并慎重考虑的问题。根据笔者多年来处理案件的经验，通俗地说，管理公司所提出的技术意见并不代表该意见具备可行性，也不代表业主依该意见行事不会存在法律风险。

在我们接触过的很多酒店项目的《技术服务合同》中，多数管理公司会对其履行《技术服务合同》项下的义务所涵盖的责任进行一定的严格限定，这种特点在国际排名领先的大牌酒店管理集团中更为常见。管理公司倾向于将其提出意见的责任仅限定于符合其品牌标准的目的，部分管理公司甚至将责任进一步限定于品牌标准中的一部分责任（例如局限于功能性方面或审美角度），而将品牌标准与中国地方相关建筑标准要求的接轨责任交给了业主方自身，以及业主聘请的设计、建筑顾问等第三方顾问。《技术服务合同》中，诸如"管理公司未对酒店场地提出反对意见并不构成管理公司对酒店场地适宜建造酒店进行任何暗示或担保"，"管理公司将提供有限的技术服务，以确保其符合品牌标准，并确保其操作功能符合管理公司的经营标准"，"管理公司的技术意见应涉及酒店的酒店功能及其审美功能，但业主顾问应负责酒店工程的建设、质量及调试以及与品牌标准的接轨"，"管理公司的技术意见仅为将建造酒店工程的功能或其审美方面"的此类条款绝不罕见。

根据我们的经验，在我国发展目前位居前列的大牌酒店管理公司的技术团队，对于我国国内标准均有较为充分的理解和掌握，不过为了规避管理公司的技术意见可能被视为设计/建筑公司为业主建造酒店而提出专业意见，并降低管理公司技术意见直接被引用所带来的不利因素和负面影响，管理公司普遍较为坚持该等合同约定的要求。

三、管理公司的责任限制

就酒店管理公司在《技术服务合同》项下的技术意见究竟承担何种责任问题，通过上述案例，我们可以清晰地看到，《技术服务合同》对于管理公司责任的限制，将影响业主追究管理公司法律责任的方式和方法。这就要求业主方在与管理公司谈判《技术服务合同》时，应当考虑到未来争议发生时可能出现的情况和问题，尽量在合同谈判时争取到一旦出现争议时便于维护合法权利的合同条款。同时，业主在与设计方、建筑方签署相关合同时，也有必要进一步明确业主聘请的该等第三方应负责将管理公司的技术意见结合我国规定及酒店的实际情况进行具体落实，从而保证酒店的设计开发品质。

总之，对于管理公司提出的技术意见，业主应结合《技术服务合同》中对于管理公司责任限制的约定，将管理公司的技术意见理解为一种指导性的意见，而这种指导性意见究竟如何落实，还需要督促设计/建筑公司完成。

第十二节　酒店品牌标准责任的落实

案例介绍

在位于我国华北地区某地的酒店项目中，发生了一起因品牌标准落实责任分配的问题而产生的仲裁案件。业主方 A 公司原有意将该项目定位为住宅项目，但后因故改为酒店项目，并与国际管理公司 B 公司签署了关于该项目的《管理合同》和《技术服务合同》。合同签署时，该物业的建设已经封顶，主体结构已按照住宅建造要求完工。B 公司技术团队向 A 公司提出对该酒店重新设计的要求，但该等要求最终并未落实在该酒店项目中，导致该酒店因双方纠纷迟迟不能开业。B 公司最终将 A 公司诉上仲裁庭，要求其赔偿合同期间 B 公司的相关损失，而 A 公司也向仲裁庭提出了反诉。

争议要点

在酒店开发过程中的具体技术工作问题上，如何划清业主方和管理公司间的责任。

简要分析

一、案件详细情况

本案双方的争议点为品牌标准的落实责任分配问题。该酒店物业是一个新建项目，业主方 A 公司在签署《管理合同》前本打算将该物业开发为住宅并进行销售，由于受当时政策所限，A 公司才最终决定将物业用作酒店经营使用。但是，在 A 公司做出这一商业决定时，物业建设已经封顶，主体结构已经完成，物业的所有标准均按照适宜销售的住宅进行设计和建设。在 A 公司与 B 公司签署《管理合同》及《技术服务合同》前，B 公司已经对于 A 公司需要对物业进行的改造项目进行了充分的沟通。A公司出于商业考虑以及当地政府的要求，完全同意B公司提出的改造要求，并签署了《管理合同》和《技术服务合同》。

合同签署后，该项目便进入了设计阶段。由于该酒店物业本来是按照住宅标准进行的设计建设，与酒店标准和用途存在较大差距，因此B公司技术团队从整体空间布局、客房户型、机电设计、暖通空调、给排水、灯光音响等各方面向A公司提出重新设计的要求，A公司亦重新聘任了内装设计师，以完成酒店项目的设计开发工作。由于物业原本按照住宅进行设计，没有设计大堂、餐饮、会议、娱乐、酒店后台区等功能性区域，因此需要打通部分房间，重新布局酒店的不同功能区域。另外，由于建筑领域相关国家标准中对于住宅和酒店的强制性设计要求也不同，A公司还必须对部分物业进行改造。举例来说，为了达到我国对于酒店的消防标准，A公司需要扩宽酒店客房的公共过道宽度，设计无障碍通道，建设消防水池和必要的喷淋装置，还需要增设酒店物业的连廊和消防梯。如此复杂全面的改造要求，让A公司有些应接不暇。A公司聘请的内装设计师根据B公司的意见重新调整了酒店设计，A公司根据设计师的设计方案对酒店进行改造建设。由于酒店的设计和建设情况不断地发展变化，部分酒店改造工程进行到一定阶段后，B公司实地审查了酒店工程进展，发现B公司提出的一些技术意见未能实际在酒店建设工程中落实，这可能是由于设计师对于酒店设计工作与B公司理解有所不同，也可能是由于酒店施工方未能充分落实酒店设计图纸，还有可能是A公司并未采纳B公司提出的技术意见，而直接以A公司的要求指示设计师进行设计，进而要求施工方落实由设计师细化的A公司的指示意见，但具体原因已无法探究。由于A公司对酒店的开发水平远不能达到B公司开发建设同档次同品牌酒店的标准，如此建成的物业也很难满足B公司日后酒店经营的要求，因此B公司向A公司提出了正式的要求，要求A公司将B公司的技术意见进行落实。基于此，A公司只能根据《技术服务合同》的要求，重新落实B公司的意见。

正如笔者本书其他部分中所提到的，管理公司为了保持其酒店产品的竞争力，通常会要求业主不断提升其酒店相关品牌标准，以使其品牌酒店产品在同等酒店市场中保持优势地位。在本案中，B公司在要求A公司重新落实技术要求的同时，根据B公司一些更新的技术标准，对酒店的部分设计提出了新的要求，要求A公司在酒店相应部分重新设计和建设时予以落实。由于A公司资金链紧张，因此在酒店开发过程中始终希望尽量节省成本。而这种愿望导致了A公司不能全面落实B公司技术意见，从而造成了酒店设计建设工程的屡次返工重建，如此为A公司带来了一定金额的重复投入。而A公司最为在意的是，酒店开发工程因此被严重拖延，酒店项目长期无法竣工验收，不能开门营业，A 公司因此受到了来自政府、银行的巨大压力，资金链吃紧。A 公司最终由于丧失继续根据 B 公司意见完成酒店开发的信心，而向 B 公司发送正式公函，终止双方之间的合同。几经沟通无效后，B 公司将 A 公司诉上仲裁庭，要求 A 公司赔偿合同期间 B 公司的相关损失；而 A 公司则向仲裁庭提出了反诉，要求 B 公司向 A 公司支付自《管理合同》和《技术服务合同》签约起至合同终止为止，A 公司为酒店开发建设所投入的所有成本。

二、类似案件中双方的出发点

在处理实务案件中，我们经常接触到一类业主开发商，在与管理公司签署完成《管理合同》和《技术服务合同》、进入酒店物业开发建设阶段后，业主方对于如何协调和处理与管理公司之间关于酒店设计和建设事宜的关系问题颇感头疼。这一点在业主已经开始设计或建设酒店后，管理公司才介入酒店项目开发的新建酒店项目情况下尤其明显。业主普遍抱怨的是，原本在管理公司进入前，酒店开发过程很顺利，业主方可能已经聘请了心仪的设计师为酒店开发提供设计服务。笔者接触过的一些项目已经将酒店开发到了相当程度，有些已经确定了明细图纸设计，有些已经开始建设主体工程，有些已经主体封顶并进入室内装修阶段，但是管理公司参与酒店项目的开发后，业主方原来已经与设计方、施工方等形成的合作模式就需要进行调整。

通常情况下，管理公司为了保障所管理酒店的整体质量，对于业主开发的酒店物业产品的品质都是十分关注的，管理公司希望酒店从设计风格、建筑结构、客房体量、机电配备甚至节能环保等各个角度，符合管理公司的经营要求，从而使业主提供的酒店产品对于管理公司来说，尽力实现"高质量、易管理、好经营、低成本"的综合目标。国际排名位列前茅的酒店管理公司多来自欧美。这些管理公司在欧美经营的酒店很多都属于管理公司自己持有的酒店，管理公司自己就是酒店开发商，自然会根据其认为合理的标准设计建设酒店。但国际酒店管理公司进入我国后，更多地采取的是委托经营的管理模式，在这一商业模式下，就存在协调业主与管理公司关系问题，以达到建设符合管理公司标准的酒店物业产品的目的。

三、合同约定和实际履行情况的不同

我们知道，合同签署后，双方具体履行合同的行为实际上是十分复杂而琐碎的，这在兼具房地产开发和酒店经营管理的酒店行业中尤其明显。在我们见到的酒店行业的实际案例中，双方很难完全做到根据签署的《管理合同》和《技术服务合同》严格履行双方应承担的义务。很多情况下，双方在执行合同的过程中，可能已经忽略了合同中的具体权利义务约定，而根据双方业已形成的工作模式推进项目。为了保持双方合作的良好关系，合同权利受损的一方一般也碍于面子，不愿过分主张相应权利，在履行合同中对对方给予一定合同权利义务意义上的妥协。在笔者处理过的案例中，管理公司对于业主方进行的妥协十分常见，因为管理公司与业主在签署《管理合同》和《技术服务合同》时，多处于强势地位，合同约定多倾向保护管理公司，并且在酒店开发阶段，管理公司在合同项下基本处于第三方顾问的角色，而主要落实酒店开发工作的都是业主方。往往只有到真正产生争议时，双方才会重新认真研究合同中的相关约定，分析所享有的权利和应履行的义务。

四、在本案中如何主张法律权利

对于上述案例，我们在此着重分析业主方 A 公司向管理公司 B 公司提出的反诉问题。就上述类似的合同争议而言，总结起来其实只需要两个步骤的法律工作：

①对方存在违约行为吗？

②如果能证明存在违约，则该方违约行为的影响范围是什么，造成了多少损失？

其中，合同一方是否存在违约情况是该合同方应承担多少损失责任的基本前提，只有从法律上证明了该合同方确实存在违约终止合同的行为，才有必要进一步通过证据证明守约方因为违约方违约行为所造成损失的大小，从而要求违约方承担相应赔偿责任。

分析一项合同行为是否合法，主要看该行为的开展和进行是否存在法律依据或合同依据，因此在分析合同一方是否合法解约时，分析该等行为是否具备合乎法律规定的合同解除情形，以及是否具备合乎当事人双方约定的合同解除的情形，将成为分析解除合同的行为是否合法的两个重要的分析层面。

五、合同法定解除之析

根据中国《合同法》的相关约定，存在如下情形之一的，当事人可以解除合同：

①因不可抗力致使不能实现合同目的；

②在履行期限届满之前，当事人一方明确表示或者以自己的行为表明不履行主要债务；

③当事人一方迟延履行主要债务，经催告后在合理期限内仍未履行；

④当事人一方迟延履行债务或者有其他违约行为致使不能实现合同目的；

⑤法律规定的其他情形。

《合同法》项下规定的合同法定解除主要涵盖了四种情形，以及一项兜底条款。笔者在此为读者们进行简单的梳理。

第一种情形，由于《合同法》项下不可抗力导致合同签订的目的根本性地不能实现，从而可以解除合同。根据中国《合同法》，不可抗力是指不能预见、不能避免并不能克服的客观情况。只有发生了《合同法》项下的不可抗力，而且不可抗力的发生严重地冲击了合同项下一方或双方对于合同的履行，导致一方或双方在签署合同时所预计的合同所期望达到的目的根本不能实现的，才能成为符合合同法法定解除合同的条件。不可抗力的具体认定则需要根据具体案例中的具体情况来分析。

第二种情形，合同一方存在预期违约时，守约一方可以依《合同法》终止合同。预期违约情形的解约权需要同时具备几个条件，首先应是在合同履行期间届满之前，如果合同履行期间已经结束，则不适用本条款规定的情形。违约方当事人需要明示或以其行动表明不履行债务。明示一般是指违约方当事人通过口头或书面等形式通知另一方，违约方将不再履行合同。以其行动表明则一般是指通过默示的方式，比如拒绝进行沟通、不配合履行合同义务、不支付合同款项等方式，表现出其不再履行合同。再者，还需要满足违约方不履行的义务属于合同项下的主要义务的条件。这就需要将违约方在合同项下的义务进行划分，例如，在《技术服务合同》项下，业主方迟延向管理公司支付部分技术服务费款项，是否将被视为其实质性地违反了《技术服务合同》？在真实案件中更为复杂的情况往往是，管理公司和业主方均存在一定违约行为，即所谓交叉违约情形，一方以不履行某项义务作为手段，要求对方履行另一项对方未履行的合同项下义务。这种交叉履约和交叉违约的情况在现实合同履行过程中比比皆是，合同一方为让另一方履行某些对方怠于履行的义务，或者要求对方对合同约定的某些权利义务对己方进行妥协让步，采取这种手段，往往是在双方合同关系不被打破的情况下，一方要求另一方采取行动的有效方式。然而一旦这种手段被滥用，或超出了对方的容忍程度，则将可能被对方视作己方违约的把柄，造成合同依据法律被解除，同时还需承担相应责任。因此，如何根据法律的规定定性一种法律行为是否属于《合同法》规定的预期违约行为，是需要经过法律专家根据事实依据具体分析的。在合同履行过程中，合同双方间可能被认为是交叉违约的情形，如何能在最大程度上起到有利于己方的作用，产生对己方最小化的负面结果，则需要法律专家在一方履行合同及与对方进行书面文件等沟通时，缜密计划，分析焦点法律争议，预见可能发生的法律问题，从各种书面文件、信函、公文及行为中，整合和统一己方的意见，从而减少对方可能抓住己方的文字漏洞进而大做文章的可能，也减少一旦争议进入仲裁诉讼程序后，己方向对方所发出的文件将被对方作为对己方不利证据的可能性。

第三种情形和第四种情形存在一定相似之处，即均要求违约方存在延迟履行其合同义务的状态。第三种情况的法定适用条件是，违约方违反了合同项下的主要义务，守约方则需要向违约方进行催告，形式则应以书面形式为宜，催告后，守约方还必须给予违约方一定合理期限作为违约方改正其违约行为的期限，即守约方需对违约方提供一定的"容忍期限"，其后，才有权终止合同。

第四种情形的法定使用条件与第三种情形的差别在于，违约方的违约行为已经严重到使合同目的不能实现，即违约方存在合同项下的根本性违约行为，严重侵害了守约方的合同利益，此时守约方无须再"催告"和"容忍"对方的违约行为，而有权直接终止合同。

通过对《合同法》法定解约事由规定中这两种解约情形的分析，我们可以看出《合同法》立法者的立法思路：即对于违约方合同项下的一般和非重大的违约行为，是不构成解约理由的，这是从民法原理中尊重契约、维护自治、尊重合同效力的角度出发，从立法角度尽量维护合同效力的体现；而对于违约方违反主要合同义务的较严重的违约行为，立法者希望给予违约方一个改正错误的机会，还是希望尽力维护合同效力；但是对于违约方的根本性违约行为使合同目的不能达到的，由于该等情形将严重影响守约方的利益，如果再坚持合同效力至上原则将对守约方极为不公，因此出现该等情形时，立法者赋予守约方直接解除合同的法定权利。

相应的法律实务问题是：什么是一般违约和非重大违约？什么是对主要义务的违约？什么是造成合同目的不能实现的根本性违约？对于违约方在合同项

下的违约程度问题,是无法单独套用法律规定或书本知识就能做出确定的,只有在律师介入相关工作后,根据具体合同约定和双方履约情况进行实际分析。另外,需要提醒读者注意的是,如果合同一方希望适用第四种情形即合同由于违约方根本违约而造成合同目的不能达到,而直接解除合同的,此时合同违约方肯定不认同合同是由于其根本性违约而被解除的,因此会严重质疑守约方提出解约的要求,守约方此时证明《合同法》规定的法定适用条件已经符合的责任将比较重,一旦无法搜集到足够有力的证据证明守约方完全依法解除合同,则守约方可能也需要对其提出解除合同的行为承担一定责任,这显然是守约方不能接受的法律后果。鉴于此种情况,笔者认为如果在《管理合同》和《技术服务合同》的履行过程中,实际发生了可适用上述第三种和第四种情形法定解除合同的情况时,守约方应尽量选择适用更趋保守的第三种情形,即在违约方严重违反合同义务时,首先给予对方书面通知,催告对方履行合同义务,并可选择阐明对方不履约的法律后果,敦促对方守约,从而履行守约方善意提示的义务。函件中同时应载明明确的违约方纠正违约的期限,且该期限应相对宽松,从而从最大程度上符合《合同法》的法定要求。如违约方届时违约事由依然存在,则守约方可根据具体情况考虑是否依据《合同法》规定终止合同。

六、合同的约定解除之析

除了法定的合同解除事由外,合同也可根据合同双方的约定而解除。合同约定解除又存在两种情况:第一种是合同双方通过达成合同解除协议的方式,解除双方此前签署的合同;第二种方式是合同一方根据合同中双方约定的可以单方解除合同的情形,在该等情形出现时,径直解除合同。笔者在此将主要分析第二种方式在管理公司B公司提出的技术要求与业主方A公司实际落实产生矛盾时的适用问题。

《管理合同》中的违约条款一般均会明确,如果合同一方出现合同条款的实质性违约,另一方有权终止合同并视其为违约方终止合同的行为。同时,一般来说,对于酒店品牌标准的遵守问题,均会被管理公司视为《管理合同》项下的重要问题,或者用明确的文字,或者用间接的方式强调品牌标准之于《管理合同》的重要意义。那么A公司对于使酒店符合品牌标准究竟应该承担什么责任呢?笔者不妨引用一些不同的国际大牌酒店管理公司对于该问题的合同表述,使读者对于该问题有更清晰的掌握。

第一家管理公司的表述为:"业主同意酒店品牌标准应不断进行修改,以反映市场的变化，且业主对酒店在整个合同期限内始终符合品牌标准持续负有义务。"

另一家管理公司的表述为："管理公司有权进行所有的对于酒店的维护和修理，只要该等维护和修理是为维持本酒店处于良好工作状况，或是为遵守本酒店的相关品牌标准所必要的，相关费用应从酒店账户中支出。"

第三家管理公司的表述为："业主同意并承诺在整个合同期限内，该酒店的硬件标准不得低于管理公司的品牌标准。业主有义务对酒店实施必要的工程，以使酒店符合适用于管理公司在当地营运的同品牌酒店的所有要件及标准，并且业主应提供进行必要工程所需的一切资金。"

第四家管理公司的表述为："业主应按照政府机关颁布的所有法律、法规、建筑规则及各种要求，并按管理公司不时更新的酒店品牌标准，使该酒店竣工。"

笔者列举了上述四家国际知名的酒店管理公司对于业主方应履行的关于维持酒店符合酒店品牌标准的责任约定，读者们不难发现，基于笔者在本节文首部分对于酒店物业产品重要性的分析，以及管理公司目前较为强势的合同地位，《管理合同》中对于业主遵循管理公司酒店品牌标准建设酒店的责任还是比较严格的，并且合同中管理公司基本都保留了调整和提高酒店品牌标准的权利，业主必须根据管理公司随时更新的品牌标准，建造和升级酒店物业。

七、本案的具体分析

回到本节案例B公司向仲裁庭主张，根据《管理合同》的约定，B公司确实有根据不断更新的品牌标准提出技术意见的权利，而A公司则应根据B公司提出的意见将之落实在酒店建设之中。根据B公司对于B公司自身和对方A公司提出的各种证据的分析，B公司认为其并不存在违反合同约定的行为，即使B公司存在所提出的部分新技术标准和要求覆盖和调整了先前技术标准的情况，B公司的该等行为仍然是符合《管理合同》约定的。A公司提出的由于B公司的技术意见导致其对酒店开发投入成本过大，以及酒店开发计划由于改建工程被迟延等，均属于A公司在《管理合同》项下应履行的责任和应承担的风险，没有理由要求B公司承担。本案最终仲裁庭支持了B公司的上述观点，驳回了A公司的所有请求，维护了B公司的合法利益。

在本案中，虽然A公司终止《管理合同》完全违背了合同约定，造成其最终独吞违约不利后果的结果，但值得反思的是，在《管理合同》对于业主方不利的情况下，是否能够通过合同履行阶段设计巧妙的履行/协商/沟通方案，将原本在《管理合同》中业主方不利的处境进行扭转？这就要求业主方和管理公司方在合同履行过程中能够因地制宜地设计出有利于其自身的解决方案，从而尽力调整合同一方的处境，通过有效方案在拓展一方合同权利的同时，尽量减低己方违约的可能性，从而实现己方利益的最大化。

八、辩证地看待管理方技术协助意见的价值

正如本书其他部分相关论述所提到的，在目前酒店行业市场中，管理公司解决该问题的办法主要是在《技术服务合同》中，明确要求业主方在聘用设计建设等第三方顾问时，应征得管理公司的意见。同时，在酒店设计建设的每一个步骤，业主都需要征得管理公司的认可意见后，方可继续进行开发。

于是，这就回到了本节开篇时我们为读者们描述的很多业主所遇到的情况。在聘请酒店管理公司参与酒店开发后，业主将不再是酒店项目开发过程中唯一的拍板人，管理公司也将对酒店开发方案提出意见。在很多笔者所接触到的案例中，管理公司的技术意见是很有分量的，业主方在很多情况下都要按照管理公司提出的技术意见来设计、建设甚至修改原有的设计。这样不但有可能原先已经完成的设计图纸需要修改，还可能要对业主方已经进行的部分酒店建设工程进行返工重建，这势必会增加业主酒店项目的总体开发成本。

对于这一问题，我们的意见是，需要结合酒店项目开发的具体情况，来考虑管理公司所提出的技术意见的价值。总体来说，国内的大型酒店管理公司在国内已经有数十甚至上百个成功的酒店开发案例，其对于酒店开发的技术细节是拥有着较为丰富的经验的。管理公司一般多会根据其酒店经营过程中积累下来的具体经验，反推酒店开发建设阶段的技术参数，从而使酒店在设计阶段即能尽量考虑到酒店经营过程中美观、高效、实用、节能的要求。因此管理公司的意见一般都有助于使酒店物业的建设水平进一步提升，有利于酒店物业的保值增值。但另一方面，如果业主方已经将酒店项目开发到一定阶段后，管理公司才介入技术协助，并且管理公司提出的技术要求过于繁杂时，业主方为落实管理公司的意见可能需要另行投入大量成本，并有可能延迟酒店开发周期，从而压迫业主方的资金链。因此，在业主方处于疲于应付管理公司技术意见的情况下，就会产生对于某一项设计建设问题究竟是否还需采纳管理公司意见的矛盾。

第三章

酒店开业前筹备

导读

在酒店开发建设阶段基本完成、酒店项目开业计划临近的阶段，酒店需要开展开业前筹备工作，以便对酒店从开发建设到正式开门营业进行衔接。开业前筹备工作也是酒店管理公司能够为业主方提供的酒店管理服务中重要的部分，管理公司将帮助业主在酒店中设立健全的服务管理制度；采购各种经营所需设备、材料、用品；招募和培训酒店工作人员，确定适当的薪酬体系，搭建酒店管理团队；为酒店开业经营开展前期推广营销工作，为酒店正式营业进行市场拓展和铺垫；为酒店建立必要的财务管理模式，确保酒店开业运营的财务运作井然有序；协助业主方完成酒店建设开发工程的收尾工作等。就开业前筹备事务的具体工作而言，实际是在《技术服务合同》项下的管理公司所提供的技术服务和《管理合同》项下管理公司提供的酒店管理服务之间搭建起了衔接的桥梁，因此开业前筹备工作的一部分事务是与《技术服务合同》项下管理公司对于业主方的技术协助相重合的，比如协助业主方完成酒店开发的收尾工作；一部分事务则与《管理合同》项下管理公司管理经营酒店的责任相重合。基于此，笔者在本章中仅就我们认为属开业前筹备阶段特有的部分问题进行探讨，而对于那些与技术服务和管理服务相重合的部分，笔者将在本书其他相关部分进行论述。

第一节　酒店开业前支出费用

案例介绍

在发生于我国某一线城市的酒店项目争议案件中，酒店管理公司B公司在酒店建设开发的过程中出现了违约行为，关于该酒店的《管理合同》被终止，《技术服务合同》同时被自动终止。酒店业主A公司就此向仲裁庭提出仲裁请求，要求B公司对其开业前的损失进行赔偿。由于A公司在事前注意有效地收集和留存证据，最终仲裁庭支持了A公司的请求，裁定由B公司承担该酒店项目的部分开业前费用。

争议要点

明确区分酒店开业前费用的重要性。

简要分析

在很多酒店项目中，业主方并非以单纯的酒店项目公司作为商业主体与管理公司签署《管理合同》。业主公司在开发酒店项目的同时，很可能还在同时经营其他业务，比如经营管理商业和写字楼部分。这就会存在业主方为酒店项目的开发、设计、建设、管理和投入的成本，与业主公司经营其他商业项目所支出成本的区分。另外，还存在业主方向银行或信托公司等第三方进行融资所得资金，是否是运用于酒店项目开发的问题。而该等费用目的的区分，将直接影响到双方产生争议时对于业主方实际损失的认定问题。

针对本案仲裁的举证环节，有经验的律师都知道，由于日常经营的情况十分复杂琐碎，为所主张的赔偿金额进行举证往往是作为原告方或仲裁申请人一方维权的重点和难点。由于A公司在酒店开发和开业前筹备阶段，一直按照律师的建议，尽量全面地搜集和留存相关费用支出与酒店开发相关联的证据，这为后来A公司向B公司提起仲裁提供了极大的便利。为了证明A公司的实际损失，A 公司律师调取了 A 公司大量的合同和单据作为证据。由于 A 公司事前基本做到了对证据的有效收集和留存，多数赔偿请求都基本可以形成证据链条，并且将该等费用发生的方向明确锁定在 A 公司对于酒店项目开发的范畴内，证明了 B 公司的违约行为给 A 公司造成的损失，因此最终仲裁庭判令 B 公司应承担 A 公司为酒店项目花费的该等费用。从该案件中我们可以看到，将业主方 A 公司对于酒店的开销的证据文件进行特别化和定向化的搜集，将有利于未来争议解决中保护业主方的利益及主张损害赔偿。

第二节 酒店开业前人事安排

案例介绍

在我国某地的一个酒店委托管理项目中，业主 A 公司聘请国际酒店管理公司 B 公司经营管理其酒店项目。A 公司和 B 公司在酒店开发建设过程中合作还算顺利，但当该酒店项目开发工作接近尾声、酒店进入开业前筹备工作阶段时，A 公司发现 B 公司对于酒店开业筹备的支持和配合存在力有不逮的情况，实质性地影响了酒店的开业筹备工作。那么 A 公司通过哪个切入点来向 B 公司主张权利对于 A 公司更为有效呢？

争议要点

合同一方在对方无明显违约的情况下如何保护自身的合法权益。

简要分析

一、案件详情及初步分析

在笔者所处理过的涉及酒店开业前筹备阶段产生纠纷的案例中，很多案例涉及酒店总经理的任职和工作能力问题。在本节案例中，该酒店处于开发装修的后期阶段并已经进入了开业前筹备期。业主 A 公司对于管理公司 B 公司产生不满的主要原因在于，酒店开业前筹备期总计不到 1 年时间，而管理公司却前后向该酒店派遣了 4 任总经理。管理公司给予业主方的解释是，因为具备开业前经验的总经理有限，所以总经理只能与业主签署 1～3 个月的短期合同，在完成相关开业前筹备的阶段性工作后，该总经理将被调往下一家处于筹备阶段的酒店，由该总经理负责相同的酒店筹备工作，因此管理公司派遣来的总经理均是具备酒店开业前筹备相关阶段丰富经验的总经理，能够保证开业筹备工作质量。

但是，业主认为由于总经理频繁调动，造成了酒店"兵不识将，将不识兵"的处境，而前一任总经理刚刚熟悉酒店的具体情况后，即被调任到下一个酒店的岗位，造成本酒店开业前筹备工作的断档，影响了本酒店的开业筹备工作。业主进而认为，管理公司采取此种总经理派遣方式的实质背后原因是，管理公司对于酒店总经理人选的储备不足，无法为本酒店项目派遣适合的总经理，因此只能通过这种"拆东墙补西墙"的方式，应对酒店不断临近的筹备和开业工作，属于管理公司履约能力不足。最终该酒店未能在业主和管理公司此前商议的预定开业日期开业，开业日期被耽误了几个月时间，业主认为如此影响了酒店的收益，因此与管理公司产生了矛盾。

在上述案件中，业主 A 公司邀请笔者为该等问题进行法律评估，以协助业主方确定其商业决策，包括业主对管理公司"是和是战"的大方针。笔者审阅了业主方与管理公司签署的《管理合同》后，发现《管理合同》中并未对业主方目前所面临的问题进行明确的约定，例如在合同中没有明确的条款约定管理公司派遣的总经理的最短任期问题。另外，笔者还在《管理合同》中发现类似于管理公司有权随时调任酒店总经理到其他酒店的约定，这对于业主本案的诉求显然是不利的。因此直接从《管理合同》相关的人事管理条款入手很难直接找到有利于业主方的约定。基于此，我们建议业主方应跳出《管理合同》的人事管理条款，而应站在《管理合同》整体约定和合同目的的高度理解约定，从而更准确地对管理公司频繁更换总经理的行为进行法律界定。此外，业主方还应注意《技术服务合同》与《管理合同》的衔接和协同问题，《技术服务合同》主要规定了酒店开发技术协助问题，一般到酒店开业即履行终止，而《管理合同》主要规定了从酒店开业前筹备到酒店经营的问题。两者在酒店技术开发阶段和开业前筹备阶段存在交叉，因此在该阶段管理公司的履约行为既可能被认为是《管理合同》项下的履约行为，亦有可能被理解为是《技术服务合同》项下的履约行为，同时，有时很难区别管理公司某一履约行为究竟属于《管理合同》项下行为还是属于《技术服务合同》项下行为，这就为业主方从合同上制约管理公司开业前筹备行为找到了另一个突破口。

在笔者的协助下，业主方列举了充分的合同理由与管理公司进行交涉，主要观点是管理公司未能勤勉尽职地履行妥善管理酒店的责任，未能以管理公司应有的专业经验促进酒店开发和开业筹备事务。管理公司最终承认了其履约行为的确存在瑕疵，但双方均不希望终止该酒店的合作关系，因此经过协商，管理公司承认其履约瑕疵，同时承诺保障管理公司所派遣的总经理等高管人员的稳定性，业主方和管理公司最终化解了争议。

众所周知，任何工作的落实，只有通过富有经验的人员进行最终完成，才能达到工作结果的完美和高效。在酒店行业中，酒店管理公司具备一整套完整的酒店开业前规范流程文件，但同样需要由务实高效的现场管理人员进行落实，才能将管理公司的管理经验充分发挥以有利于业主利益。因此，整合和调动充分和称职的管理人员为本酒店服务，是业主和酒店管理公司都非常关注的酒店开业前重要问题。

二、酒店开业前筹备阶段人力资源方面的一般情况

根据笔者对于目前国内酒店行业一般情况的了解，以及酒店开发和开业前筹备事务的一般规律，酒店在开业前阶段的人员安排和配备会存在一个阶段性上升的情况，而并非一次性达到某一人员规模。其原因一方面是由于，在短期内很难一次性大规模招聘到符合酒店要求的员工，这些要求既要考虑到相关员工的业务技能和经验，同样要考虑到聘用该等员工的成本收益比；另一方面更为主要的原因是，很多酒店开业前筹备期从酒店预定开业日期前的6个月、9个月，甚至12个月开始计划，在酒店开业前过早时期聘用大量酒店工作人员，将浪费业主方的酒店开发/运营成本，形成无意义的浪费，因此对于酒店中大部分负责具体日常运营工作的员工，基本是在酒店开业前1～3个月聘用到位，并进行相关培训以使该等员工能够达到相关酒店品牌要求的管理服务标准。而对于酒店总经理、财务总监、人事总监、销售总监、工程总监、餐饮总监等个别较为重要且直接关系到酒店开业后运营质量的岗位，则一般需要在酒店开业筹备的前期尽快到岗。这其中对于总经理的要求更高，原因是酒店整体开发工作均需要总经理来统一协调处理，因此总经理应于酒店开业筹备期伊始即到岗酒店，相应的，很多业内人士也把第一任酒店总经理的到岗作为酒店开业筹备期开始的里程碑。

总经理到任酒店开展开业前筹备工作要落实很多具体现场工作，包括协调酒店管理公司与业主间的关系，进一步推动酒店工程与酒店品牌标准的协调统一，协助完成酒店的竣工，制定开业前筹备预算，开展开业前采购，招聘符合酒店经营要求的管理人员，开展市场营销活动，培训管理人员等。虽然酒店管理公司均有成熟的品牌管理标准供总经理参考，但富有经验的总经理可以将品牌标准这一统一程式化的文件具体有针对地落实在本酒店的个案中，以使该等标准的具体落实办法能够适应酒店所处当地的实际市场情况。

正是因为富有酒店开业前筹备经验的总经理能够为业主和酒店开发带来重要的正能量，因此完全能够具备该等资历的总经理在市场上比较紧缺。笔者所见到的行业内情况往往也是由于该等总经理数量有限，因此管理公司也倾向于在其同集团姊妹酒店之间左右调配，一位富有开业前筹备经验的总经理完成一家酒店的开业并使其经营进入正轨后，再将其调配到其他处于开业前筹备阶段的酒店，继续利用其丰富的开业前经验开展开业前筹备工作，或者管理公司直接从其海外酒店调派总经理支援国内酒店开业。

三、《管理合同》中酒店运营的约定是酒店顺利经营的重要保障

笔者在处理与上述案件类似争议时有一个感觉，就是业主方在和管理公司谈判《管理合同》时，往往主要关注的是费率、合同年限、业绩考核、发展限制等重要商务条款，对于酒店日常经营的相关规定则关注有限。笔者理解这可能是由于业主作为商人，自然最关心的是合同价值和年限，但由于业主方对于酒店日常运营的了解有限，因此无法在合同谈判时预期酒店未来运营时可能存在的争议点，对于酒店运营方面的约定自然不够重视。为了降低业主方在《管理合同》签署后可能面临的在签署合同时并未预测到的问题及风险，还是建议业主方在签署《管理合同》前，尽可能聘请专业的酒店行业专家，为业主方对于《管理合同》签署后可能面临的合同风险进行统一梳理，并对合同条款的商业/运营/法律问题进行具体评估，从而使业主方即使在无法大幅度修改《管理合同》具体条款的情况下，可以对与管理公司未来合作可能存在的问题做到心中有数，并在处理实际问题中进行提前防范，从而尽多保护业主方的利益。

第三节 首个财务年度预算的审批

案例介绍

A公司是酒店项目的房地产开发商，聘请了酒店管理公司B公司对酒店项目进行管理。酒店开发后期进入开业前筹备阶段，B公司根据《管理合同》的约定，向A公司提交了其拟定的酒店首个财务年度的年度预算。A公司如何处理该份年度预算，将直接影响酒店未来每个财务年度拟定年度预算的话语权，如果A公司忽视了审批首个财务年度的年度预算的权利，将可能为未来与B公司就酒店预算拟定问题的争议埋下伏笔。

争议要点

首个财务年度的年度预算的准备与审批。

简要分析

酒店管理公司向业主方提供的酒店开业前筹备服务之一是由管理公司为业主拟定酒店开业后首个财务年度的年度预算。在业主方认可该等年度预算后，酒店的首个财务年度将按照该预算执行。同时根据《管理合同》相关预算条款的约定，管理公司在酒店开业后每个财务年度结束前的一段时间，需要拟定下一财务年度的年度预算供业主审批。对于业主提出异议的年度预算项目，不同管理公司的《管理合同》中会有不同的处置机制，但总体而言是在协商不成的情况下，会提交第三方进行专家解决（专家解决机制的具体问题笔者将在其他章节专章分析）。由于年度预算在酒店日常经营中的重要性，如果缺乏预算则将直接影响酒店的经营，因此管理公司为减少与业主间因预算分歧所产生的影响，会在《管理合同》中明确，在专家解决过程中，为不影响酒店运营，相关预算争议项目适用上一年预算的内容。

在实践中，业主方和管理公司间对于预算协商问题经常会产生不同的理解，因此如何确定酒店适用的预算对于业主方和管理公司均非常重要。正是由于《管理合同》中上述预算争议条款的确定方式，在专家解决程序中，酒店专家也会参考酒店上一年预算来综合衡量提交争议解决的预算草案的合理性，因此酒店的首个财务年度的年度预算将成为酒店今后确定每年年度预算的重要标杆性数据。基于这一原因，业主方应格外注重首个财务年度的年度预算的拟定问题。根据笔者所了解的情况，一般来说，各大管理公司的《管理合同》中，对于首个酒店财务年度的年度预算的拟定机制一般与随后财务年度的年度预算的拟定机制大体相同，但留给管理公司拟定和业主方审阅的时间可能会更长，并且很多管理公司均将该份年度预算放在《管理合同》中开业前筹备事务中专章提及，足以体现管理公司对于首份年度预算拟定的重视。正因如此，业主方必须格外重视首份年度预算的拟定，并聘请酒店行业专业人士或相关商务顾问，对于首份年度预算为业主方提出充分的意见，包括预算所涵盖的具体项目、具体项目的金额、考虑到本地市场同档次竞争者的相关成本收益数据、当地开发/运营酒店的实际成本及本地酒店行业市场的具体情况等，以制定出充分反映出该酒店所处当地酒店业市场实际情况的首个财务年度的年度预算，为未来每一财务年度拟定年度预算的工作进行更好的铺垫。

第四节　合同的签约主体

案例介绍

在某国际知名品牌的酒店项目中，管理公司B公司用法律主体X与业主方A公司签署了关于该酒店项目的《管理合同》，用法律主体Y与A公司签署《技术服务合同》。在《管理合同》开业前筹备条款中明确，酒店开发建设必须满足《技术服务合同》的要求，并取得Y公司为业主A公司出具的Y公司认可酒店开发标准的文件后，X公司才有义务根据《管理合同》将酒店正式开业。X公司和Y公司均为中国境外法人主体。此时，业主A公司应对管理公司的上述不同公司的关系及其与管理公司的关系进行厘清，避免日后法律风险。

争议要点

不同合同签署主体的法律风险及如何防范。

简要分析

一、本案中的法律风险

上述《管理合同》和《技术服务合同》的不同签约主体安排方式在业内较为常见，但有可能给业主方带来一定法律风险。在本案中，虽然管理公司 B 公司反复介绍和解释，X 公司和 Y 公司是关联公司，均隶属于其全球总部，用不同公司签约仅为其内部管理和税务筹划考虑，但业主方还是有必要审查 X 公司与 Y 公司的公司登记文件，以了解这两个公司的具体股东情况，从而确定是否存在管理公司所说明的两个公司之间的法律关联关系。经审阅 X 公司和 Y 公司在其登记地所出具的公司登记文件后，A 公司发现从该等公司登记文件中无法证明 X 公司和 Y 公司存在相互持股的法律关系，也无法反映出其共同隶属于管理公司的全球母公司的法律事实。从合同和公司登记文件看，X 公司和 Y 公司完全属于无关的法律主体，X 公司和 Y 公司共同参与该酒店项目可以理解为是 X 公司与 Y 公司共同合作协助业主方进行酒店开发和管理，X 公司负责酒店运营管理，而 Y 公司负责技术协助服务。相应地，Y 公司将被理解为应具备独立的法人资格，其对于酒店开发的意见可以与 X 公司不同甚至相左。

在酒店项目的实际开发过程中，即使管理方与业主方用多个法律主体签署《管理合同》等合同，但实际履行合同的一般都是管理公司的同一个业务团队，而并非不同的法人主体由不同的人员分别负责与业主方对接，这既有利于方便管理公司用统一口径与业主方进行对话，并且也符合管理公司实际经营要求，节省了管理公司的经营成本。从管理公司和业主来往公函可以看出，管理公司一般也多会用"某某酒店集团"而非 X 公司或 Y 公司的名义向业主方发送函件。因此业主方一般会认为只要是管理公司向业主方做出的意思表示，既代表了其与业主方签署《管理合同》的法律主体 X 公司的意志，又代表了其与业主方签署《技术服务合同》的法律主体 Y 公司的意志。

笔者认为，在上述情况下可能存在这样的可能性，即如果酒店管理公司基于种种原因认为酒店不应开业，则其完全可以基于 X 公司和 Y 公司相互独立且互不隶属的事实，将酒店开业问题在其不同法律主体之间扯皮，不但规避了管理公司开业酒店的责任，而且使业主方从法律角度很难充分维权。

二、尽早达成酒店开业条件的重要性

　　酒店管理公司通常会就酒店前期开发建设和开业后的管理服务与业主方签署《管理合同》及《技术服务合同》等相关合同。《管理合同》主要规制了与酒店开业前筹备管理服务及开业后酒店管理服务相关的问题，而《技术服务合同》主要规制了与技术服务相关的问题，涉及的主要是酒店开发建设问题。

　　酒店管理公司通常均会要求业主方按照管理公司的酒店品牌标准完成酒店的建设和开发，并且在管理公司认为已经达到管理公司所要求的标准、完成酒店开业前筹备工作并可以对外开业后，方同意将该酒店作为其酒店品牌的酒店之一开业运营。那么如何确定酒店开发已经符合管理公司的品牌标准（即达到《技术服务合同》的合同约定目标），并且管理公司也已经妥善完成了酒店开业前筹备（即达到《管理合同》的开业前筹备约定目标），使酒店可以开业，将直接关系到酒店是否能够按照业主方的计划正式投入运营，从而尽快产生盈利。

三、不同管理公司对于酒店开业条件的不同约定方式

　　根据笔者所处理过的国内酒店行业的国际品牌酒店项目的具体情况，不同管理公司对于认定酒店是否已经具备开业条件的约定判断方式是不同的，一些酒店管理公司的《管理合同》可能只是简单地约定酒店开发应满足管理公司的品牌标准，并且管理公司认为酒店已经具备了开业条件，则酒店即可以开业。另一些酒店管理公司的《管理合同》对于酒店需满足的条件约定得更具体细致，有更高的操作性。例如要求酒店工程已经竣工、酒店经营所需的各种政府审批手续已经取得、酒店经营相关的保险已经完成投保、酒店经营账户已经开立并存入适量运营资金、酒店员工已被充分培训、酒店经营设施和经营用品已装备到位等。该等约定相较第一种《管理合同》的约定方式而言，虽然对业主方的责任要求更为明确，但也可以避免由于第一种约定过于宽泛，从而导致管理公司对于判断酒店是否已具备开业条件的自由裁量权过大。还有一些酒店管理公司，在《管理合同》中关于开业前筹备事宜的酒店开业应具备条件的约定条款中，将部分条件援引到《技术服务合同》或管理公司与业主签署的其他合同的相关约定之中。根据笔者多年从业经验，业主方对于类似的约定应该格外谨慎，以减少发生法律风险的可能，笔者将在如下进行专门分析。

四、不同管理方履约主体对于业主的法律风险

就上述问题而言，如果业主方在与管理公司签署《管理合同》时，管理公司有类似的要求，则业主方有必要确认管理公司与业主方的签约主体安排问题。目前我国酒店行业中，一些酒店管理公司在与业主方签署《管理合同》等合同时，基于其内部管理、税务安排、海外结构等不同原因，可能会使用不同的法律主体与业主方分别签署《管理合同》、《技术服务合同》、《品牌许可合同》和《集团服务合同》（如适用）等。在此情况下，业主方则应对于管理公司与业主方签署各合同的法律主体进行一定程度的尽职调查，以了解管理方各法律主体之间的具体持股关系，从而确定该等法律主体是否具备法律意义上（而非仅凭管理公司所解释）的关联关系。笔者认为出现上述案件中法律潜在风险的基本原因是，酒店管理公司与业主方签署合同的 X 公司及 Y 公司从法律上而言无直接关系，也不能证明其具备关联关系，造成其法人资格脱节，从而有可能成为管理公司摆脱责任的法律漏洞。因此解决该问题的关键就是要求管理公司在《管理合同》和《技术服务合同》中承诺，X 公司与 Y 公司是具备关联关系的法人实体，且共同隶属于其全球总部，或者要求管理公司在《管理合同》和《技术服务合同》中明确，X 公司和 Y 公司的意见应保持一致，X 公司和 Y 公司不应提出相矛盾的意见，从而在管理公司运用不同法律主体与业主方签约的情况下，保证管理公司所提意见的一致性和统一性。这一问题也从开业前筹备这一不同视角再次印证了笔者在先前章节中所强调的确保管理公司内部意见一致性的重要性。

第三编
从开业到终止

　　一个酒店委托管理项目自酒店业主与管理公司的最初接洽，签署《意向书》、《技术服务合同》和《管理合同》等正式合同，直至业主在管理公司的协助下，完成酒店的建造和装修，筹备酒店开业前各项工作，使酒店正式开业，需要经历一段漫长而繁杂的开业前筹备期。从酒店正式开业之日起，酒店业主和管理公司即进入《管理合同》核心内容的履行阶段，也是双方进行商业合作的最本质目的。在此期间，酒店营运事无巨细都将牵扯到方方面面的关系，涉及业主和管理公司的权利和义务的具体实现。本编将节选酒店开业后经营过程中的几个主要方面的相关争议纠纷，通过对双方相关争议的分析，使读者对酒店经营和《管理合同》相对应条款有更为清晰的认识和了解。

第四章

人事安排

导读

　　细数笔者所了解到的酒店业内的争议纠纷，绝大多数争议的根源还是在"人"。所谓事在人为，酒店管理公司在《管理合同》中经营管理权限和义务大多通过其委派到酒店的总经理及其组建的管理团队来落实，也即《管理合同》的主要内容将由总经理等酒店员工来执行，特别是对于总经理的选聘，直接影响到酒店的经营，直接关系到酒店管理公司与业主对于《管理合同》的合作是否顺利。此外，业主为了更直接地了解酒店微观经营状况，通常也希望向酒店直接委派相应高管人员。如何看待该等业主方人员与总经理的关系也是酒店经营中需要注意的问题。

第一节　酒店总经理聘请之困境

案例介绍

某市一个五星级奢华酒店的内装工程正在按部就班地如期而有序地进行着。业主 A 公司与其聘请的国际酒店管理公司 B 公司的技术团队在此前也算合作愉快。距离预计开业日尚有一年之期，酒店业主 A 公司根据酒店业内的操作惯例，正式向 B 公司发函协商总经理委派事宜，并随函附加了诸多限制条件。B 公司随后向 A 公司发送了一份关于其选择并推荐的某总经理人选的简历，并经 A 公司的要求安排了 A 公司与该总经理人选进行面试。A 公司在面试后认为该人选极不理想，不符合其聘用要求，随后要求 B 公司另行推荐其他人选，并要求 B 公司同时推荐多名人选供其筛选。B 公司随后先后向 A 公司推荐了多名总经理候选人，但均为 A 公司以各种理由所拒绝。随着酒店预计开业日的临近，因为双方迟迟不能就总经理人选达成统一意见，导致酒店领导班子无法按时构建，开业前筹备工作不能按原计划进行，这直接影响了酒店的如期开业进度，严重影响了业主和管理公司双方的合作基础。A 公司认为 B 公司与其事前预期相差甚远，为此向 B 公司发出律师函，要求 B 公司在指定期限内推荐符合 A 公司要求的总经理人选，否则将终止与 B 公司的商业合作，追究 B 公司的违约责任，要求其赔偿 A 公司因酒店延迟开业所造成的直接和间接损失。

争议要点

业主和管理公司在总经理聘用过程中的权利、义务和责任。

简要分析

在笔者所接触过的酒店业主与管理公司之间的纠纷、争议乃至仲裁、诉讼等案件中，因总经理引起或与其相关的案件占很大的比例。业主和管理公司在

《管理合同》中各自的权利、义务和责任，最终还是落实在具体的执行人身上，其也是业主和管理公司保护自身权利、追究对方责任的突破口和着眼点，而作为酒店人事的核心人物，身兼管理公司履行《管理合同》的最主要执行者和业主核心雇员双重角色的总经理就首当其冲，从其产生之初便为管理公司和业主双方的矛盾关系埋下了伏线，随时都可能成为双方关系破裂的导火索。本案就是关于总经理纠纷的一个经典案例。为厘清业主和管理公司的关系及各自的权利、义务和责任，解决本案这一业内常见问题，就须从酒店的人事架构和总经理的选聘谈起。

一、酒店人事架构

作为一家国际品牌酒店，首先在开业之前即到任的是酒店总经理，总经理到任之后即开始建立酒店的管理层班子。各大国际品牌酒店内部的具体人事安排各有差异，但通常包括酒店总经理、财务总监、采购部主管、市场销售总监、人事主管、餐饮部总监、客房部总监、行政总厨等，以及通常业主会委派的副总经理和财务副总监。酒店总经理处在总揽酒店全局的位置，酒店方方面面的事务最终都将归属到酒店总经理的权限之下。上述人员（包括业主委派人员）都在总经理的领导之下，并向总经理负责和汇报工作。此为酒店范围之内的人员架构。在此架构之上，则由酒店业主和管理公司这两个主体对酒店总经理进行宏观（甚至微观）上的控制和制约，他们将通过酒店总经理在酒店中的地位和作用来影响（甚至决定）酒店的经营方向以及具体经营活动。在本案中，该酒店的人员架构并无特别之处，如果进展顺利，总经理到位后即将如期构架自己的管理团队，但在管理团队的构建之初，直接决定总经理人选的管理公司和业主却产生了重大分歧，导致了该酒店总经理以及整个管理层团队的"难产"。

二、各方的法律关系

按照国内的国际品牌酒店业内惯例，酒店总经理以及其他所有酒店员工都是与业主（而非管理公司）签订劳动雇佣合同（有个别管理公司的做法稍异），因此从法律关系上看，酒店员工都是业主的雇员。换言之，酒店业主在拥有酒店产权的同时，也将对酒店的所有员工承担雇主应该承担的全部责任。在酒店委托管理的模式下，酒店业主通过签署《管理合同》委托酒店管理公司来经营和管理其拥有的酒店。作为《管理合同》的签署方，管理公司有义务履行

《管理合同》中规定的义务，包括但不限于酒店经营的各项具体事务。但在该酒店实际运营过程中，《管理合同》项下管理公司之义务的履行者很少直接是酒店管理公司本身，更多的酒店管理事务是通过其委派到酒店里的酒店总经理等管理团队来具体实施的。也就是说，酒店总经理在《管理合同》的履行过程中基本上充当了酒店管理公司的实际履约人。

法律关系与实质控制关系的错位，就可能导致酒店总经理在酒店运营过程中接受到不同的甚至相反的指令。作为《管理合同》的双方，酒店业主和管理公司追求酒店利润最大化的目标及整体利益是一致的，但在具体实现和分配这些利润及利益时，双方在合同安排及实践操作中是相互对立的，必然会产生矛盾。管理公司的履约行为大多由酒店总经理代为具体执行，而酒店总经理在名义上和法律上又是业主的雇员，其职务行为又应由其雇主（即业主）来承担后果，并且由业主支付薪酬，因此，酒店总经理常常身处尴尬境地，即一方是与其具有实际控制和被控制关系的酒店管理公司，另一方是与其具有法律雇佣关系的酒店业主。当两者利益发生冲突且必须作出选择时，酒店总经理即面临两难处境。作为酒店总经理的不同控制方——酒店业主和管理公司，他们需要的是自身利益的最大化，因此双方在《管理合同》谈判之初以及酒店运营过程中都必须重视酒店总经理这枚棋子的重大作用。

在本案中，业主 A 公司清楚地认识到总经理的重要性，对总经理人选提出众多要求，希望聘用到较为理想的人选，以为该酒店的未来经营和发展夯下更坚实的基础。考虑到目前国际品牌酒店的疯狂扩张，酒店高层管理人才（特别是总经理）越来越紧缺，不少项目中出现酒店人员职务的急速上升，导致某些酒店的高层管理人员并不能胜任职务，这自然引起了一些酒店业主的不满。因此 A 公司在总经理推选之处所表现出来的顾虑是合情合理的。本案中的管理公司 B 公司的大方向与业主是一致的，也希望为酒店配置合适的总经理，但 B 公司在选择总经理人选时必然受限于种种客观条件，例如总经理新人选的档期、总经理人选的个人喜好、旗下各家酒店总经理的平衡等，因此 B 公司在上述条件的限制下所选择的总经理人选很可能并不能满足原本满怀期待的 A 公司。当双方期待值和现实条件相抵触的时候，双方的矛盾就在所难免。为了更大程度地解决或者避免这一问题，在《管理合同》谈判之初以及后期争议解决时，当事人双方酒店业主和管理公司均需特别留意《管理合同》中关于总经理的相关条款的设定。

三、总经理的推荐和任命权力

酒店业主和管理公司对酒店总经理这一职位的控制,最先表现在双方在任命酒店总经理之初。在双方进行《管理合同》谈判甚至《意向书》谈判阶段,一般会就酒店总经理的任命权限及相关事宜规定得比较明确而具体。在通常情况下,酒店总经理的人选由管理公司根据其与业主的事先沟通向业主进行推荐,这也是业主聘请国际酒店管理公司为其提供管理服务的重要价值所在,随后经业主审查或面试确定是否聘请。每一家国际酒店管理公司都会有一定的人才资源储备,管理公司也正是通过不断培养并对外输出具备管理经验的人员,来实现其智力成果,以收取管理费及顾问费等。业主正是利用管理公司的这一人才资源优势,为其所拥有的酒店引进优秀管理人才。管理公司推荐并任命酒店总经理是委托管理模式中应有之义。在双方利益一致或者说不矛盾的情况下,如果管理公司对该酒店项目比较重视,主观上当然也会希望向该酒店输送能力较强的优秀总经理人选,但当管理公司人才资源难以调配或双方对酒店总经理人选的能力认定或成本承担等方面有意见分歧时,就需要双方根据事先在合同中约定的酒店总经理任命程序来解决可能出现的问题。

在《管理合同》的谈判中,业主通常都会要求酒店总经理的人选最终由业主审批决定。与此相对应,管理公司则会担心业主无限制地滥用其审批权力,任意否定管理公司所推荐的酒店总经理人选,毕竟短期内可推荐的适合人选并非俯仰皆是,因此管理公司通常会要求在《管理合同》中对业主的审批权有所限制,例如,约定业主不得无理拒绝或延迟,或者更详细地规定双方确定最终人选的具体程序,如人选推荐次数限制、业主拒绝的后果等。目前业内较为常见的做法是:管理公司向酒店业主推荐酒店总经理人选,由业主审阅其背景资料,如有必要可进行面试。如业主对该人选满意,则酒店总经理即顺理成章地确定;如业主对人选提出异议,则管理公司通常会继续提出新的人选由业主确定。但该等人选数量是有限制的。通常管理公司和业主会同意由管理公司推荐两到三个人选供业主选择,该等人数对双方都较为合理。在实践操作中,如无其他合作上的障碍,双方通常不会在酒店开业之前因为这一人事任免的重大事项而轻易陷入僵局,管理公司还是希望能为业主找到其满意的总经理,这也是双方愉快合作的开始。

在本案中,酒店开业前就总经理人选迟迟难以定夺,业主多次否决管理公司推荐的人选,导致酒店总经理不能及时到位,从而使酒店开业前工作无法按期进行，导致酒店无从如期开业，其最终后果只能是导致合作双方分道扬镳。当然，此种情况发生的根本原因，通常还是因为双方在合作中产生了不能调和的矛盾和分歧，而酒店总经理的难产不过充当了双方分裂的导火索。在本案中，双方在《管理合同》谈判之初并未就总经理的选聘进行明确的约定，仅规定"管理公司推荐，业主审批"的原则性规定。概括性的原则规定有利于双方合同谈判的顺利进行，也为未来的实践操作为双方都留下了较大的空间。当然，对方的操作空间同时就是己方的限制空间，这一"双刃剑"也为双方矛盾留下隐患。因此在合同谈判之初，即便双方不能就总经理选聘的细节在合同中详细约定，也需就双方的操作惯例和接受程度有所沟通和了解。双方的公司理念、合作思路和未来期待值这些无法通过合同文字言明的要素，反而更为直接地影响到双方未来对合同的履行。当然，合同文字并非万能的，但合同文字又不可或缺，当双方的争议和纠纷仅通过上述文字之外的沟通已无法实现时，双方则必须重回到合同文字层面上，各自考量谈判之初所订立的条款文字，毕竟"白纸黑字"才是双方都无法后期单方更改的最重要证据和依据。就本案和类似案例而言，管理公司和业主均应就总经理的推荐权力和义务、审批权力和义务、对推荐权和审批权的控制和限制，以及不同情况下的推定后果和责任有清楚的认识，在合同谈判之初即对未来可能的纠纷作出相应安排和约定。综上所述，如何在合同谈判过程中结合未来可能产生的争议、商务和法律风险确定合同文字，如何在合同履行和纠纷产生时解读和把控已经双方签署确认的合同文字，这是保护己方利益和追究对方责任的关键。

第二节　酒店总经理的中途缺失

案例介绍

某市房地产开发商 A 公司为国有企业，其开发拥有一家国际品牌五星级酒店，该酒店的经营管理者是一家国际酒店管理公司 B 公司。该酒店经营多年，双方在此期间虽偶有龃龉，但也还算进展顺利。然而，从 2008 年起，该酒店一度持续一年半之久没有合适的总经理，而由业主委派的副总经理暂兼其职。由于总经理的长期缺位，酒店经营状况则可想而知。在酒店业绩严重下滑的情况下，业主更加严格要求新任总经理的人选，并以公司领导薪酬限制为由对总经理的薪酬进行严格限制。经营业绩的下滑和双方关系的恶化导致恶性循环，最终双方为此对簿公堂。业主A公司向B公司发出律师函，提出终止《管理合同》，拒绝支付之前拖欠B公司的酒店管理费，并要求B公司对A公司进行违约赔偿。

争议要点

总经理的薪酬福利标准的制定、维持和控制。

简要分析

本案中业主A公司与管理公司B公司的重大争议在于双方对于新任总经理薪酬的意见差距太远。A公司以己方为国有企业、国有企业领导的薪酬有法定最高额限制为由提出偏离市场行情的总经理薪酬标准，导致B公司无法接受。双方在这一重大问题上分歧巨大，《管理合同》无法继续履行，仲裁员在裁定双方的权利和责任时必将重新回归《管理合同》的具体规定，因此《管理合同》的相关条款的设定和解读就尤为重要。以下笔者将结合该案例中双方的争议要点，就总经理及酒店其他高管人员的薪酬和福利进行简要介绍。

国外的酒店管理业比中国起步并提前发展了很多年，其经营理念和经营经验都是国内酒店业目前需要引进和学习的。那些派驻到中国的资深高级管理人员正是这些先进技术、经验和理念的掌握者、传播者和执行者。如果一个酒店的总经理选择恰当，则其他所有问题往往都能迎刃而解。对于一家国际品牌酒店，特别是高档奢华酒店，酒店总经理为外籍人员较多。近年来随着国际酒店数量的激增，以及酒店行业多年来的人才培养和储备，国内总经理及外籍华裔总经理也越来越多，由于其往往深谙国内外文化、薪酬相对较低等特点反而受到越来越多的国内酒店业主的青睐。很显然地，资深总经理等高管人员的薪酬，特别是外籍人员的薪酬也相应地水涨船高。通常来讲，各大国际品牌酒店管理公司通常都有明确而详细的、不同等级的薪酬和福利体系。

为了保障其集团旗下人才的能力和水平，管理公司会为其委派到业主酒店的酒店总经理制定相对优厚的薪酬福利标准。然而，为总经理薪酬福利埋单的酒店业主则通常希望能够获得超值的总经理人选，因此其对管理公司的高管人员薪酬福利标准往往会提出质疑或要求适当予以调整。本案中A公司就以B公司推荐的总经理人选的薪酬标准远远超过A公司内部高管人员标准为由拒绝给予酒店总经理相应薪酬，导致双方发生实质性分歧。根据笔者多年来所接触的酒店管理项目，酒店管理公司，特别是成熟的大型国际酒店管理公司，其对外籍人员薪酬福利标准的要求通常是统一的，而且是强制性的、普遍适用的，并不将其作为双方合同谈判的内容。除此之外，管理公司通常还会要求该等薪酬福利标准将随着其集团公司薪酬和福利政策的调整不时进行调整（通常是提高）。这样的弹性调整的后果对业主来说毫无疑问是无法预测的，从成本控制角度而言也会有很大风险。但是，业主在此方面的发言权往往比较有限。换个角度讲，酒店高管人员薪酬体系的形成实际上具有一定的市场性。管理公司为吸引更多的酒店管理优秀人才，通常会根据管理人员的背景和资历为其对外派遣的高级管理人员制定较为优厚的、不同等级的薪酬和福利标准。这些标准的制定或多或少地反映了各酒店管理集团在管理人才方面进行市场竞争的结果，因此各大酒店管理集团的标准一般不会明显地过高或过低，当然这也与其集团酒店品牌的知名度、稀缺性及集团政策等因素紧密相关联。酒店业人才的竞争也促进了该行业的快速发展，最终形成目前众多管理集团公司相持存在的局面。鉴于该等标准一般是集团公司统一适用于其在某一区域内酒店的普遍性政策，而集团公司的决策也是市场化的结果，业主在此方面的成本控制风险并非是完全被动的，因此，作为雇员成本的酒店总经理及所有员工的薪酬福利，其成本预算将在年度预算中列明，并提交业主审批，业主可通过其审批权，对酒店总经理等所有员工的薪酬福利标准提出异议，因此业主对此还是拥有某种意义上的控制权。当然，对于业主对于人事薪酬的该项审批权，管理公司通常会要求业主不能无理拒绝或延迟执行酒店总经理的薪酬福利标准，或者直接约定将其排除在业主审批权之外，仅可作为双方协商的部分，但不会因为业主的过分要求而有实质性降低。

在本案中，由于双方在总经理薪酬方面产生了不可调和的实质性矛盾，酒店业主A公司无法接受酒店业内关于酒店高管人员薪酬方面的惯例，双方最终不欢而散。在该酒店的《管理合同》中双方并未就总经理及新任总经理委派的权利和义务规定得很清楚，导致双方在新任总经理委派阶段产生不可逾越的障碍，最终不欢而散。双方也因合作提前终止而导致各自利益受损。B公司在《管理合同》中明确约定将总经理等高管人员薪酬排除在A公司的审批范围之外，这使A公司在本案中较为被动，A公司所提供的关于国企公司高管人员薪酬限制的规定又不能适用于该类案例中。作为前车之鉴，酒店业主在《管理合同》中关于高管人员薪酬的条款中应特别留意，可增加一些原则性的限制性文字，为日后增加己方在该方面的发言权而有所准备。同时，业主也需对国际酒店管理公司的高管人员薪酬体系有所了解并做好心理准备，以免因为不合理的"砍价"而过多地违背业内惯例，结果可能无法获得仲裁机关的支持。

第三节　业主代表如何代表业主

案例介绍

某市一家国际奢华品牌酒店如期开业。按照《管理合同》中双方的事先约定，业主A公司向酒店委派了副总经理和财务副总监。同时，A公司根据惯例，准备向该酒店委派业主代表，但因在《管理合同》中并未约定业主代表条款，A公司遂将委派至酒店的副总经理任命为业主代表。该酒店的国际酒店管理公司B公司对该种做法提出强烈反对，要求A公司更换业主代表，不得以副总经理或财务副总监兼任业主代表。经双方多次协商，A公司最终同意另外委派业主代表，但要求将业主代表的薪酬福利计为该酒店的经营成本，并要求在酒店中专门为其安排酒店免费客房供其住宿，管理公司和业主双方再次僵持不下。同时，B公司也指出，业主代表在进驻酒店后，事无巨细地干预酒店经营的所有细节事务，严重影响了酒店的正常运营。双方的矛盾日趋激化。

争议要点

业主代表的委派及其在酒店经营中的地位和作用。

简要分析

在酒店委托管理项目中，业主需首先确定己方在未来酒店经营过程中的角色和作用，需考虑清楚聘请国际酒店管理公司经营管理的初衷及目的，需确定如何控制和监督管理公司的"度"。业主监督权的制度和机制的设定固然重要，而具体实施和落实却离不开具体的操作人员。作为《管理合同》的一方当事人，业主如何在合同有效期内履行自己在合同项下的权利和义务？除了业主委派到酒店的副总经理和财务副总监等人员，业主代表又充当了什么角色？在本案中，

A公司对业主代表的设想屡次与管理公司相抵触，又是哪一方超越了业内的底线？我们有必要对业主代表有一系统的了解，对业主代表及其职能的清晰了解将有助于我们从另一个方面认识业主在酒店管理中的权利和限制。

一、业主代表的含义和构成

业主代表是业主人事权中的重要一环。根据行业惯例，业主通常有权在酒店内部分别设置并委派适当人选担任副总经理和财务副总监两个职位（也有管理公司坚决反对业主派人）；同时，业主还可在酒店人事架构之外单独委任一名专业人士代表业主行使其权利，即业主代表。由于副总经理、财务副总监本质上也是业主的代言人，因此在很多情况下经常与业主代表造成混淆。此处提及的"业主代表"是狭义上的业主代表，即酒店人事框架之外的业主方代表人员。

二、业主代表行使业主监督权

业主代表肩负着具体行使业主监督权并参与酒店经营事务的重要使命，其表现形式至少包括以下几点：

第一，行使业主在《管理合同》中的权利。《管理合同》的签约双方为酒店业主和管理公司。管理公司履行《管理合同》通常一方面通过管理公司自身履行合同，而更多时候是通过酒店总经理直接行使其经营管理酒店的职责。《管理合同》另一方——酒店业主也需要指派一具体人员作为管理公司与业主联络的直接联系人，而且直接履行《管理合同》项下的一些权利和义务。从法律角度而言，业主代表即可视为业主公司的授权代表，管理公司可将业主代表视为《管理合同》项下的"业主"。然而，业主委派的副总经理和财务副总监，从法律上讲虽然是业主的雇员，但在谈及业主与管理公司的关系时，该等人员则应视为酒店（通常为业主的分公司）的雇员，应在酒店总经理的架构之下，而业主（及其代表）则是酒店总经理的聘用方和控制人。如果副总经理或财务副总监作为业主代表，则酒店人事架构将产生混乱，酒店总经理的位置就变得尴尬而无所适从。这也是本案中B公司坚决反对副总经理兼任业主代表的原因。

第二，作为业主与管理公司沟通的主要渠道和桥梁。业主代表作为业主直接委派的代表，对酒店的各方面情况较为了解。在日常经营中，业主代表主要起到向业主汇报、向管理公司传达的作用，同时也有助于及时解决经营中出现的需要业主决策的重大事项或临时性事件。

第三，对酒店经营和管理公司行为的直接监督。业主代表是业主的直接代言人，因此其最大的职权便是维护业主的利益，其工作通常主要包括：出席酒店例会、查阅酒店账目和记录、向管理公司提出业主对于有关酒店的意见和建议等。由于分工不同，业主代表与业主委派的副总经理、财务副总监的工作侧重点有所区别。由于副总经理和财务副总监属于酒店雇员，因此可以参与到酒店经营中，协助总经理和财务总监对酒店进行管理，而业主代表更多起到联络、监督和宏观控制的作用。

上面所述的某些职权可能会根据《管理合同》的不同约定在业主代表、副总经理和财务副总监之间分配，但如果仅就职位而言，由于副总经理和财务副总监属于酒店雇员，且在人事架构下名义上隶属于总经理和财务总监，因此灵活性可能会弱于业主代表；但若就工作而言，由于副总经理和财务副总监深入经营，其所掌握的信息又较业主代表更为全面。因此，从整体而言，业主代表是在一个机制层面发挥作用。

三、业主代表如何更好地行使业主监督权

业主代表的重要职责是监督酒店的经营和管理公司的管理行为，但是由于业主代表权限不可能在《管理合同》中逐条细化，业主代表的实际作用具有一定的复杂性。如果业主代表疏于酒店管理的监督和控制，则可能出现业主无法预料和控制的管理公司管理失当的行为，而且由于总经理等具体操作者往往良莠不齐，管理失当案例时有发生。另一方面，如果业主代表过多地参与和控制酒店的日常管理，反而掣肘了管理公司的经营管理行为，这与业主聘请专业管理公司管理酒店的初衷背道而驰，往往会大大影响酒店管理的效率和效益。如果业主代表无法处理好与酒店管理团队的关系，极易导致业主和管理公司双方产生摩擦甚至争议。因此，酒店业主可考虑从以下几个方面入手，使业主代表既能代表业主行使监督权，又不至于妨碍管理公司的正常经营：首先，委派适当的业主代表人选。由于酒店管理，尤其是国际品牌高端酒店管理，是一个专业性很强的行业，包含了工程、法律、财务、人力资源等多方面的专业知识，很多情况下，双方摩擦或者纠纷的发生是因为业主代表本身对这个行业没有足够的了解，以至于做出了不恰当的决策或者向业主传达了错误的信息。因此，业主在考虑业主代表人选时，应当挑选具有足够资质和能力的人士担任这一职位，以切实维护业主的直接利益。其次，结合《管理合同》其他条款控制风险。既然业主将酒店委托给管理公司进行全面管理，便不可能事必躬亲，否则也就

失去了委托的意义。在这个认识的基础上，只要业主能把握好前文所述的《管理合同》的其他业主监督机制（例如预算审批、大额支出审批、违约条款等），便可以做到抓大放小，并不需要业主代表如同侦探一般审视管理公司的每一个行为或每一项开支。

在本案中，业主代表未能起到积极的、正面地促进业主 A 公司和管理公司 B 公司顺利合作的作用，反而成为双方合作的障碍，这当然主要是因为双方的经营理念和合作理念发生严重的根本性分歧所导致。因此也建议酒店业主和管理公司在项目谈判乃至双方接触之初就对双方日后的合作理念有所沟通，以免后期因这一根本性原因导致双方的损失。

第四节　酒店总经理和副总经理的关系

案例介绍

某市的一家国际品牌酒店由国际知名酒店管理公司 B 公司进行经营管理。该酒店的业主 A 公司是国内的一家大型房地产开发商，旗下拥有众多酒店（包括自管和委托管理），对酒店管理也有着十几年的经验。凭借着自己的丰富酒店管理经验，A 公司希望更多地参与到酒店的日常管理中去，因此通过其委派至酒店的副总经理基本上实际控制了酒店经营的方方面面，而 B 公司推荐给酒店的总经理在实践操作中基本已沦为虚职。酒店内部出现了总经理和掌握总经理实权的副总经理两套班子，管理公司 B 公司对酒店的经营管理权也名存实亡。最终 B 公司以 A 公司过多干预酒店经营导致其无法继续经营为由提出终止《管理合同》，并要求业主 A 公司进行违约赔偿。

争议要点

副总经理的委派与权限范围，以及其与总经理的关系。

简要分析

本案中双方的争议核心点仍为管理公司与业主双方的权限划分和实践操作问题，关于副总经理的权限范围正是前述矛盾点的一个具体体现。业主如何将其意志通过副总经理加之于酒店，如何积极地影响酒店的经营而不是不合理地干涉酒店的正常经营，业主与管理公司如何理顺双方的监督和被监督的关系，这是解决本案中双方矛盾的关键，也是众多酒店委托管理项目中经常出现的问题，具有典型的代表性。

一、副总经理的设置

正如笔者在本章第一节案例中所提及的酒店人员架构，通常来说，除了总经理的任命审批权，酒店的人事任免调动等安排大权通常由管理公司全权决定。实践中通常由总经理代为组建酒店的领导班子，并对酒店所有人事问题进行全权管理。如同总经理的劳动关系一样，酒店其他所有人员通常直接与业主签署劳动合同，从法律关系上讲都属于业主的雇员。然而，在酒店委托管理项目中，业主往往希望对酒店的具体运营有更为微观的监督和控制，因此在业内逐渐形成业主委派酒店某些高层管理人员的惯例，业主通常会委派一到两名人员（非业主代表）驻扎酒店，并担任一定的职务，直接参与到酒店的日常管理和经营中去，并拥有某些酒店内部政策的决策权和财务收支等权力。根据业内惯例，目前国际品牌酒店中，该等职务通常设置为酒店的副总经理和财务副总监。需要说明的是，也有一些管理公司自始至终或开始反对业主派驻上述酒店人员，并将其作为其酒店集团内的底线条款。另外，某些业主也从自身的关注点出发，希望自行派驻酒店采购部门主管、营销部门主管或其他特别职务，也有个别管理公司会接受业主的这一特别要求，当然多数管理公司目前大多能够接受的职务仍仅限于副总经理和财务副总监。

从职务名称和设置来看，副总经理和财务副总监这两个职务分别设置在酒店总经理和财务总监的职务之下，协助酒店总经理和财务总监的工作，并直接地分别受这两个更高级别的人员控制和管理。同时，虽然通常不便在《管理合同》中明确说明，但是作为业主直接推荐和任命的该等职务人员，从其出身就决定了其更为主要的工作是落实业主对酒店的监督和控制，不可避免地成为业主代表之外、业主更为得利的助手，直接安插进酒店管理层的核心系统，通过他们对酒店微观管理的参与，实现和加强业主对酒店更为充分的监督和控制。

二、对副总经理权限的控制

从管理公司角度来看,如何将副总经理和财务副总监的权限范围控制在合理的有限范围内,既满足业主的合理监督的需要,又尽量减少其对自身经营管理活动的过多干涉,这是管理公司以及酒店总经理所必须考虑的问题。在本案中,总经理完全失去了对副总经理的控制,导致出现两个管理团队的混乱局面,其中既有业主故意操纵使然,也与管理公司及总经理在合同谈判阶段及酒店开业之初未从合同上和实践操作中明确理顺双方的管理关系有关。从酒店人事架构上看,酒店副总经理和财务副总监名义上是酒店总经理和财务总监的下属,理应直接听从酒店总经理和财务总监的管理和安排。但是作为业主的直接委派人员,酒店副总经理和财务副总监的身份及地位很容易就形成与酒店总经理和财务总监相抗衡的对立局面。从法律劳动关系设置和实际操作来看,总经理均需听命于业主,而作为业主的派出方和意志力的实现者,副总经理和财务副总监很容易僭越在总经理之上,从而出现一个酒店两个管理团队、两套领导班子的混乱局面。从管理角度看,这一局面将给酒店本身的正常管理工作造成很大的限制和障碍,使酒店管理不能正常有序地运行,诸多内耗反而增加了酒店的成本,影响了酒店的整体经营业绩。这对酒店业主来讲也非好事。

在酒店委托管理项目中,业主之所以聘请国外酒店管理公司来管理自己的酒店,首先是基于该酒店品牌及管理公司的管理经验,希望通过管理公司所委派的高级管理人员,为其酒店带来高质量的经营管理经验,为酒店带来更好的业绩。面对诸如本案中出现的现象,目前越来越多的国际酒店管理公司开始排斥业主向酒店派驻酒店副总经理和财务副总监等人员,仅同意业主派驻酒店人员架构之外的业主代表,且不允许业主代表干预酒店的具体微观经营活动。然而,基于国内目前酒店业内现状,完全将业主屏蔽在经营管理活动范围之外是不可行的。凡事均有两面性,关键在于制度的建立和执行的"度"。不受监督和控制的权力都是不健全的,对总经理的权力应合理控制,对副总经理亦然。业主委派上述两个高管的初衷应是希望对管理公司所进行的高质量经营管理活动能有一定的知情权,希望其有一定的透明度,对管理公司的经营管理活动行使一定的监督权,防止管理公司的管理活动出现不可收拾的风险和漏洞。实践证明,由于国际品牌酒店的日益增多,由于具体管理人员的素质和能力良莠不齐,近年来也发生多起管理人员重大失职或恶意不当行为的案例,对此,酒店业主不可不有所准备,并应做相应的防范。当然,如何防范得当,就需要业主注意安排好酒店副总经理和财务副总监的具体职责和任务，使其恰到好处地起到上述正面作用，而不会恶意影响到酒店其他高级管理人员的正常经营活动，避免出现两个管理团队的不正常现象，最终实现酒店所有人员各司其职的良好局面，这才是酒店业主和管理公司双方均希望实现的目标和结果。

三、副总经理的正面作用

作为被业主委派至酒店的高管人员，酒店副总经理和财务副总监不应只是简单地充当监督者的角色。业主在选择和委派副总经理和财务副总监时，在处理好该等人员与总经理关系的同时，也应选择具有相应酒店管理经验和财务经验的、具有一定资历和能力的人员来担任该等职务。当然管理公司对此也会有要求。首先，如上所述，酒店副总经理和财务副总监应落实业主对酒店的宏观监督和控制权；同时，作为酒店管理团队成员，酒店副总经理和财务副总监应向酒店总经理负责，协助酒店总经理完成酒店的经营目标和工作任务，协助酒店总经理协调酒店各部门之间的关系，协同酒店总经理和财务总监处理好酒店的财务事宜，并完成酒店总经理交付的其他工作。此外，业主通常在当地业界有一定的影响力和社会资源，包括与当地主管政府机构和其他公司及部门有一定的联系和较好的社会关系，这些资源和关系都是外国管理人员所不具备的，也是短期内难以获得的。因此，业主委派的酒店副总经理和财务副总监在处理酒店对外联络事宜时，可以更为充分地利用业主的上述优点和长处，协助国际酒店管理公司尽快地入乡随俗，在不违背国际品牌酒店管理标准的原则的基础上，尽快、更好地适应当地的实践做法和习惯，而这一点正是国外品牌酒店所缺乏的。如果利用恰当，会给酒店带来诸多方便和益处。由此可见，管理公司也不应一味地排斥和拒绝业主委派人员。

在本案中，业主和管理公司的矛盾关键点在于双方未就各自以及各自执行者的权限和职责关系加以理顺，副总经理的过度干涉和越权导致了人事架构的混乱和无秩序，最终体现了业主方经营理念的不同，未能适应国际品牌酒店委托管理这一特殊模式，导致双方无法继续合作下去。

第五节 酒店总经理过错的归属

案例介绍

　　某日，国际知名酒店管理集团接到了其旗下管理公司B公司所受托管理的某市一五星级酒店的业主A公司的一封律师函。A公司在律师函中要求B公司彻查该酒店总经理C某的一系列严重失职和渎职行为，要求B公司另行委派新的称职的总经理，并要求B公司对酒店给予经济赔偿。经调查，B公司发现C某的行为严重失当，甚至存在众多已远远超越其职务行为的严重违法行为，例如酒店资产严重流失、收取采购高额回扣等。B公司同意撤换总经理，但B公司认为C某的行为仅仅是其个人行为，与B公司无关，并以此为由认定自身不构成《管理合同》的违约，因此不认可A公司的违约索赔要求。

争议要点

　　酒店总经理的过错认定，及其责任归属。

简要分析

　　本案的争议核心点在于管理公司委派的、业主批准和聘用的总经理的过错由谁来负责。由于总经理等高管人员的法律关系和实际控制关系的特殊性，如何认定总经理等高管人员的过错责任将成为类似争议案例中的难点，也是解决类似案例的突破点。在此之前需明确国际品牌酒店委托管理项目中双方的基本关系。

一、业主和管理公司的基本关系

　　在全权委托酒店管理项目中，首先应了解酒店业主与管理公司的基本关系，这是业主在决定聘请国际酒店管理公司之初就应面对的课题。作为目前国内发展已较为成熟的行业,国际品牌酒店委托管理项目领域内已形成了较为固定和通用的、一定范围内的行业惯例(包括商业合作模式、法律关系模式,以及具体的商业条款)。国际管理公司基本遵循这一行业惯例,并根据其自身特点及公司决策而稍有差别。关于酒店业主和管理公司的基本关系,各个管理公司在《管理合同》中通常表述为:酒店业主全权(受限于协议的具体约定)委托酒店管理公司经营管理业主的酒店,双方并非合伙关系,管理公司向业主/酒店提供技术咨询服务(在建设阶段确保酒店硬件符合品牌标准)、经营管理服务,以及国际集团服务等。业主将逐月向管理公司支付基本费用和奖励费用(各家对费用的命名和具体分类各有不同)。而且,管理公司和业主在《管理合同》中的关系及一些权利和义务(例如双方的违约终止条款、责任赔偿条款等)在协议文字上看起来并不是绝对平等和对等的。例如,管理公司在代表业主对外经营酒店时所产生的任何责任和义务(当然也包括权利和利益)的承担者是业主,管理公司的责任通常仅仅限于其重大过失行为和故意不当行为。这既是因为目前业内惯例通常如此强行约定,也多少是因为业主和管理公司的地位、出发点及对酒店的控制力和收益不同所导致的。酒店业主在签署和履行《管理合同》之前应对上述原则有所准备,避免在合同的履行过程中与管理公司产生根本性的理念冲突。

二、总经理的过错认定

在酒店委托管理这一特殊商业模式中,管理公司、业主和总经理几方的关系错综复杂,在追究总经理过错的责任时也难以用简单划一的方法进行界定。根据前文所述,对于酒店管理过程中产生的对第三方的责任,管理公司通常能够接受的责任往往仅限于重大过失和故意不当行为,而管理公司对《管理合同》的履行又大多由总经理具体实施。各方责任的认定最终需落脚在具体的行为和行为的具体执行人。由此推论,如果总经理在执行职务的过程中发生重大过失行为、故意不当行为、违反《管理合同》行为或违法行为,或者执行职务之外的所谓个人不当行为,其责任该如何认定,管理公司对此应在什么范围内承担责任?对业主而言,最为有利的对策是在《管理合同》中明确将总经理等高管人员的上述不当行为归结为管理公司的责任,当然,管理公司通常会坚决拒绝承担这一不可预测的重大责任。

对于管理公司和业主而言,在委托管理模式中确实存在这样一个"结":根据《管理合同》,管理公司是酒店的经营者和管理者,而在实践中酒店经营管理的具体实施者却主要是酒店总经理等高管人员,而总经理等高管人员又是与业主签署的劳动合同,是业主的员工,其行为可视为代表业主的职务行为。该等职务行为的后果和责任按理应由其雇主(即业主)来承担。这也是管理公司在《管理合同》中约定酒店对外责任均由业主承担这一条款的支持理论。那么在前述商业模式中,管理公司对于总经理等高管人员的行为应承担怎样的责任,该等责任和后果应如何确定和相互联系?管理公司对于自己所推荐的酒店总经理(实际上隶属于酒店管理集团)该承担怎样的责任?是否代替管理公司履行《管理合同》的总经理的行为可直接视为管理公司在履行《管理合同》时的职务行为,进而直接因总经理的行为而追究管理公司的责任?或者,管理公司和总经理还是应视为不同的主体,前者对后者的责任仅限于一般的监督、管理和指导的责任,或仅是对上述业主雇员的管理行为的一种咨询、顾问服务?以上问题需要酒店业主和管理公司在制订《管理合同》条款和履行该等条款时应事先考虑清楚,这将直接影响到未来双方相关争议的解决。

第六节 酒店总经理的撤换

案例介绍

某市一家国际奢华品牌酒店的业主A公司聘请国际酒店管理公司B公司管理该奢华酒店。在酒店第二任总经理C某任职期间,A公司对C某的经营管理表现不满意,多次向B公司及其高层提出撤换总经理的要求。B公司在接到A公司关于撤换C某的信函后,就A公司所提出的撤换依据进行了调查,发现A公司提出的撤换理由基本是对C某业务能力的质疑,以及因为C某不能使用中文,A公司进而认为其不了解中国市场,以此为由要求B公司另行推荐具备中国酒店管理经验的新任总经理。B公司认为A公司的理由不充分合理,具有歧视因素,拒绝了A公司的要求。双方为此产生重大分歧。

争议要点

酒店业主和管理公司在总经理撤换方面的权限。

简要分析

双方在本案中争议的焦点在于业主对撤换总经理的权限。根据双方事先签署的《管理合同》，仅就聘用总经理约定了管理公司推荐、业主审批的机制，但是未明确规定撤换总经理的权利。B公司以《管理合同》中关于酒店所有的人事任免均由B公司决定（除非《管理合同》另有明确约定）为由，推定总经理的任免也由B公司单方决定，业主A公司无权决定总经理的去留。A公司以《管理合同》规定总经理的聘用须由业主批准，因此现在A公司收回对C某的批准，要求B公司推荐其他的总经理人选。

一、总经理的撤换权

在酒店委托管理模式中，酒店总经理处于酒店业主和酒店管理公司的双重监督和控制之下，从其产生之日就确定了其位置和职能的双重性，一方面是贯彻执行管理公司经营管理酒店职能的主要执行人，另一方面是业主为酒店聘请的最重要的酒店高管人员。业主聘请国际管理公司的收益预期值往往比较高，业主将对酒店管理公司推荐的总经理抱有非常高的期待，希望总经理能够为酒店的经营业绩带来高附加值。影响酒店经营业绩的主客观条件很多，可能影响酒店经营状况的原因也很复杂，然而业主通常首先会就总经理进行问责。当业主发现现任总经理无法达到其预期目的时，通常会向管理公司提出要求撤换更为适合的总经理人选。这将涉及管理公司和业主在《管理合同》中关于撤换总经理的权责问题。

在一般的《管理合同》中的总经理条款中，通常与本案中的《管理合同》条款类似，仅原则性地约定总经理的任命原则，较少会专门约定总经理的撤换机制。通常情况下，即便业主要求增加类似条款，管理公司也会将最终决定权控制在自己手中。因此，从业主角度来看，如何来更多地争取己方在总经理撤换中的权利就尤为重要。如果管理公司坚决反对在《管理合同》中明确给予业主关于撤换总经理的权利，业主也应争取在相应条款中约定业主有权向管理公司高层提出对总经理的质疑，并应附带合理的理由和事实依据，同时约定管理公司应该充分地尊重和考虑业主的合理意见。上面表述对双方均保留了一定的操作空间，尤其是为业主提出撤换总经理的权利提供了一定的保障。在本案中，如《管理合同》中就酒店人员撤换仅有关于 B 公司有权单方决定的原则性规定，将对业主 A 公司不利。

二、总经理撤换的变通机制

关于酒店业主在撤换总经理方面的权利，有的管理公司会提出，如果在《管理合同》中明确约定了业主向管理公司高层提出撤换总经理的权利，则该条款在给予总经理一定警示作用的同时，还可能招致总经理的负面情绪，对总经理的聘用及日常工作可能带来负面作用。在实践中，总经理会事先审阅《管理合同》，其对《管理合同》中提及总经理的条款会尤其注意。因此，在有的案件中，管理公司会建议业主通过其他方式来变通地实现其目的，例如在双方例会制度中明确约定业主与管理公司高层的会谈磋商机制，或者通过双方签署对外保密的附属函件来约定业主对总经理提出意见的机制。以上方式都有利于在一定程度上加强业主在此方面的权利。

第七节　酒店总经理的竞业禁止

案例介绍

某市一家国际品牌酒店的业主 A 公司和管理公司 B 公司因双方合作无法继续进行，经友好协商，双方同意和平解除双方之前签署的《管理合同》。双方陆续完成合同终止后的各项交接事宜。然而，在终止交接工作即将完成之际，B 公司得知，A 公司已与酒店原总经理达成协议，A 公司继续聘用其担任该酒店的总经理。B 公司以《管理合同》中明确约定 A 公司在《管理合同》终止后两年内不得聘用原总经理等高管人员为由，向 A 公司提出抗议，要求 A 公司停止继续聘用该总经理。A 公司以《管理合同》不能约束总经理这一第三人的权利为由质疑上述竞业禁止条款的合法性和有效性，拒绝接受 B 公司的意见。双方为此僵持不下。

争议要点

酒店总经理竞业禁止条款的规定和操作实践。

简要分析

关于企业高管人员的竞业禁止在其他行业也是较为常见的争议点,而在本案中,由于总经理等高管人员的特殊身份和位置,导致竞业禁止条款更为复杂,需结合委托管理模式的特点来分析管理公司、业主和总经理在竞业禁止条款中的权利、义务和责任。

一、竞业禁止的法律规定

竞业禁止,又称为竞业限制,其条款设置的初衷和核心目的是保护企业的商业秘密等合法权益,维护市场的公平竞争秩序,平衡市场主体的利益关系,同时也需对于劳动者的择业权利和自由给予保障。目前国内关于竞业禁止的法律规定并不完善,仅对此作了原则性规定,但缺少可予以操作的实施细则,导致实践中该等法规难以落实。我国《劳动合同法》关于竞业禁止有如下明确规定:

"用人单位与劳动者可以在劳动合同中约定保守用人单位的商业秘密和与知识产权相关的保密事项。对负有保密义务的劳动者,用人单位可以在劳动合同或者保密协议中与劳动者约定竞业限制条款,并约定在解除或者终止劳动合同后,在竞业限制期限内按月给予劳动者经济补偿。劳动者违反竞业限制约定的,应当按照约定向用人单位支付违约金。

"竞业限制的人员限于用人单位的高级管理人员、高级技术人员和其他负有保密义务的人员。竞业限制的范围、地域、期限由用人单位与劳动者约定,竞业限制的约定不得违反法律、法规的规定。在解除或者终止劳动合同后,前款规定的人员到与本单位生产或者经营同类产品、从事同类业务有竞争关系的其他用人单位,或者自己开业生产或者经营同类产品、从事同类业务的竞业限制期限,不得超过二年。"

劳动争议问题一直是国内法律界较为复杂和烦琐的事项,需要依据法律法规的规定,结合对具体事例的具体情节分析来进行判断。关于竞业禁止,最高人民法院在作出关于审理劳动争议案件适用法律若干问题的解释时有过如下详细解释:

"当事人在劳动合同或者保密协议中约定了竞业限制，但未约定解除或者终止劳动合同后给予劳动者经济补偿，劳动者履行了竞业限制义务，要求用人单位按照劳动者在劳动合同解除或者终止前十二个月平均工资的30%按月支付经济补偿的，人民法院应予支持。

"前款规定的月平均工资的30%低于劳动合同履行地最低工资标准的，按照劳动合同履行地最低工资标准支付。

"当事人在劳动合同或者保密协议中约定了竞业限制和经济补偿，当事人解除劳动合同时，除另有约定外，用人单位要求劳动者履行竞业限制义务，或者劳动者履行了竞业限制义务后要求用人单位支付经济补偿的，人民法院应予支持。

"当事人在劳动合同或者保密协议中约定了竞业限制和经济补偿，劳动合同解除或者终止后，因用人单位的原因导致三个月未支付经济补偿，劳动者请求解除竞业限制约定的，人民法院应予支持。

"在竞业限制期限内，用人单位请求解除竞业限制协议时，人民法院应予支持。在解除竞业限制协议时，劳动者请求用人单位额外支付劳动者三个月的竞业限制经济补偿的，人民法院应予支持。

"劳动者违反竞业限制约定，向用人单位支付违约金后，用人单位要求劳动者按照约定继续履行竞业限制义务的，人民法院应予支持。"

二、《管理合同》中的竞业禁止条款

如上所述，根据中国法律规定，用人单位跟劳动者可以签订关于竞业禁止的合同，但用人单位应对此给予一定的经济补偿。用人单位与劳动者约定了竞业禁止条款但未约定经济补偿，或者约定了经济补偿但未按约定支付的，该竞业禁止条款对劳动者不具有法律约束力。全国性法律法规未明确规定该等经济补偿的数额，但在某些地方法规中对此作了约定，实践中也有一定的合理范围，如果该等经济补偿过低，通常也会视为该等竞业禁止条款无效。

在本案中，总经理等高管人员即上述法条中的"劳动者"，而业主则是"用人单位"，因此从严格法律意义上讲，如果管理公司希望事先限制总经理继续留任业主酒店的目的，则须促使业主在其与总经理等高管人员签署的劳动合同或单独合同中增加竞业禁止条款，并且需约定业主为此对总经理的经济补偿，否则仅凭借管理公司和业主之间的《管理合同》中关于对第三方（即总经理等高管人员）的权利限制，则该条款对于总经理等高管人员并无可执行的效力。当然，如果该等条款明确约定了业主应有义务与总经理等高管人员签署竞业禁止协议，如果业主未能履行该义务，则涉及业主在《管理合同》项下的违约，但对于总经理等高管人员而言，该等条款并不能强制执行，因此管理公司所能接受的救济将仅限于业主的相应违约赔偿责任。由此可见，管理公司对总经理等高管人员竞业禁止的限制目的最终需要通过业主和该等高管人员的劳动合同中的竞业禁止条款的明确约定才能得以实现，仅凭《管理合同》的合同规定无法达到上述目的。

第五章
财务和费用

导读

在酒店正常开业后，管理公司和业主之间出现正面碰撞的机会逐渐增多，最有可能出现争议，也是最容易出现摩擦之处主要集中在财务方面。因此，与财务和费用相关的问题，往往会成为业主和管理公司之间争议和分歧的集中点。此类分歧和冲突体现在酒店经营管理中的各个环节和方面，从酒店年度预算的制定到年度预算的批准和执行，从业主对于预算金额的划拨到总经理对于经营账户中资金的使用，从每月对于管理公司管理费及许可费的支付到年终对于管理费金额的调整，从储备基金账户中资金的积累到总经理对于储备金账户中资金的使用，等等。除此之外，对于酒店财务账目的审计、税款的支付、印章的管理等细节问题也都有可能成为实际经营过程中业主和管理方双方争议的焦点问题，以至于影响酒店的正常经营，甚至可能造成《管理合同》的提前终止和解除。

第一节　财务印章的管理

案例介绍

　　某总部位于上海的一家房地产公司 A 公司在上海和杭州各开发了一家酒店，分别为位于上海的 X 酒店和位于杭州的 Y 酒店。但是，两家酒店的公司组织形式有所不同。因 A 公司的总部位于上海，再加上历史的原因，X 酒店以 A 公司的分公司形式存在并运营。而位于杭州的 Y 酒店，则是 A 公司在杭州所成立的酒店项目公司，并以独立子公司的形式进行经营。A 公司先后委托同一家酒店管理公司 B 对于上述两家酒店进行管理，在合同中均有一条明确规定，即酒店公司的公章、财务章、合同章都应当交由酒店的总经理进行保管，并且总经理应当是该酒店的全权负责人或法定代表人。在签署《管理合同》之后，上述操作在 X 酒店中似乎并没有发生实质性障碍，但是同样的规定应用到了 Y 酒店，则双方就公章的保管出现了很大的分歧，Y 酒店的公章到底应该交给酒店的总经理保管，还是应该由业主方人员自行保管？业主认为，作为拥有独立法人资格的子公司毕竟不同于分公司，所有的土地和房产全部在子公司名下，如果将公章交由总经理保管，会不会给业主的资产带来不必要的风险？双方就该问题一直争论不下。

争议要点

　　酒店印章的保管；酒店公章和经营用章的区别。

简要分析

一、印章管理的一般约定

　　对于酒店公章、财务章、合同章的管理，看似是一个非常琐碎的细节性问题，但是近年来酒店管理公司却越来越看重这个问题，而且对于该问题的态度也变得越来越强势，一些管理公司在《管理合同》中不惜笔墨地对这一问题进行详细的、反复的约定，例如，约定"在开业前，业主应该已为该酒店成立了一家分公司，并且为该分公司取得了合法有效的营业执照，以及酒店营运所需的所有公章（包括但不限于分公司的公司章、财务章、合同章和人力资源章，以下合称'公章'）。当酒店总经理为开始提供开业前服务而抵达酒店场地时，业主即应为酒店的营运之目的而向酒店总经理移交上述营业执照和所有公章"，或者"在相关政府当局颁发分公司的营业执照后，业主应当及时（但最晚不得迟于本酒店预计开业日前的30日或开设银行账户之日，以在先者为准）制备分公司的公章、财务章以及分公司经营所需的其他印章（合称'本酒店分公司章'）并将该等印章交由本酒店高级管理人员保管并使用，以便其能够按照本协议约定履行其在本酒店日常经营中的职责"。管理公司之所以对于这个问题如此看重，究其原因，不过是因为根据管理公司的实践经验，如果在《管理合同》中未能就该事项详细而清楚地约定，则可能给酒店未来的实际经营带来很多隐患，容易造成或激化管理方和业主之间不可调和的矛盾。这一观点和立场越来越成为一些管理公司在《管理合同》谈判时不可触碰的底线，拒绝对上述公章保管和管理方式作出妥协。

　　从业主角度来看，业主认为，既然酒店是业主的项目公司或分公司，那么酒店公司的公章肯定要掌握在所有权人自己手中，管理公司只是一个管理人，业主可以配合管理人进行管理，如果需要加盖公章的地方业主可以派专人配合，但是最终的控制权应该在业主手中，避免出现管理人滥用职权，随意使用公司公章对外签署合同、支出费用等情况的发生，从而给公司带来不可弥补的损失。特别需要注意的是，往往令业主更难以接受之处在于，按照《管理合同》体系的约定，一旦出现总经理滥用职权的行为，根据《管理合同》的约定，管理人通常只在其存在故意或者重大过失的情况下才承担赔偿责任；如果任何损失仅可以归咎为总经理的纯粹个人行为，则管理人对于由此产生的损失也不承担责任。这就意味着可能会出现酒店公司的公章完全交给管理人控制，但是管理人又不对使用公章的结果负责的情形。因此，业主自然希望自身能够成为最后一道防线和关卡，对于酒店的经营和法律风险进行一定的把控，因此，业主的这种顾虑也就不难理解了。

　　然而，另一方面，从管理公司角度而言，管理公司的上述要求也有其存在的合理性，因为按照《管理合同》的约定，管理人需要对于酒店的所有经营事宜（包括但不限于财务和账户）拥有全权的控制权。如果酒店的公司章、财务章、合同章（若有）和人力资源章（若有）不交给总经理，那么很有可能造成《管理合同》项下管理人权力的架空和转移。如果业主完全配合总经理的工作，自然不会存在上述问题，但是问题往往出现在双方的意见发生分歧的时候。如果管理公司和业主双方就同一问题看法不一致，而掌管酒店公章的业主坚决不予配合，不加盖公章或者财务章，实际上将对酒店的日常经营造成不当干扰。另外，从效率角度讲，如果每一笔需要加盖公章的对外付款或者合同的签署都需要征得业主的批准和同意，即便业主能够非常有效地配合总经理的工作，报批和盖章程序的本身也会在不同程度上影响酒店的经营。因此，酒店管理公司认为，只有总经理全权掌握了所有公章，这样才能实际有效地控制酒店的日常经营。

二、印章管理的争议解决

那么，在实践中如何来解决这一问题，业主和管理公司哪一方的诉求更应该得到支持呢？我们认为应该视具体问题的不同情况分别进行考虑。首先，要考虑到该酒店的组织形式，是以分公司的形式存在，还是以一家独立运营的子公司的形式存在。正如在上述案例中所提到的，对于作为分公司存在的 X 酒店，以及作为子公司的 Y 酒店，对于这一问题显然不应该适用同等的处理标准，因为分公司的经营范围是受到一定限制的，一般在其营业执照中会明确约定"仅限于酒店的日常经营"，分公司的公章或财务章只能在其被授权的范围内发挥作用，例如，可以支出分公司账户中的资金，签署同酒店日常经营活动相关的合同（如采购合同、广告合同等）。但是很多事项是分公司所不能操作的，例如，以酒店的资产进行抵押、将酒店物业整体进行出租、支出总公司账户中的资金、对于其他公司进行收购或兼并等。简而言之，对酒店分公司而言，将分公司的公章全权交给酒店总经理进行管理，其风险在一定可控的范围内。但是，如果该酒店以独立法人的子公司形式存在，将该子公司的公章完全交给酒店总经理管理，相对而言，对于业主的风险就比较大。虽然按照《管理合同》的约定，管理人可能也并无权处理上述抵押酒店资产等事项，但仅从法律上看，凭借该子公司的公章，总经理完全可以处置该酒店的资产，或者与其他公司进行合并，或者宣布破产或清算等事宜。如果总经理从事上述行为，即构成管理公司在《管理合同》项下的违约，但如果构成表见代理，其对外效力很可能会认定为有效，不能对抗善意第三人，从而给业主带来更大的潜在风险。因此，考虑到酒店不同的组织形式，对于业主而言风险层级的不同，笔者认为如果仅将酒店分公司的公章交给总经理全权掌管或者控制尚可接受以外，对于具有独立法人资格的酒店项目公司的公章（仅强调法人公章），业主在授权之前需要审慎考虑，相比较而言，由业主或业主代表控制更为稳妥。

目前越来越多的管理公司的《管理合同》范本当中，将公章控制权的问题明确列入合同当中，且作为业主的一项基本合同义务，希望从签约之初双方即就该问题厘定清楚，避免日后不必要的争议。假如双方在合同签署当时并没有就酒店公章管理的问题充分讨论并在《管理合同》中加以明确，在日后的实际经营过程中一旦双方就该问题发生冲突或分歧，该如何处理？我们认为，双方在首先平衡各自利益的前提下，可以适当参照上述原则，充分考虑到酒店公司的组织形式，以及业主希望对于酒店的把控力度及深入程度，尽可能地协商加以解决。可以考虑的解决方案有：（1）将全部公章、财务章、合同章和人力资源章都交由总经理保管；或者（2）将公章交由业主保管，将其他财务章、合同章和人力资源章交由总经理保管；或者（3）即便将财务章、合同章和人力资源章授予总经理管理，对于总经理使用该等经营用章再设定一定权限范围，超出范围应当经过业主的同意，等等。但是，我们必须在此强调一点，不同酒店管理公司对该问题的重视程度不尽相同，其要求总经理对于公章的把控力度也不尽相同，并非在某一酒店合同中同管理方可以达成的安排，换到其他管理公司所管理的酒店中仍然可以适用，还需要结合不同酒店管理公司的操作惯例和实践，以及酒店公司的实际情况，加以综合平衡和考虑。

第二节　年度预算的制定

案例介绍

某酒店业主A公司委托酒店管理公司B公司对于旗下的一家酒店进行管理，在签署《管理合同》之初，双方在合同中明确约定酒店的年度预算要经过业主A公司的事先书面批准，如果双方没有就酒店的年度预算达成一致，应该适用上一个经营年度相应的预算金额并适当考虑通货膨胀和居民消费价格指数增长的影响；如果双方最终就年度预算的差异无法达成一致，则应该通过专家解决程序或者仲裁程序加以解决。在2008年初，由于北京申办2008年奥运会的缘故，A公司看好北京的酒店市场，认为当年的酒店收入肯定会有一个比较大的提升，因此对于酒店年度预算收入预期非常高；但是作为酒店的总经理，考虑到北京一系列限制外籍或外地人口进京的政策陆续出台，市场普遍看低，因此总经理在做预算的时候相对比较保守。由此，业主和管理公司之间就年度预算中的经营收入一项，迟迟不能达成一致；虽经协商，但是仍未达成一致。管理公司B公司仍旧按照其自行制定的一套预算进行经营，业主同时却有着自己心里的一本账，但为了不影响酒店的正常经营，双方也未提交专家解决或者仲裁程序解决。最终，事实证明，北京奥运会当年的收入确实并不十分理想。这是否足以证明管理公司的预算是正确的呢？如果业主在本年度进行业绩考核，可否进行考核呢？如果可以，该以什么标准进行考核呢？

争议要点

年度预算的制定；年度预算无法达成一致的影响。

简要分析

一、年度预算的制订流程

关于年度预算的达成和实施，也是在《管理合同》的履行过程中一个非常实际，也频频发生争议的问题，虽然在《管理合同》中双方一般就年度预算的达成、批准、变更等事项都进行了非常详尽的约定，但是在实际履行过程中仍经常会出现业主和管理公司迟迟未能就年度预算达成一致、无法按照年度预算执行的情况。

通常来讲，正如上述案例中所述，在《管理合同》中均会对于年度计划约定一个明确制定机制，管理公司一般会提前一到两个月向业主提交下一个营业年度的年度计划的草稿，业主在收到管理公司提供的草稿后，提出合理的意见同管理公司进行探讨。管理公司在收到业主的意见后，需要对有关问题进行解释和说明，双方可能就相关问题进行多轮的探讨和磋商，直至就有关事项达成一致意见。

如果双方截至当年的12月31日就有关事项达成一致，则达成一致的年度计划或预算将作为下一个经营年度的年度计划。如果双方截至当年的12月31

日仍旧无法就有关事项达成一致，则通常来说双方将进入一段协商期（例如3个月），在上述协商期内，为了不影响酒店的正常经营，需要采用一个临时性的过渡期预算，这个过渡期预算可以有很多种处理方式，可以以管理公司提供的预算为准，也可以以业主提供的预算为准，或者以两者预算取中值，但是实际中最惯常的做法是暂时适用上一个经营年度相应的预算金额并适当考虑通货膨胀的影响。

如果双方在上述协商期内就争议事项达成了一致，则达成一致的年度预算将成为该年度的年度预算；如果在上述协商期内，双方仍旧无法就争议事项达成一致，则在《管理合同》当中通常会约定，任何一方可以将该等争议提交专家裁决，经专家裁决的预算将作为该年度的年度预算。在专家裁决期间，酒店可以暂时适用过渡期年度预算，这个预算可以是上一个年度的年度预算，并考虑通货膨胀因素，也可以是双方依据一定的原则另行达成的折中结果。

二、年度预算争议同业绩考核的关系

仅从上述机制分析，应该说已经将所有可能的情况均考虑在内，那么为什么在实践中还会出现很多酒店年度预算无法达成一致的情形呢？问题的关键是，将该等争议提交专家解决是双方迫不得已的最后选择，因此，实践中对于是否应该就专家解决程序约定一个最晚的期限（例如在3月31日前必须通过专家裁决）也存在着不同的看法。如果约定一个最晚的期限，好处是可以迅速地解决问题，最终确定该营运年度的年度预算；缺点是耗费成本，而且使双方的关系僵化，对于裁决不利的一方很难做到心服口服，不利于双方的未来合作。但是如果不约定一个最晚的期限，好处是双方不会因此"撕破脸"，但是缺点也显而易见，即该年度无法达成一致的年度预算，最终会出现业主和管理公司两本预算、两本账的情况。

然而，即便存在上述两本预算的情况，如果业主仍旧按照管理公司的要求提供必要营运资金，实际上并不会直接影响到酒店的正常运转。这一矛盾的集中爆发通常会体现在业绩考核的适用问题上，如果该酒店作为业绩考核的方式仅仅以同可比酒店的业绩进行横向比较方式进行考核，则不会涉及该问题。但是，当业主将完成本酒店预算收入作为业绩考核的指标或者指标之一时，这个问题就会凸显出来，管理公司和业主两本预算，该年度业绩考核是否仍旧适用？如果适用，应该以哪本预算为准并作为考核指标呢？出现这样的问题的确非常棘手。

回到本节所描述的案例，最终该经营年度的生意非常惨淡，是否可以由此得出管理公司的预算就是正确的？该年度是否应该适用业绩考核条款呢？通常情况下，管理公司会主张，因为双方没有就年度预算达成一致，因此，对于该年度的经营不应该适用业绩考核条款。从原理上分析，管理公司的上述主张有一定合理性。因为并不存在可以用作考核基数的预算，考核的前提条件不具备，因此该年度业绩考核条款不适用。但是，如果该酒店在该年度的经营状况确实非常之差，而业绩考核条款完全不能适用，则对于业主也不尽公平。仔细推敲其中背后的含义，笔者认为，业主也可以尝试主张该营运年度依旧适用业绩考核条款，双方虽没有就年度预算达成一致，但如果过渡期时间很长甚至整年全部在适用过渡期预算，那么可否考虑以暂时适用的过渡期预算作为考核依据，因为在过渡期内管理公司完全是按照过渡期预算进行管理和实施的，业主也是依照过渡期预算提供的资金，也可以视为双方在实践操作过程中已就该临时性安排达成了合意。再退一步讲，业主是否可以主张使用管理公司自己提出的预算作为标准进行考核呢？因为这个预算是管理公司自己提出的，并且其自己认可，如果实际的经营结果连管理公司自己提出的预算水平也尚未达到，那么业主是否可以认可该预算，以该预算进行考核呢？但是，最终上述两种变通做法能否为管理公司所接受，还需要双方达成共识，或者当争议被送交仲裁机构时，取决于仲裁员对于该问题的理解。简言之，一旦出现业主和管理公司两本预算的情况，除非在合同中明确约定，可能并不能够得出该年度的业绩考核条款绝对不适用的结论。

但是，从规避风险和减小分歧的角度考虑，笔者还是建议尽可能在《管理合同》签署时就设计出一套完善的机制，致使不会出现年度预算最终达不成一致的情况，比如约定专家解决的最终期限，或者在管理公司提交预算和业主认可的预算之间作出妥协与平衡。例如，笔者也曾见过这样的条款约定：如果双方僵持不下，对于成本开支事项，以管理公司提出的金额的80%为准，作为双方均认可的预算金额等。总而言之，双方还是应当以达成一致预算为基本原则，达不成预算为例外，而切不可本末倒置。

第三节 年度预算的调整

案例介绍

某酒店业主 A 公司委托酒店管理公司 B 公司对其旗下一家酒店进行管理，A 公司在酒店中并未委派任何高级管理人员（例如副总经理或副财务总监等）。当该酒店经营到某年年中 6 月底的时候，A 公司业主代表在审阅中期财务报表，并且同总经理召开例会之后发现，上半个财务年度，该酒店的财务支出严重超出了年度预算中的金额，而且该等偏离的支出均未经过业主的事先批准。但是，显然总经理是有备而来，提出了以下几点理由：（i）上半年的酒店客房出租率远高于年度预算中的估算，从 50% 提高到 70%，因为出租率提高因而成本大幅增加；（ii）采购经理反映，酒店营运物资的供应商普遍提价，特别是对于海鲜制品，涨价涨得十分厉害，致使采购成本大幅增加，这是管理公司无法克服的客观原因；（iii）政府部门对于商用水费和电费的价格政策进行调整，按照累进费率水平交纳水费，致使酒店的公共费用支出加大；（iv）因为台风，该酒店部分地毯被打湿，不能再继续使用，需要全部更换，造成预算外的采购成本，如此等等。那么上述理由可否能作为总经理偏离年度预算的合理理由呢？即便是合理的理由，这种偏离在实施之前是否要经过业主事先批准呢？

争议要点

年度预算的偏离及调整，以及相应后果。

简要分析

一、年度预算偏离的一般约定

关于酒店的年度预算是否可以偏离，不同的管理公司对此的看法以及所掌握的尺度不尽相同。但是绝大多数管理公司认为，年度预算只是管理公司根据现有所了解到的信息，以及对未来情况的合理预计所作出的一个大致估算，正因为管理公司对于信息的掌握不可能做到完全准确，对于未来的市场情况也不可能做到100%准确的预测，因此，年度预算只能作为一个参照或者估计，管理公司并没有义务严格按照年度预算进行经营，也无须对于年度预算同实际经营结果的偏差负责并承担相应责任。上述原则可以体现在两个方面：第一，管理公司不会对年度预算所做出的经营结果或者收入做出任何保证，即如果预期收益结果没有达到年度预算中的预测，则管理公司不承担任何违约或者赔偿责任。第二，对于可能影响酒店基本经营的日常开支，不应当受到年度预算金额的限制；如果实际经营需要超过年度预算的支出，那么总经理可以动用超过年度预算的资金或者业主有义务提供额外的资金对有关项目进行支出。如果要求总经理必须严格按照年度预算进行支出，锱铢必较，严禁越雷池一步，或者凡有超预算必须经过业主的事先同意，那么势必也会对酒店日常运营造成不便和影响，伤及经营效率。

对于业主而言，由于其并不会介入到酒店的微观管理活动当中，对于酒店经营情况的监督和控制的范围和手段非常有限。其中一个最主要和重要的手段就是通过对年度预算制定的审核和批准，对于酒店在未来一年中的经营情况及收支情况进行宏观的把控，这也是之所以业主和管理公司每年要花费很大的精力在年度预算制定上的原因。然而，在年度预算制定之后，如果允许总经理在实际经营过程中随意对于年度预算进行调整，则显然失去了年度预算应有之意及其严肃性。那么，如何在酒店经营的灵活性以及业主对于酒店的控制权之间寻求一个合理的平衡呢，到底酒店的年度预算是否可以偏离呢？

二、年度预算偏离的变通处理方式

我们认为，"总经理应该按照双方达成一致的年度预算经营和管理酒店"这个大的原则首先应该是明确而确定的大前提。之所以制定年度预算，就是要求总经理要参照年度预算进行经营，不能任意支出或者使用资金。另一方面，酒店的实际经营情况或多或少地偏离年度预算中预计的金额也十分正常，且在实际经营过程中是不可避免的，问题的关键在于在什么程度上应该视这种偏离为合理的偏离，在总经理偏离预算进行任何支出之前是否需要经过业主的同意。

在双方充分信任、合作关系非常良好的情况下，最理想的状态是业主非常信任总经理的职业操守和专业判断，完全不用担心总经理任何超过预算的支出。

如果出现这类支出,也相信肯定是总经理从酒店利益最大化的角度出发所做出的合理安排,业主只需要根据总经理的要求提供资金和协助即可。但是,通常情况下,在双方合作之初,特别是对于中国酒店业主而言,都不敢轻易地完全将权力下放给管理公司或总经理。即便是世界最知名的酒店管理集团,其委派的总经理也可能存在道德风险。因此,通常情况下,国内业主均会要求对于超预算支出给予一定的限制,比如会设定一定的合理范围,在该偏离幅度内,总经理可以自由掌握;但是一旦偏离的幅度超过该比例或额度,就必须征得业主的事先同意方可支出,或者双方通过其他动态方式调整预算。依照上述原则,在不干扰酒店正常经营的情况下,业主可以从宏观上将成本控制在一定的范围之内。即便如此,对于一些特殊情况下的成本支出,即便超过年度预算,根据行业惯例也不需要再事先经过业主的同意,例如(1)将经营计划中某一项节省的开支,与经营计划中另一项增加的开支在合理的范围内进行抵消;(2)如果本酒店的入住率或总收入相比于经营计划中的预计比例增加,则根据本酒店的入住率及总收入的变化来适当地增加相应开支;(3)根据有关协议或规定支付的公用事业费用(如电费、水费、排污费、垃圾处理费以及电信费)的相应增加,这部分费用的定价是管理方所不能合理预见并控制的;(4)管理公司无法控制和替代的税款和政府收费的增加,这部分成本也是管理方所不能合理预见并控制的;(5)涉及危及人身安全或者违反法律的紧急情况,如果不立刻进行支出或者不进行补救可能造成人身伤亡或者违法行为时,该等支出也不应当受到年度预算的限制。

三、本案的具体分析

具体到本节所述案例中的情形,对于第(i)项和第(iii)项支出,应该属于我们之前所分析的合理的偏离支出,且不需要经过业主的事先批准。对于(ii)项食材、原材料的涨价,有些类似于公用事业费或者政府收费的涨价,是总经理无法控制的,看似超预算支出并且无须取得业主的事先同意。但是,这种原材料采购不同于公用事业费之处在于,原材料的采购可能存在替代性,有可能通过其他替代方式解决,但如果事实情况是所有海鲜供应商都因为台风等原因普遍涨价,而且涨价的幅度又均超过了双方协商一致的偏离幅度(如果存在该偏离幅度),那么我们更倾向于认为本项超预算采购具有一定的合理性。即便如此,在可能的前提下如果在超预算支出前可以同业主进行沟通,我们仍建议就该事项同业主进行事前沟通,因为考虑到酒店的持续经营,如果海鲜价格普涨，业主也不会不同意该笔支出。对于第（iv）项更换地毯的费用支出问题，则可能更为复杂，因为根据需要更换地毯的情况不同，可能涉及不同的预算内容。如果是仅有一两块地毯涉及更换，则可能动用的是经营账户中的资金，影响到的是经营预算；而若是大面积更换地毯，可能涉及的是动用家具、装置及设备（FF&E）储备基金中的资金，影响到的是资本预算。对于资本性开支，通常还会同品牌标准相关联，比如在《管理合同》中会约定，如果为了遵守和维持品牌标准而需要进行资本性支出，业主必须提供相应的资金以使酒店符合品牌标准。因此，上述第（iv）项对于更换地毯的支出，如果不及时进行更换可能会导致危及客人生命安全，或者会导致酒店不能正常经营，或者明显不符合品牌标准的要求，那么总经理一般应有权利动用经营账户或者储备基金账户中的资金直接进行维修，而无须严格按照年度预算的金额支出。同时还应该考虑时间性，如果情况十分紧急，总经理可以不经业主同意而先行支付；但如果时间充足，特别是当不立即维修并不会严重妨碍酒店的正常经营时，比如可能只涉及同品牌标准的要求不完全相符的情况，那么总经理在支出前应当尽可能征得业主的同意后，再行支出比较稳妥。

第四节　酒店财务账簿的审计

案例介绍

　　某酒店管理公司 B 公司受托管理某房地产企业 A 公司下属酒店。在某经营年度末之后的第 60 天，总经理代表酒店管理公司 B 公司向业主 A 公司提交上一个经营年度的酒店经营报告和未经审计的财务报表。A 公司在收到总经理提交的财务报告后，认为同业主自身对于酒店的经营状况的预期有所出入，于是 A 公司自费聘请了一家第三方国际会计师事务所对于酒店的账目进行了审计。经过审计发现同总经理提供的财务报表确实有一些出入，但是偏差不大，偏差比例不超过 8%。为了弄清楚为何会出现这种偏差，A 公司遂又对酒店的财务状况进行了深入的分析和调查，从而发现了一些问题，例如（i）有些费用记错了科目,本应记为成本的项目没有作为成本列支;(ii)有些项目应该入账的没有入账,因遗漏造成偏差;(iii)采购经理在采购过程中高价采购营运物品;(iv)财务总监对酒店的财务数据进行过修改,将曾经一大批旅行团队以打折价格入住酒店的客房,按照客房原价入账,造成账面收入在该月远远高于实际收入;等等。那么,在上述情况下,到底应该以哪个版本的财务报告为准?业主可否就上述财务问题向管理公司主张赔偿呢?

争议要点

酒店年度财务报表的审计;财务错误与做假账的区别。

简要分析

一、酒店年度审计的一般约定

中国的企业每年都有年检的问题,因此一般每年企业都会对上一个经营年度的财务状况进行审计。但是在酒店行业,由于酒店在很多情况下仅作为一个运营实体,并不一定是独立法人,经常以分公司形式存在,即便以独立法人公司形式存在,酒店经营的会计核算也有其独立一套核算体系,仅按照业内普遍适用的纽约《酒店业统一会计准则》对酒店的经营情况进行核算,并非通盘考虑企业的全部成本,例如,固定资产的投入和折旧即不在核算范围之内等。

在实际经营过程中,不同酒店管理公司的操作模式不同。有的管理公司会在上一财务年度结束后的一定时期内向业主提交一份年度经营报告,如果业主对于该年度经营报告表示认可,则该年度经营报告将对于双方具有约束力,成为核算上一个年度管理费等费用以及衡量其他财务指标的最终依据。但是,有的管理公司也会在每个会计年度结束后一定时期内,向业主提交一份由管理公司从一家国际会计事务所或其在中国的关联事务所聘请的独立注册会计师核证的、依据酒店账簿记录数据编制而成的损益表、资产负债表和现金流表,显示前一会计年度酒店的营运结果,其中包括该会计年度期间酒店的营运毛利、管理费、集团服务费、许可费及业主的分配利润的计算结果,并附上一份显示该会计年度内家具、装置及设备(FF&E)储备基金的提存记录及结余金额。对于第二种情况,有的管理公司还会进一步强调"若该会计师的意见是没有保留的,该份经核证的损益表即应视为正确无误且为终局性的"。

二、年度审计的个案分析

不管对于第一种情况，还是对于第二种情况，除非在《管理合同》中明确约定排除业主的权利，我们认为业主都有权利自行承担费用对于酒店的财务状况单独进行审计。审计的结果可能同管理公司提供的年度财务报告或者审计报告一致或者差别不大，也有可能发现有比较大的出入，这就需要就存在的问题要求管理公司进行解释，或者进行更深一步的调查，看是否可能存在任何财务制度上的缺陷或漏洞。就本案中所发现的几个问题而言，对于"(i) 有些项目记错了科目，造成应记为成本的项目没有作为成本列支"和"(ii) 有些项目应该入账的没有入账，因为遗漏造成偏差"而言，如果是财务人员个人疏忽所产生的工作失误，或者由于认识有误所造成的偏差，应该属于正常的工作失误，财务人员虽存在一定的责任，但是尚在可允许的合理范围之内，需要对于有关账目进行年终调整。对于"(iii) 采购经理在采购过程中高价采购营运物品"，如果属于采购经理故意高价采购物品并收取供应商回扣的情况，这属于典型的渎职行为，应该追究该名采购经理的个人责任。如果要将该等偏差所产生的责任直接归咎于管理公司，除非酒店在内部采购流程上存在明显的制度缺陷，或者业主能够证明管理公司在监管上存在重大疏忽或者过失，否则也是存在一定难度的。但是，对于第四种情况——"(iv) 财务总监对酒店的财务数据进行过修改，将曾经一大批旅行团队打折价格入住酒店的客房，按照客房原价入账，造成账面收入在该月远远高于实际收入"，可能情况的性质就发生了本质的区别。首先，财务总监的行为具有明显恶意，存在恶意篡改财务记录而做高收入的行为。在这种情况下，不论其目的是为了使管理公司收到更多的管理费，还是为了使管理公司完成业绩考核指标，或者是为了实现管理团队年终个人考核指标，最终酒店管理公司都将从中获益。在这种情况下，管理公司就存在故意或者重大过失的嫌疑。一种可能是管理公司根本不知道该名财务总监的做假账行为，做假账完全是该财务总监本人或者其在总经理授意下的个人行为；另一种可能是在管理公司总部授意下的行为，或者对于该等行为管理公司明知但是并没有及时制止。不管是哪种可能，一旦出现这种情况，笔者更倾向于认为对于该等做假账的行为，管理公司是存在一定的过错的，即便管理公司对于该等行为完全不知情，也应承担其对于该等财务人员监管不力的责任，未履行一个善意的管理人应尽的义务。但是，是否构成管理公司的重大过失，还要视具体情况而定。

三、对于审计结果的责任承担

另外一个更加棘手的问题是,如果出现了业主审计报告同管理公司提供的年终财务报告或者审计报告存在不一致的情况,且该等不一致经过确认确实属于酒店财务人员的过错所造成,那么针对案例中的几种情况,管理公司是否需要承担责任,承担什么样的责任呢?对于第(i)和(ii)种情况,如果确实属于员工的工作失误,那么根据公平的原则,应该根据最终双方认定的财务数据,重新计算管理费,多退少补。对于第(iii)种情况,业主可否就采购经理渎职所造成的超额采购成本,要求管理公司就差额部分进行补偿呢?笔者认为可能主张起来存在相当的难度和困难。首先,业主需要自己证明市场的公允价格是多少;其次,还要证明对于采购经理这种个人渎职行为,在管理制度或者监管层面上存在漏洞,这样才可以将责任归咎于管理公司,而非仅仅是采购经理的个人行为。对于第(iv)种情况,不论管理公司对于做假账的行为知晓或者不知晓,都应该按照正确的财务数据重新核算管理费等费用,多退少补。至于在此种情况下,业主是否有权藉此要求解除《管理合同》,则需要视具体的《管理合同》中对于违约和终止条款的约定,取决于合同中是否赋予了业主径直解约的权利。例如,如果《管理合同》约定:"在任何一方行使终止权之前,必须给予合同另一方一定的期限予以纠正或者补救,如果在该等宽限期内纠正或者补救违约行为,一方不能行使解约权",那么,即便发生了违约行为,如果管理公司随后立即纠正了该等违约行为,业主也不能径直解除合同。如果径直解约不当,反而可能导致业主违约并承担相应责任。

第五节 财务双签制度的执行

案例介绍

某酒店业主A公司委托某酒店管理公司B公司为其管理旗下某酒店。《管理合同》中约定任何超过某一限定金额的对外支出都要经过酒店的总经理或者财务总监,以及业主A公司在酒店中委派的业主代表共同签署方可对外支付。看似双方已在合同中对此作了明确约定,但在开业后还是出现了矛盾和争议。首先,由于业主委派的业主代表并不在酒店中常驻,每当酒店需要大额支出时,总经理往往在第一时间找不到业主代表,由此直接影响了酒店的付款进度。其次,按照A公司的理解,既然管理公司同意双签,那么酒店分公司账户的预留印鉴签字人就应该留总经理和业主代表两个人的印鉴。但是,酒店开业后业主却发现银行预留印鉴的签字人只有酒店总经理和财务总监,并没有业主代表,遂找到管理公司B公司进行理论。同时,在酒店的经营过程中,A公司认为某月酒店客房收入记录有误,对于某项收入是否应该确认为酒店的收入存在分歧,A公司希望该月管理费暂不支付,待双方核实清楚后再行支付。但是B公司主张合同中明确约定对于管理公司的管理费的支付不需要经过业主事先同意即可支付,遂自行从经营账户中将管理费划转。这是否意味着如果允许总经理或财务总监对于酒店账户拥有绝对的控制权,业主对于管理费等费用即使有异议,也无法阻止向管理方支付呢?

争议要点

财务双签制度及其执行;酒店账户的管理。

简要分析

一、财务双签制度的一般约定

所谓财务双签制度(也称为财务联签制度),即在酒店经营过程中的对外付款需要管理公司和业主各自指定的代表共同签字方可对外支付,但是这个制度在酒店实践操作中却存在着很大的学问。根据我们的经验,现在能够接受绝对双签的国际酒店管理公司已经极少,不能说绝对没有,但肯定已属个案。能够接受双签的管理公司一般只能接受在限定额度之上的双签,即对于超过一定金额之上的对外付款需要管理公司和业主双方的代表共同签署方可对外支出;而对于最低付款限额以下的款项,由管理公司的授权签字人单独签字即可对外支付。

通常来讲,管理方在酒店中的授权签字人为酒店的总经理和/或酒店的财务总监,而代表业主一方行使双签权的人员,在业主有权在酒店中委派人员的前提下,可以为业主在酒店中委派的副总经理或者财务副总监,也可以为业主另行委派的一名业主代表;若业主在酒店中没有委派参与管理经营的管理人员,则一般会授权一名指定的业主代表来行使该等双签权。在本案中,即属于第二种情况,即由一名独立的业主代表行使双签的权利。造成双方矛盾的原因主要源于该名业主代表并不驻店办公,从而导致在大额付款需要双签时经常无法及时安排付款,给酒店的经营造成不便。因此,如果双签的最低付款限额不是很高,笔者认为最好由业主在酒店中所委派的管理人员或者驻店的业主代表行使,这样可以保证随时找到业主方的签字人。同时,还可以考虑每一方安排两名授权签字人,比如管理方可以指定总经理和财务总监为其签字人,而业主方可以指定其委派的副总经理或财务副总监作为其签字人,这样在其中一名签字人不在酒店时,可以由另外一名签字人替补,不会影响到签字的流程,造成不必要的拖延。如果业主在酒店中并没有委派任何人员,或者业主指定的业主代表并不常驻酒店,在这种情况下,需要双签的最低付款金额一般比较高,以使酒店日常经营活动的开支一般不会超过该最低限额,避免经常需要双签的情况。相反,如果最低付款金额较低、需要双签的付款情况较多时,笔者建议业主在酒店内为该业主代表设立一间办公场所,或者在业主代表不在酒店时可以适当授权其他人员代替业主代表行使相关职权。

二、合同双签权同银行预留印鉴双签权的区别

另外,笔者也希望业主能够厘清一个误区,即《管理合同》中的双签制度同银行预留印鉴的双签并不完全等同,前一种情形指银行预留印鉴仅保留总经理和/或财务总监的印鉴,并不预留业主代表的印鉴;后一种情形则是银行预留印鉴保留双方代表的签字,必须双方代表都签字银行才可以对外支付。前一种双签,我们可以理解为银行操作流程中实际意义上的双签,没有业主代表的签字,银行肯定无法付款。后一种双签,我们可以称之为合同意义上的双签,对于银行来讲,只要有总经理或者财务总监的签字即可对外付款;而业主代表的双签权仅体现在酒店内部流程管控上,即需要大额支出时必须取得业主代表的签字,否则该笔付款既不符合酒店内部付款流程,属于违规操作,也属于管理公司违约,管理公司要承担合同项下的违约责任,但是对于银行并没有约束力。在目前国内的类似《管理合同》中,更多出现的后一种合同意义上的双签,虽然与本酒店经营有关的所有银行账户及其他存款应在业主名下,但管理方会主张拥有指定该等银行账户的签字人或其他保管人的独有权力。

三、双签制度对于付款的影响

在明确上述问题后,我们来看案例中的问题,即当业主认为其向管理公司

或其关联公司所支付的某笔款项存在争议时,是否有权拒付,或者说是否有能力控制酒店的对外付款?首先,我们要说明,即便存在双签条款,管理公司通常也会在《管理合同》中要求存在一些例外情况,例如:(i)应支付给雇员的工资项目,包括工资、福利、补偿和报销;(ii)根据酒店协议需要支付的许可费和管理费、集团服务费等应向管理公司或其关联公司支付的费用;(iii)根据有关协议或规定支付的公用事业费用(如电费、水费、排污费、垃圾处理费以及电信费);(iv)根据酒店协议购买之保险的保险费;(v)为处理突发事件而需支付的任何合理款项。除第(v)项紧急支出外,这些费用一般是酒店日常经营所需的固定开销,且金额均较大,由于已经在年度预算中从总量上进行了批准,因此,管理公司认为没有必要在每次付款前再另行由业主批准一次。因此,如果属于上述事项范围内,管理公司希望双签条款可以豁免,即不论金额是否超过付款限额,总经理即有权力单独对外支付。作为业主应支付给管理方的许可费和管理费、集团服务费等付款,通常会作为上述例外情况中的一项,在合同中约定管理方有权直接从酒店经营账户中拨付。同时,再加上酒店总经理和/或财务总监对于酒店的账务拥有绝对控制权,通常来讲,即使当月业主对于某笔付款存在争议,在具体付款环节上业主也是很难实际控制的。如果付款确有错误,只能由业主提出并经管理方核实并确认后,在下个月向管理方付款时进行调整,而不可能直接拒付。但是,我们也必须指出,如果管理公司是一家境外公司,且付款要付到境外账户时,由于对外付汇必须由业主代扣代缴所得税后才可对外付款,如果业主在完税环节不予充分配合,相应的管理费和许可费的合法顺利汇出仍旧可能存在一定的障碍。

第六节 酒店经营中的重大合同

案例介绍

在某酒店业主 A 公司同某酒店管理公司 B 公司签署的关于该酒店的《管理合同》中,为了加强对于酒店运营情况的了解和控制,A 公司对于 B 公司对外

签署重大合同的权利约定了一系列限制性条件。例如，规定了合同项下累计付款业务超过一定金额的大额合同，在签署之前必须要经过A公司的事先书面同意。A公司本以为通过这种途径可以对于酒店的大额支出有所控制。然而，奇怪的是，年末将至，竟没有一份超过限额的合同提交业主审批。于是A公司便通过派驻在酒店内的财务副总监对于酒店在一年中所有签署的合同进行了查阅，查阅之后发现，存在很多针对同一合同相对方（例如，同一货物供应商）签署多份合同内容完全相同的供货合同，虽然总体合同金额巨大，但是在每个合同项下的付款金额均在需要业主进行审批的合同限额之下。A公司认为B公司这种行为是在有意规避合同中业主对于大额合同的审批权，属于恶意，要求对于《管理合同》进行修改或者要求B公司承诺不再发生类似事件。但是，B公司认为这属于酒店日常经营范围，总经理拥有完全的决定权，并不存在违反《管理合同》之处。那么，该酒店总经理的上述行为到底是否构成管理公司对于《管理合同》的违约，这种行为是否可取呢？

争议要点

酒店重大合同的审批和管理。

简要分析

一、重大合同审批的一般约定

除了在费用支付时可能存在的财务双签制度安排以外，在某些《管理合同》当中，业主希望在酒店的权利义务的产生阶段也进行一定事前的介入和监督，因为即便存在双签权，如果总经理已经代表业主同某善意第三方签署了一项合同期限很长，或者合同付款金额巨大的合同，那么，在付款阶段若业主代表不签字同意支付某笔付款，则会造成酒店在该合同项下的直接违约，反而可能使酒店面临更大的违约风险。在利弊权衡下，业主往往不得不签字同意。因此，在有些《管理合同》中，业主还会要求对于合同项下付款金额超过一定金额或者合同期限超过一定时间的重大合同，在签署之前也需要经过业主的事先批准，从源头上给予一定的风险控制。

但在管理公司看来，首先，在业主批准年度预算时已经就全年的支出给予了审批，如果《管理合同》中对于大额付款的支付也约定了双签的安排，那么实际上业主已经从年度支出总金额以及单笔大额支出两个维度进行了控制，没有必要再在合同的签署阶段进行限制。相反，如果业主在总经理签署合同阶段进行了批准，但是在届时付款时却未能付出去，还会导致酒店在该合同项下的违约。因此，管理公司一般主张在签合同和付款两个阶段，业主控制其中之一即可，前后都审批实际是重复批准行为，业主与其在签合同阶段审批不如在实际付款阶段审批；另一方面，对于大额合同而言，总经理完全可以通过拆分合同金额的方式规避，实际上约定大额合同审批条款可能完全落空。业主在签合同阶段进行审批，这对于合同期限较长的合同更具有实际意义，因为即便总经理将一个合同期限很长的合同分拆成一个个短期合同，那么对于业主来说，因为合同期限的缩短，实际上在一定程度上降低了合同风险。

二、重大合同的拆分认定

在本案中，尽管在《管理合同》中约定了对于超过一定付款金额的大额合同在签署前需要取得业主的事先同意，但是在实践中，业主 A 公司却发现总经理或财务总监通过拆分合同金额的方式规避了业主的审批权。那么，总经理这样做是否构成合同项下的违约呢？仅从形式上来看，这样做没有问题，每笔合同的签署均没有违反《管理合同》的约定，在程序上也符合流程，那是否意味类似重大合同审批这样的条款就完全没有实际意义呢？笔者认为不能这样简单理解。即便是每个合同的签署都不违反《管理合同》的约定，还是要区分善意和恶意。从约定该条款的双方的本意出发，如果总经理是明显恶意，想通过拆分合同金额的方式规避业主的审批权，那么业主 A 公司仍旧可以以《管理合同》中该条约定主张属于总经理的失职行为，甚至归结为管理公司 B 公司的违约行为。问题的难点在于如何判断善意和恶意，甚至很难在合同中通过明确的客观标准加以明确，只能做出原则性的描述。但是，在实践当中却是有迹可循的。例如，如果针对同一家供应商，合同内容完全相同、采购物品完全相同、签约的时间又比较接近，只是在采购金额方面存在差异的话，那么，笔者认为业主至少有理由进行合理的怀疑，怀疑总经理是否在通过拆分合同的方式将本应在一个合同内约定的采购事宜，分拆成若干个小额采购合同，从而规避业主的批准。但是，在出现争议时，最终能否被认定，还取决于业主的举证情况，以及庭审的具体情况，在一定程度上依赖于仲裁员或法官针对具体个案的自由裁量权。

第七节 储备基金的使用

案例介绍

在某酒店业主A公司同某酒店管理公司B公司签署的关于该酒店的《管理合同》中,按照行业惯例,B公司要求A公司每年从总收入中提取一定比例的资金作为家具、装置及设备(FF&E)储备基金,用于日后的资本项目改造。当酒店运营到第三、第四个财务年度后,该酒店的经营已经步入正轨,FF&E储备基金中积累了大量的资金。A公司认为酒店在短期内没必要进行重大的资本性改造。A公司作为一家民营企业,本来对于资金利用率的要求就比较高,再加上近期国家政策出台导致房地产企业融资更加困难,看到有如此一笔资金"趴"在储备基金账户内不能使用,非常着急,希望能将储备基金中的资金拿出来使用。但是,在该酒店周边又新开业了几家酒店,其硬件水平丝毫不亚于该酒店的水平,有些还超过该酒店的水准,因此管理公司希望利用储备基金中的资金对于酒店进行一次比较大的翻新,以追赶新开业酒店的水平,因此不仅不同意A公司借用储备基金账户中的资金,反而要求A公司另外提供一部分资金用于翻新。结果A公司以开业时间过短为由拒绝翻新,双方为此僵持不下。那么储备基金账户中的资金到底是不是对于业主资金的一种浪费,业主到底能否利用?在面对管理公司的翻新要求时,业主是否有权利拒绝呢?

争议要点

家具、装置及设备(FF&E)储备基金的使用;酒店资产翻新。

简要分析

一、FF&E 储备基金的一般约定

按照国际酒店业的惯例，管理公司每年都要从酒店的总收入中提取一定比例的家具、装置及设备（FF&E）储备基金，用于日后对酒店进行翻新改造。在酒店开业之初，由于酒店尚未步入正轨，并未开始盈利，因此提取的比例可能偏低，但是随着酒店的经营进入成熟期，酒店产生稳定的现金流之后，该提取比例一般将稳定在 3%～5%，奢华度假酒店的比例相应会更高些。需要说明的是，FF&E 储备基金仅仅用于一般的资本性翻新，对于重大的大额资本性改造，储备资金账户中的资金是远远不够的，通常需要业主额外提供资金进行改造。按照目前行业内的测算，国内五星级酒店的翻修期一般在 4 至 5 年左右，而运营水平比较高的国际酒店管理公司可以使翻修周期延长到 8 至 10 年。这就意味着在上述期限届满时总经理需要动用储备基金账户中的资金对于酒店进行一次翻新。另据相关统计数据统计，一家国际五星级酒店每年的资产维护成本，进入稳定期之后，根据用户使用习惯以及管理人维护水平的不同，通常确实会占到该年度酒店总收入的 3% 至 5%。可见，一般情况下，特别是酒店运营的后期，提取每年酒店总收入 4% 的储备基金比例并不算高。一般情况下，酒店每个营运年度在按照资本预算进行资本性改造后，储备基金中应该不会剩余过多的款项。出现资金积累比较多的年度通常是酒店的开业初期，由于酒店刚刚建好，在硬件上也不需要过多的维修或者翻新，因此 FF&E 储备基金账户中往往会积累闲置资金。正如在本节案例中所提到的，对于一家民营企业来说，A 公司十分重视资本的利用率，特别是对于目前房地产企业普遍存在融资难、融资成本偏高的困境，对于现金流的依赖更加重要。因此，才会出现案例中所述 A 公司希望暂时借用或者挪用储备基金账户中的资金的情况。那么业主到底是否有权拆借储备基金账户中的资金呢？

二、FF&E 储备基金能否拆借

这个问题，实际上早在《管理合同》谈判阶段就需要业主充分考虑，例如，(i) 是否可以允许对于储备基金中的款项只做账面计提，并不实际拨付，待需要时由业主按照储备基金中应有的金额再行拨付；(ii) 是否在业主提供银行保函的情况下,可以由业主从储备基金中拆借有关款项,但是这种方式的不利之处在于一方面需要占用业主的融资额度,另一方面也会产生一定的财务成本;(iii) 是否可以在储备基金账户中保留一定的最低限额,在该最低金额之外可以允许业主拆借和使用;等等。如果这些方式在签署《管理合同》之时已经约定明确,则在随后的履行过程中就很少会出现不必要的争议。但是,若在最初签署合同时并没有明确约定,在日后履行过程中,如果业主发觉FF&E储备基金账户中确实积累了大量闲置资金,而且业主对于资金又有迫切的需求时,可以就该等闲置资金的使用情况同管理公司进行协商。由于不同管理公司对于该问题的政策和底线不同,有些可能会允许业主暂时拆借,但是有些管理公司则明确禁止挪用,因此在实际操作过程中,还需要根据项目具体情况依个案而定。

三、对于重大资产翻新业主是否有权拒绝

针对管理公司所提出的翻新要求,业主是否有权利拒绝?这个问题也不能一概而论,需要视不同的情况而定。在《管理合同》中,通常都会约定一个条款,即业主有义务始终维持酒店的硬件符合该酒店品牌的品牌标准,如果当酒店的硬件标准不符合该品牌的品牌标准时,不管是因为品牌标准发生变更或升级使现有酒店不能满足最新的品牌标准,还是因酒店的日常运营损耗使酒店的硬件标准降低到品牌标准以下,业主都有义务投入资金对酒店进行改造或者翻新,使酒店的硬件达到品牌标准的要求。因此,如果是因为在运营4～5年后,该酒店的硬件水平已经达不到品牌标准,管理公司要求业主翻新时,业主无合理的理由,原则上是不能加以拒绝的。但是,如本案中所提到的,管理公司提出进行资本翻修的理由是因为周边又新开了几家同等级的豪华五星级酒店,为了使本酒店与其他酒店在竞争中不处于劣势,所以要求业主增加投入。笔者认为,若仅以此为理由要求业主增加投入是不合理的,因为作为业主来说,其考虑的不仅仅是房价和出租率的问题,同时还需要考虑投资回报率的问题。在业主追加投入后,可能会出现酒店形象提升、入住率有所提高的情况,但是也可能所追加的投资导致投资回报率降低,因此,以盲目的攀比为目的追加投资进行翻新是不明智的,而且这种攀比是永无止境的,因为总会有新酒店不断涌现。因此,笔者认为始终应以满足品牌标准为底线,除非业主经过分析或论证认为酒店重大翻修后可以提高投资回报率,否则在满足品牌标准的前提下,业主应有权拒绝管理公司提出的不合理的翻新要求,并非酒店建造得越豪华、翻修的频率越快对于业主越有利,业主需要综合平衡投入和产出。

第八节　管理费用的税负承担

案例介绍

某酒店业主A公司与某酒店管理公司B公司及其关联公司在5年前签署了关于该酒店的《管理合同》、《品牌许可合同》、《集团服务合同》等酒店合同。B公司及其关联公司全部位于境外，上述服务全部从境外进行提供。在上述合同当中，原本对于管理费、集团服务费、许可费等税费的承担有着明确的约定。针对业主向管理公司支付的管理费，在中国境内征收的营业税和所得税由B公司及其关联公司承担，对于增值税等其他税负由A公司进行承担；而对于集团服务费、许可费等其他费用，除中国境内征收的预提所得税之外，其余税费全部由A公司进行承担。但是，在实际经营过程中，该市开始实行国家"营业税改增值税"的试点，并且将酒店管理行业纳入到高端服务业当中，对于管理公司收取的管理费、集团服务费、许可费等费用不再征收营业税，转而征收6%的增值税。按照前述《管理合同》等合同的约定，B公司不承担增值税，而应该让A公司承担。因此，双方就增值税到底应由哪一方承担、是否符合双方签署合同当时的原意思表示发生争议。

争议要点

"营改增"对于管理费、集团服务费、许可费等费用税务承担的影响。

简要分析

一、"营改增"对于酒店经营的影响

自从2012年起，以深圳等地为试点，国家税务总局在全国范围内陆续开始实施针对现代服务业（主要是指那些不生产商品和货物的产业，如信息、物流、金融、会计、咨询、法律服务等行业）的营业税改增值税（简称"营改增"）改革，其中同酒店管理和酒店服务相关的服务业也属于现代服务业的范畴之内。因此，随着"营改增"的不断推行，对于合同期限相对较长的《管理合同》将产生一系列连锁的影响，其中主要体现在以下两个方面：

第一，对于酒店总收入和酒店成本的认定方面。在"营改增"之前，酒店向客人提供服务需要缴纳营业税，由于营业税属于价内税，虽然最终由消费者承担，但通常包含在各种房费、餐饮及服务价格当中，由酒店以其营业收入向税务局缴纳5%的营业税。关于这部分营业税，是否应在计算酒店总收入时扣除，在不同的《管理合同》中依据合同双方的约定不尽相同。但是，在大多数情况下，在计算酒店总收入时使用的是含税价格，并不会将营业税从总收入中剔除，而是将营业税作为经营成本或者作为经调整的总收入的扣除项，在计算经营毛利或经调整的经营毛利时扣除①。

但是，在"营改增"之后，5%的营业税变为6%的增值税，而增值税属于价外税，并不含在酒店客房、餐饮及服务的售价当中，而是由最终消费者承担的一项税负，并不进入酒店的经营账户。因此，在计算总收入时不应当包含在总收入内用于计算基本管理费。相应的，因为没有计入总收入当中，在计算经营成本时也不会作为成本进行扣除。在某种意义上应该说，改成增值税之后，酒店经营所产生的增值税应该可以视为一项独立于酒店经营活动会计核算之外的税负，只在业主核算自己的税务成本时发挥作用。

第二，对于业主向管理方支付的费用方面的影响。上述第一点所提到的是酒店经营过程中所产生的增值税，另外受影响的一个方面是酒店管理公司向业主提供服务而收取的管理费、许可费或者集团服务费所产生的增值税。正如案例中所描述的情况，针对早些年已经签署的酒店协议，特别是对于有关税负承担已经做出了明确的约定的酒店项目，在"营改增"之后，可能将会给管理公司和业主造成不小的麻烦。

首先，我们要对相关费用的种类做一区分，对于集团服务费、市场推广费、预订费等由管理公司的境外主体统一收取的集团性收费，在很多酒店管理公司的合同范本（如《集团服务合同》等）中，通常会约定这部分费用所产生的营业税、增值税全部由业主方面承担，在这种情况下，当由原先的营业税变为增值税之后，由于税负的承担主体没有发生转移，双方一般不会产生矛盾。

---

① 也有很多情况，按照《统一会计制度》（第十版），将营业税作为"固定费用"，完全放在经营毛利之后，并不作为经营成本进行扣除。

其次，争议主要出现在对于基本费和奖励费所产生的增值税的承担方面，因为根据不同管理公司的政策，有些管理公司要求对于基本费和奖励费所产生的营业税、预提所得税、增值税等税负全部由业主承担，这类合同在"营改增"后，由于税负的承担主体未发生变化，因此双方也不容易出现争议。但是，对于《管理合同》中约定管理费在中国所产生的所得税和营业税由管理公司自行承担，而增值税等其他价外税由业主方承担的情况下，"营改增"之后本应由管理方自己承担的营业税，转而变成由业主承担的增值税，业主显然觉得有失公平。但是，从管理公司角度看，由于合同中已明确约定何种税负应由哪一方来承担，并且其在全球范围内均按照此标准进行收费，如果要管理公司承担增值税，管理公司的总部也无法通过，双方遂出现争议。

二、业主承担增值税后对其利润的影响

关于这一问题目前在业界尚没有定论，但是考虑到管理公司的全球性的集团政策和强势地位，国内业主大都选择妥协，无奈地接受由业主方面承担"营改增"之后由此产生的增值税。但是，在业主选择承担增值税之后，对于业主的收益是否会产生实质性的影响呢？这主要需要从两个方面进行考虑。

第一，在收入环节上，业主是否有能力将自己承担的增值税转嫁出去。举例来讲，如果原来酒店房价为100元，其中含5%的营业税，那么酒店实际收到95元。在"营改增"之后，假设增值税税率为6%，如果房价可以卖到100+6元，那么酒店的实际收入还增加了5元。但是如果酒店在市场上没有议价能力，全部含税价只能卖到100元，则房价只能卖到94+6元[①]，那么酒店的收入还减少1元。

第二，在支出环节上，业主是否可以收到增值税专用发票用于抵扣。如果管理公司可以就其从业主收取服务费而产生的增值税，向业主提供相应的增值税专用发票或者其他形式的可以用于抵扣增值税的税单，而业主也是税法上的一般纳税人，在法律允许的前提下[②]，可以将该部分增值税专用发票用于销项抵

---

① 实际应为94.34+5.66，由于差别很微小，为便于表述，这里仅取近似值。
② 目前，作为房地产企业，还不能进行增值税进项税额的销项抵扣，但是对于酒店这种住宿业或者旅游业公司，未来将逐步允许进行增值税抵扣。根据财政部、国家税务总局《关于交通运输业和部分现代服务业营业税改征增值税试点应税服务范围等若干税收政策的补充通知》[2012]86号规定，目前酒店内组织安排会议或展览的业务属于"会议展览服务"，已经纳入到"营改增"范围。

扣，实际上酒店仅就其提供服务的增值部分承担增值税，这也正是增值税的内在逻辑。但是，如果酒店管理公司并不能以其自己的名义或者通过要求税务局代开的方式，向业主提供可以用于抵扣的增值税专用发票或者其他形式的可以用于抵扣的税单，而业主作为代扣代缴义务人，又已经为管理方代扣代缴了该环节的销售增值税[①]，则该部分增值税将实际上最终由业主承担，无法通过销项抵扣并最终转嫁给下一层消费者，实际上增加了业主的税务负担。

---

① 对于酒店来说，是进项增值税。

第六章
物业和资产

导读

对于酒店所占用的土地、酒店建筑本身以及酒店内所涵盖的全部资产,作为所有权人,业主拥有法定权利对其进行占有、使用、收益和分配。然而,当业主和管理公司签订了《管理合同》等酒店合同之后,通过合同约定业主已经将相当程度上对于酒店物业和资产的控制权让渡给了酒店管理公司,并且通常业主都要在合同中保证,管理人可以在经营期限内不受任何干扰地经营和管理酒店。同时,正因为存在合同关系的束缚,也在相当程度上约束了业主对于物业和资产的支配权和处置权。例如,对于物业的使用,在物业上设定抵押,以及对外转让物业的权利都受到了一定程度的限制。因此,当业主的所有权与管理人的经营权发生碰撞时,必将产生很多的问题和争议。如何在实践中合理且平稳地解决这些纠纷和争议,是业主和管理公司在《管理合同》的履行过程中都应当付出精力仔细研究和思考的问题。

第一节 酒店的用地性质

案例介绍

某市国有长途客运公司 A 公司旗下拥有大片划拨土地，其中有部分土地规划为客运总站的配套设施，A 公司希望在该土地上兴建一座四星级酒店用于旅客接待工作，约谈了几家酒店管理公司，都因为土地性质的问题不敢接手。随后终于有一家酒店管理公司 B 公司同意管理，但是在《管理合同》中约定了严格的赔偿条款，即如果因为土地性质问题，酒店不能继续经营，A 公司应当赔偿 B 公司的一切损失。双方遂签署了《管理合同》。但是在项目开始兴建不到半年时间，突然该长途客运公司接到政府通知，该片已经规划为配套用地的土地要被政府无偿收回，并且纳入到城铁建设项目当中。于是 A 公司要求同 B 公司解除《管理合同》，B 公司依照合同规定要求 A 公司支付损害赔偿，但是 A 公司以该土地划转属于国家强制行为，应属于不可抗力为由，不承担赔偿责任。那么，类似情况发生时，到底该如何定性和处理呢？

争议要点

酒店用地的性质；酒店用地被无偿收回的风险。

简要分析

一、关于酒店用地的一般约定

有关酒店资产，从大的方面看主要可以分为动产和不动产两类，而不动产从价值上看，属土地使用权和房屋所有权占据了绝大部分份额。因此，土地使用权的稳定性，是在《管理合同》中需要双方都格外关注的问题。在签署《管理合同》之前，管理公司通常会对酒店的土地权属以及规划状况进行相应的尽职调查，以确保用于酒店经营的土地可以在《管理合同》期限内无障碍且不受干扰地用于酒店用途。其中，从法律角度主要需要审查两个方面的因素：第一，该土地是否已经合法地完成了土地出让手续，还是属于划拨性质的土地；第二，该土地按照相关规划是否已经规划为酒店用途，是否可以作为酒店开发和使用。通常来讲，《建设用地规划许可证》只会就土地的大致用途进行限定，例如商业用地、服务业用地、住宅用地等；而在《建设工程规划许可证》上一般会明确载明未来该建筑物的用途，如果在建设工程规划许可中明确载明规划用途为酒店，那么对于管理公司来说，在土地用途方面就有了切实的保障。

二、划拨用地上可否建酒店

但是，现实情况是十分复杂的，各种各样的情况都可能发生。例如，土地虽然是合法出让的土地，但是在规划用途上是酒店式公寓，而并非酒店，那么是否可以作为酒店进行经营？严格从法律上讲，应该是不可以的，因为酒店式公寓属于住宅用地，笔者就曾经碰到过类似规划情况的酒店项目，最终因为无法变更规划用途，酒店管理公司从谨慎角度出发只好放弃该项目。此外，从土地性质来讲，笔者目前也不断碰到一些划拨用地项目，这些项目的土地大多为政府划拨用地，项目的主要用途也并非酒店，而是学校、医院、火车站等，但是在每个项目中都会留有一部分配套用地，可以做住宿或者接待使用。以前通常这种项目都由项目所有权人自己经营和管理，但是，随着这类公共设施档次的不断提升，越来越多这类政府或者事业单位希望将该等物业委托一家国际知名的酒店管理公司进行经营和管理，这时就出现了我们案例中所提到的情况，即该客运公司希望将该地块作为配套设施，将接待用宾馆委托给该酒店管理公司进行管理。

那么，面对这样的项目，酒店管理公司是否会接受呢？通常来说，一些比较稳健的酒店管理公司，或者对于土地性质要求比较严格的公司，宁可失掉一些商业机会，也不愿意触碰一些可能存在法律风险的项目。但是，当管理公司所面对的业主是一家全国或者当地非常有实力的国企、政府机构、大学等单位时，权衡商业利益上的得失，就有一些管理公司愿意承担一定的商业风险来承接类似项目，前提是必须在《管理合同》中约定大量保护管理公司的条款来规避风险。例如，约定一旦因为土地或者规划问题导致《管理合同》无法继续履行时，业主需要承担相应的违约责任，给予管理公司足额的经济赔偿，甚至于剩余期限的管理费。如果业主愿意接受管理公司比较苛刻的条件，双方可能尚存在一定的合作基础。

三、政府行为可否作为不可抗力免责

然而，对于规划存在"先天不足"的项目，业主和管理公司在合同中做出了上述安排是否就意味着可以一劳永逸，管理公司也可以高枕无忧了呢？实际情况并非如此简单。就以上述案例为例，由于土地是划拨用地，按照我国法律规定国家有权随时无偿收回。如果因来自政府的命令导致酒店无法继续经营，虽然该命令对于业主来说的确属于"无法预期、无法抗拒、无法克服"的原因，看起来符合不可抗力的形式要件，那么业主是否可以援引不可抗力条款要求免除违约责任呢？这一点在理论界也存在着一定的争议。

不可抗力作为法定免责事由，在民法理论上已成定论，且已为世界各国立法所普遍确认，我国民事立法对此也有规定，如《民法通则》第107条规定："因不可抗力不能履行合同或者造成他人损害的，不承担民事责任"；《合同法》第117条规定："因不可抗力不能履行合同的，根据不可抗力的影响，部分或者全部免除责任，但法律另有规定的除外。"然而，民法理论界对不可抗力范围的界定却并非十分清晰和明确，只作了原则上的界定，如《民法通则》第153条只规定"不可抗力是指不能预见、不能避免并不能克服的客观情况"，在实践中到底哪些事件应该属于"不可抗力"，经常会出现不同的理解。但是按照惯常的理解，不可抗力通常都会包含以下事件：①自然灾害；②社会异常事件；③政府行为。在这里笔者希望澄清一个问题，并非所有的政府行为均可以构成不可抗力。

从政府行为的定义和分类来看，首先可分为广义的政府行为和狭义的政府行为。广义的政府行为包括立法机关颁布制定法的行为或者由行政机构或司法机构发布命令的行为，对于这类政府行为应构成不可抗力而免责，在法律界一般不存在争议，因为我们不可能期望合同当事人冒违法的风险而履行合同。因此，我们通常意义上所讨论的政府行为主要指行政机关的行政行为，也称为狭义的行政行为，狭义的行政行为又可具体细分为抽象行政行为[①]和具体行政行为[②]。

[①] 抽象行政行为，是指国家行政机关针对不特定管理对象实施的制定法规、规章和有普遍约束力的决定、命令等行政规则的行为，其行为形式体现为行政法律文件，其中包括规范文件和非规范文件。

[②] 具体行政行为，是指国家行政机关和行政机关工作人员、法律法规授权的组织、行政机关委托的组织或者个人在行政管理活动中行使行政职权，针对特定的公民、法人或者其他组织，就特定的具体事项，做出的有关该公民、法人或者其他组织权利义务的单方行为。简而言之，即指行政机关行使行政权力，对特定的公民、法人和其他组织做出的有关其权利义务的单方行为。

两者的区别主要在于是否是针对不特定的管理对象而做出,在我国对于抽象行政行为只能通过提请原行政立法机关重新审议而修改或撤销,在未修改或撤销前,当事人从事民事活动就必须遵守而不能克服。因此,抽象的行政行为一般也应构成不可抗力而免责。然而,具体行政行为却并非全部不可预见、不能避免、不能克服。首先,有些具体行政行为,合同当事人在一定程度上能够预见或者避免。其次,具体行政行为还可以通过行政复议或行政诉讼程序予以解决,也并非完全不可克服。最后,与不可抗力事件相比较,具体行政行为出现的次数太过频繁,如果把具体行政行为列为不可抗力,容易导致对不可抗力制度的滥用,从而严重影响经济秩序,腐蚀契约精神。因此,从这个角度理解,如果当地政府就某一块具体用地决定收回,或者决定用于其他用途,能否援引不可抗力事由进行免责,还是值得探讨和商榷的。首先,双方在签订合同之初对于该问题应该存在一定的合理预期,即预料到可能未来某一天政府会将该土地收回,只是对于具体的日期不可预知,所以双方才在合同中约定了严格的违约责任;其次,一旦发生该种情况之后,业主还可以通过行政复议或行政诉讼程序加以争取,并非完全不能克服或者避免。因此,针对某一块地的具体行政命令,是否当然地可以作为不可抗力免责,笔者认为在实践中还要视具体情况进行判断,并非想当然地可以作为免责事由。

第二节　酒店管理区域的确定

案例介绍

　　某市酒店业主 A 公司拥有一家酒店并且拟委托国际酒店管理公司 B 公司进行管理。双方已经签署关于该酒店的《管理合同》,商业条件已经全部确定。但是在开业后不久,业主 A 公司却发现一个问题——由于当地处于二、三线城市,房价水平并不是很高,因此,除客房收入之外,餐饮收入将是酒店的一项重要收入。然而,由于当地人主要以潮汕口味为主,作为国际酒店管理公司的 B 公司虽然对于西餐的运营比较在行,但是对于中餐厅的经营却因不了解当地人的饮食习惯和口味，没有充分考虑到当地的特色，生意十分惨淡。因此，A 公司提议将中餐厅外包给一家专门以经营潮汕菜为主的餐饮公司进行经营，B 公司原则上同意了 A 公司的看法。但是，双方在以下几个问题上发生了分歧：（i）到底是由总经理主导以酒店的名义将餐厅外包给第三方经营，还是由 A 公司直接将餐厅外包给第三方经营；（ii）B 公司到底应不应该对外包餐厅负责；（iii）中餐厅的收入到底应不应该作为酒店的总收入的一部分；（iv）B 公司认为该第三方餐饮经营人的餐馆虽然在当地生意十分火爆，但是其档次不足以与酒店的品牌相匹配，虽然可以带来更多的生意，但是可能拉低整个酒店的品位。那么到底该如何解决上述问题呢？

争议要点

酒店内管理区域的确定，以及商业部分租赁和外包。

简要分析

一、酒店餐厅的业主自营或外包

本案中 A 公司所遇到的问题，也是众多国内业主（特别是一些具有地方特色、位于二、三线城市的业主）所经常会面临的问题。在这些城市中，通常房价不会卖到很高的水平，或者在短期内可预计的市场无法支撑很高的房价。如果在该地区也没有可观的会议客源，那么为酒店盈利的重任就在很大程度上也依赖于酒店的餐饮收入。但是，在实际情况中，国际酒店管理公司并不一定能够完全了解当地的餐饮市场和客人的饮食习惯，如果说做西餐对于国际管理公司相对拿手的话，那么对于中餐，当地业主对本地市场的了解可能比管理公司更有经验，特别是对于一些在当地本身即拥有餐饮或娱乐行业经验的业主来说更是如此。因此，在这种情况下，很多业主希望自己经营酒店的中餐厅，或者由业主负责招商，委托当地一家比较知名的餐饮企业进行管理。实践中，也确实存在这样成功的先例，即业主自营的餐饮为酒店带来很多的生意，餐饮收入占到酒店收入的 50% 左右。

二、酒店餐厅业主自营或外包的不同模式

一般来说，在签署《管理合同》之前业主即应该就餐饮是由管理公司负责

管理，还是由业主自营达成共识，因为不同的结构安排，会直接导致管理公司的管理范围发生变化，还会影响酒店各个功能布局之间的安排，甚至还会影响到管理费的比例。因此，如果在《管理合同》签署后或者酒店开业后，业主方决定部分餐饮转为自营，就需要同管理公司协商一致，并对《管理合同》作出相应的调整。不同的模式下究竟有何不同呢？我们下面来具体分析一下以下两种模式。

（一）业主主导下的完全自营

如果业主从最初就决定将某个部分餐饮自营，那么，从法律关系上最清晰的处理方式就是直接将该部分餐厅从管理公司所管理的酒店范围中剥离出来，完全独立于酒店进行运营，管理公司并不负责该部分餐厅的管理，业主可以自行管理或者委托其他当地知名的餐饮公司进行管理。由于这部分资产不在酒店的管理范围内，因此该部分餐饮的收入完全归业主自己拥有，不计入酒店的总收入，管理公司也无权就该部分收入提取管理费。这样做的好处是业主对于该部分餐饮有完全的支配权、控制权和收益权，该部分餐饮的收入不会计提管理费。但是，这样的安排也是存在一定前提的：

①将该部分餐饮独立出去后，酒店必须拥有基本数量的餐厅，以满足品牌标准或者中国酒店星级评定的要求。简单来说，一般五星级酒店均要求，至少需要一个中餐厅、一个西餐厅和一个特色餐厅，如果该酒店本来设计有两个中餐厅，那么可以将其中的一个划拨出去由业主自营。但是，如果仅有一个中餐厅，业主即不能将这仅有的中餐厅从酒店中划拨出去，否则，该酒店的设计就不能满足五星级酒店的评星最低要求，也不符合管理公司品牌标准的要求。

②如果业主做此种安排，往往需要在《管理合同》中对这部分餐饮做出一些隔离性措施。首先，从物理上进行隔离。由于该部分并不属于酒店的一部分，往往管理公司会要求该部分餐饮必须拥有独立的入口和电梯，不能同酒店共用入口，不能让客人误以为该餐厅是酒店的一部分。其次，在法律责任上进行隔离，即有关该部分自营餐饮的收入不计入酒店的总收入，因此该部分餐饮所产生的任何责任也都应当由业主自行承担，而不能要求酒店承担任何连带责任。最后，这部分餐饮的档次或者水准必须同酒店级别相匹配，在一家奢华酒店旁边开一家麻辣烫显然是不合适的。因此，在确定该等餐饮外包之前，需要同管理公司充分沟通，并听取管理公司的意见，以免日后出现不必要的争议。

（二）总经理主导下的对外出租或承包

正如笔者前面所指出的，如果酒店只设计了一个中餐厅，而业主又偏偏希望将中餐厅外包或者自营，该如何处理呢？对于这种情况，可以考虑以酒店的名义，在总经理的主导下将中餐厅出租或者外包。在这样安排下，该中餐厅仍然是酒店的一部分，并应该接受酒店的总经理的领导和管理，该部分中餐厅的实际经营收入不需要记入酒店的总收入，但是根据经营形式的不同，这部分中餐厅的租金收入或者外包收入应该记入酒店的总收入当中。实践中有些酒店项目即使业主不主张外包，有的管理公司在实际运营过程中也会考虑将部分餐饮外包出去。在这种模式下，由于该餐厅属于酒店物业的一部分，则有关招商事宜原则上应由总经理进行主导，总经理对于外包部分的实际控制力度更大，而业主对于餐厅并不具有实际控制权；同时，根据权责相一致的原则，一旦出现问题，总经理及管理公司也要承担相应的责任。由于对于管理公司而言，第二种模式相比较第一种模式风险更大，因此在被承包人的选择上，以及具体合同细节上也必须更尊重管理公司的意见。但最终在总经理决定将中餐厅外包给哪一家公司之前，还是建议业主及管理公司双方就具体承包人的选择，以及具体的租赁协议或者外包协议达成一致意见为妥。

第三节　公共区域的管理及费用分摊

案例介绍

某房地产开发商 A 公司开发了一处综合体项目，包含写字楼、酒店、商业等部分，其中酒店所在大楼相对独立，酒店大堂位于一层，但是酒店客房主要位于 5～35 层，在低层区以及酒店的裙楼部分则是商业部分，并且有一家 KTV 与酒店大堂相连。在实际运营过程中，问题接踵而来。首先，是车位的问题，由于酒店和商业其他部分共用地下车库，虽然在合同中对于酒店所需车位作出了明确约定，但经常发现来逛商场和来 KTV 消费的客人占用本应预留给酒店的车位，导致酒店车位不足。其次，原本为了方便顾客，在酒店大堂到 KTV 大堂之间设有一个通道，但是因为酒店大堂临街非常方便，来 KTV 消费的客人绝大多数都选择从酒店大堂穿行到 KTV 消费，而很少走为 KTV 专门开设的大门，这导致酒店大堂的人流量比较大，而且显得很混乱，因此酒店总经理建议关闭酒店大堂到 KTV 的通道，这样将两类人流分开。第三，对于酒店、商场和 KTV 共用的两部电梯的费用分摊比例双方也出现分歧。第四，由于最初施工过程中做的隔音措施不力，每到晚上 KTV 嘈杂的声音经常导致酒店客人投诉，特别是住在 3 层的客人，经常还可以感到地板的震动，直接导致 3、4 层的客房经常空置。面对诸多问题，双方该如何解决，这又给我们怎样的启示呢？

争议要点

酒店公共区域的使用和成本分摊；不同业态之间的相互影响。

简要分析

随着近年来综合体项目的不断涌现，与单体酒店项目不同，在很多综合体项目中，酒店往往仅占据建筑体中的某一部分或某几层，如北京的银泰中心、广州的 IFC 金融中心等，均是如此。显然，对于开发和运营此类综合体项目的业主来说其挑战更大，除了要考虑酒店内各个功能组成部分之间的安排、布局以及相互影响之外，同时还需要考虑酒店如何与综合体内其他业态之间的安排、布局以及协同运行。如果各个业态组成部分安排得当，可以产生正面的协同效应，相互带动收入的增长；相反，如果各个业态组成部分安排不当，则会产生负的协同效应，不仅影响各自的收益，甚至有可能无法共存。

一、酒店公共区域的使用和成本分摊的个案分析

在本案中所出现的几个问题均是因为酒店在设计或者经营时没有合理考虑到各个业态组成部分间的关系，造成潜在的利益冲突，分别折射到综合体项目中，从而造成酒店同其他组成部分之间在各个方面不断地产生摩擦或者纠纷：

①**车位问题**：通常来讲，在《管理合同》当中，管理公司在酒店设施部分都对于酒店所需车位的数量进行一定的要求和限制，如果低于一定数量，不但可能不符合相应的品牌标准的要求，同时，在我国酒店的星评标准中对于酒店

车位的数量也是作为一项考核标准①的。但是，在综合体项目中，特别是存在商业部分的情况下，其他业态的消费客人很容易侵占本应属于酒店车位的区域，给酒店客人造成不便。因此，在管理停车场的时候就需要为酒店的停车位设立专门的区域，并由专门的酒店人员负责管理，否则就可能出现酒店客人投诉的情况。

②**人流问题**：在动线的设计方面，上述案例中的酒店也存在着设计上的缺陷。虽然可能业主的出发点是好的，为了方便酒店的客人到KTV消费，在酒店大堂到KTV大堂之间设立了一个通道，但是实际运营过程中却间接导致KTV的客人过度使用该通道，从酒店大堂涌入，给酒店的大堂造成管理混乱。因此，酒店总经理以此为由要求关闭酒店大堂到KTV大堂的通道是正确的。

③**费用分摊问题**：在综合体项目中，管理公司通常在设计阶段就会要求酒店的所有设施和设备必须独立于综合体的其他部分，比如电力系统或新风系统等设施必须能够单独调控，并且单独计量，这样是最理想的状态。如果从设计上或者功能上，酒店无法做到绝对的独立控制和独立计量，就存在同其他组成部分进行费用分摊的问题。通常情况下，一般会按照酒店部分的建筑面积同综合体其他部分建筑面积的比例进行分摊，例如物业费、取暖费的分摊。但是，对于有些项目完全按照建筑面积的比例划分就不一定科学，例如，本案中的电梯就是一例。除了面积比例之外，还需要考虑客流量和使用率的问题，如果KTV客人使用的人次较多、使用比较频繁，则原则上应该由KTV分摊更多的成本，反之亦然。因此，类似此类公用设施费用分摊问题，如果在《管理合同》谈判阶段双方无法准确判断的话，可以在实际运营后由业主同管理公司进一步协商，形成一份双方均可以接受并认可的费用分担方案，并予以执行。

④**噪声问题**：对于噪声的问题，也属于业主在安排各不同业态之间功能布局时的重大失误，除非隔音措施做得非常好，客房是不应该同KTV等娱乐场所直接相连。业主在最初设计建造时就应考虑到KTV可能会对酒店客房环境产生的一定负面影响，应提前做好处理措施，例如加大隔音措施的投入或者将KTV

---

① 依照《旅游饭店星级的划分与评定》（GB/T14308-2009）（讨论稿）中规定，不同停车位数量的评分是不同的

1.	停车场（包括地下停车场、停车楼）	计分
	自备停车场，车位不少于40%客房数	8
	自备停车场，车位不少于15%客房数	6
	在饭店周围100米内可以停放汽车，车位不少于15%客房数	3
	在饭店周围200米内可以停放汽车，车位不少于15%客房数	2
	有回车线	1

远离客房。但是，在已经完工的情况下再做结构性的调整可能性并不大，只有尽可能考虑降噪措施，或者将客房布局进行调整，并对于 KTV 营业时间加以控制和管理。在进行业绩考核时，业主应当适当考虑由此给酒店客房所带来的客房空置以及收入损失的影响。

二、公共区域管理不善的后果

当然，在具体的综合体项目中，可能遇到各业态之间相邻关系的问题肯定远不限于上述情况，但是我们可以从中看出，造成上述问题的根源基本可以归结为在酒店设计之初，没有就相关物业组成部分之间的相互影响做出深入的考虑和研究，给日后酒店的运营埋下了隐患。虽然在《管理合同》中不会就上述具体问题一一做出明确的约定，但是在《管理合同》当中一般均会有一条原则性的条款，约定在《管理合同》期限内，管理公司有权不受干扰地经营并管理该酒店。上述车位问题、人流问题以及噪声问题，从大的方面解释，实际上都可以归结为对于酒店正常经营活动的干扰，管理公司有权要求业主限期改正或者消除影响。虽然单就每一个具体问题而言，可能并不会严重到足以使管理公司解约的程度，但是当诸多细小的因素叠加到一起，或者某一因素长期得不到改善和解决，使管理公司按照品牌标准对酒店进行经营管理变得困难，甚至是不可能时，业主就很有可能付出被解约的代价。因此，笔者还是建议综合体项目的业主，在项目之初尽可能就酒店部分及其他业态组成部分进行良好的通盘规划和布局，从而实现整体的协同效应。

第四节　酒店设备及物资采购

案例介绍

某酒店业主 A 公司委托某酒店管理公司 B 公司管理旗下某酒店，双方在关于该酒店的《管理合同》中约定，酒店开业后酒店内所有的采购都由总经理或者酒店的采购总监按照管理公司统一的采购流程进行对外采购。并且在一般情况下，应该从管理公司所提供的中央采购系统进行统一采购，特别是对于那些带有品牌标志的专有商品的采购。在酒店开业经营几年后，在一次业主代表对于酒店账目的核查中发现，酒店的采购成本远高于市场水平，虽然符合管理公司的采购流程，但是仍然高于市场平均水平。同时，A公司认为通过B公司中央采购系统采购的货物的价格也偏高，A公司可以以更低的采购价格找到相同质量的供应商，因此，建议酒店不加入该中央采购系统，转而从A公司提供的渠道进行采购。而B公司认为A公司提供的供应商的商品价格虽低，但是在质量上不能满足品牌标准的要求，因此不同意更换。除此之外，A公司还怀疑酒店的采购总监从对外采购中收取回扣，认为属于B公司的监管失职或渎职行为，要求B公司承担赔偿责任。那么到底管理公司B公司在上述采购过程中是否存在失职行为呢？

争议要点

酒店设备及物资采购管理；品牌标准的符合。

简要分析

一、酒店开业前采购的一般约定

除了酒店所坐落土地的土地使用权以及酒店建筑之外，酒店主要资产还包括酒店的家具、装置和设备，以及日常的营运物资和营运用品。在开业前阶段，酒店需要购置全部的家具、装置和设备，并且配备合理的开业前库存。所有这些设备和物资的采购，管理公司一般都会在开业前服务阶段向业主提供一份详细的开业前预算，经业主批准后，在所批准的开业前预算范围内，由业主或者总经理领导的开业前团队进行采购。在这个过程中，不同的管理公司的操作有所不同。有的管理公司会在开业前预算范围内，向业主开立采购清单，要求业主按照采购清单进行采购，实际采购过程管理公司并不实际参与，只要业主按照清单进行采购，且保证所采购的设备或者物品能够满足品牌要求即可；同时，也有另外一些管理公司，对于酒店的家具、装置和设备以及营业用品的把控比较严格，特别是对于一些必须从国外制造商进口的物品，往往要求由管理公司在业主批准的开业前预算范围内主导家具、装置和设备以及营业用品的采购，且作为服务的代价，有时还需要业主向其支付一定的开业前采购费。

二、酒店开业后采购的一般约定

在酒店开业之后,对于家具、装置和设备、营运物资以及营业用品的采购则属于酒店总经理以及采购总监的职责范围。在每个财务年度之初,管理公司所编制的年度预算当中一般应该包含该财务年度的采购预算,由采购总监依照年度预算进行采购。一般来讲,对于开业后采购根据采购的途径不同,还可以分为集团采购和非集团采购。

对于集团采购,通常是作为管理公司为各个品牌酒店所提供的一系列集团服务中的一项。管理公司以其自身的名义,利用其集团谈判优势,统一代表各个酒店业主从某一个或者某几个供应商处采购货物。除了某些特定的带有品牌logo或者标志的物品必须从固定供应商采购外,对于其他设备和物品的采购,通常会安排得比较灵活,业主既可以选择通过管理公司提供的采购计划进行采购,也可以由业主通过其他渠道进行采购,只要自行采购的价格更为优惠且采购到的物品具有同等质量和品质。对于非集团采购的物品,则是由酒店的财务总监依据管理公司内部所制定的严格的采购流程,由每个酒店以其自身的名义单独进行采购。

三、本案中问题可否归咎于管理公司

在本案例中,实际上A公司对于酒店的采购行为存在以下三点质疑,那么A公司所指出的行为到底是否可以归咎于管理公司呢?笔者将逐一作如下分析。

(一)管理公司中央采购系统所采购的物品价格过高

正如上文中所提到的,管理公司集团采购的物品,要区分是指定供应商的采购还是非指定供应商的采购。如果是针对带有品牌标志的特殊物品的采购,业主通常也没有可选择的余地,只能从管理公司所推荐的特定供应商处采购,缺乏可以与其横向对比的其他产品来源。因此,通常很难衡量是否采购价格过高。但是,对于通过集团采购的一般性物品,判断其价格是否合理还是有章可循,一方面可以同其他同品牌酒店的采购价格进行横向对比,评判本酒店所采购的价格是否明显高于其他品牌酒店;另一方面,还可以同市场上的同类且同质量的商品进行比较。有些管理公司可以同意如果业主能够找到价格更为优惠的采购渠道,可以向管理公司推荐,从而不通过集团采购系统进行采购,但前提是业主必须保证从其所推荐供应商所采购的物品具有同等的品质和质量,并符合其品牌标准,然而,在实践中证明这一点却并非易事,所谓的同等条件往往存在很多衡量维度,除了质量一项指标之外,可能还包括服务、配送、保修等一系列因素。只要在某一个角度上逊色于通过集团采购所获得的物品,都很难绝对地视为在同等条件上可以取得更优惠的价格。因此,用市场上的采购价格来直接衡量通过集团采购系统所采购物品的价格,也只能在一定程度上具有参考价值。

(二)酒店日常运营所采购的物品价格过高

相比于集团采购,酒店的日常采购可能更容易出现价格上下浮动的情况,特别是对于一些价格随季节性变化比较强的物品,例如海鲜等。如本案中所述,是否A公司能够证明酒店的采购价格远高于市场中同类商品的价格,就可以认定管理公司存在重大过失呢?笔者认为也不尽然,要视不同的情况而定。首先,要看该酒店是否存在比较严格的采购流程,如果没有任何采购流程和相应的监管流程而导致酒店的采购出现问题,那么至少可以认为管理公司是存在一定的管理上的过失。其次,如果酒店虽然有比较严格的采购流程,而且采购总监也是按照采购流程来操作的,但是在质量、供货条件、标准等其他因素均有多家供应商可以满足要求的前提下,采购总监最终选择了市场上最贵的三家供应商进行比选,结果选了一个相对次贵的,客观结果是比起行业内平均水平还是高出了不少。在这种情况下,我们可以合理怀疑这个总经理存在一定的个人责任,但是要将责任归咎于酒店管理公司存在重大过失还有待进一步的论证。因为管理公司确实制定了相应的采购流程,而且采购总监也是按照流程操作的,假如以一个谨慎管理者的标准判断,按照正常的核查流程也很难发觉其中的问题,那么,也很难就此认定管理公司在监督层面存在重大过失,至少在认定上双方会存在争议。

(三)酒店的采购总监存在吃回扣的行为

如果酒店的采购总监在采购中拿回扣,故意采购高价物品,那么是否可以要求管理公司就总经理侵吞的部分进行赔偿?对此,管理公司一般是持否定态度的,因为按照管理公司的逻辑采购总监是同酒店签署的劳动合同,属于业主的雇员,如果其侵吞回扣的行为仅能被认定为个人行为,则不能视为管理公司的违约行为,雇员行为所产生的责任应当由雇主承担。那么,换一个角度,管理公司在监督层面是否负有责任呢?在实践中,这种个人"吃拿卡要"的行为一般都在私下交易,上不得台面,因此也很难被发现。如果酒店管理公司已经颁布了比较严格和完善的管理流程,并且也已经尽到了谨慎监督的义务,但最终还是被某些人员钻了空子,偶尔发生一次类似事件,则也很难认定管理公司存在重大过失。相反,如果已经有人不止一次地向总经理甚至管理公司反映该酒店采购总监存在拿回扣的情形,但是总经理或管理公司视而不见,既不调查,也不处罚,也不替换其他人选,造成这种情况多次重复发生或者长期存在,那么笔者倾向于认为在监管层面管理公司存在重大过失。

因此,综上所述,对于采购中种种高价采购行为或其他不当采购行为,要判断是否可以归咎于管理公司的重大过失,并非通过一两个事实即可以简单定性的,必须针对酒店的具体情况进行综合分析和判断,才能得出相对比较客观的判断。

第五节 酒店资产的保管和盘点

案例介绍

某酒店业主 A 公司委托某酒店管理公司 B 公司管理旗下某酒店。在酒店开业初期,业主 A 公司对于酒店的过问并不多,但是随着酒店经营效益的一直持续低迷,A 公司对于酒店的关注度也越来越高。在某个会计年度期满后,A 公司专门聘请了某外部独立的审计师事务所对酒店的账目和资产进行了盘点和审计,而审计的结果却让 A 公司感到吃惊。在酒店开业初期投入的几台大型设备以及酒店一些家具均有不同程度的丢失,而且 B 公司从来没有对酒店的资产进行过盘点。因此,A 公司认为财产的丢失完全是因为 B 公司失职所引起的,没有尽到管理人的责任,因此要求 B 公司进行赔偿。但是 B 公司认为,酒店管理公司只是负责酒店的日常经营,并收取管理费,对于酒店的资产没有保管的义务,酒店所有的不动产都应当由业主自行负责,如果让管理公司进行赔偿,加大了管理人的责任。同时,财产的丢失应当是酒店雇员的个人失职行为,酒店员工的个人行为也不能归咎于管理人。那么,对于上述酒店财产的丢失,作为酒店管理公司的 B 公司到底有没有责任呢?

争议要点

酒店资产的保管；财产损毁的责任承担。

简要分析

这个问题从表面看是一个财产丢失的问题，但是，当业主和管理公司因此而发生争议时，却涉及《管理合同》中一个非常核心的问题，即管理公司的职责的边界到哪里？究竟哪些行为和义务应该属于管理人的管理责任？特别是针对于酒店资产的管理方面而言。

一、酒店委托管理的一般模式

分析这个问题，我们需要首先看一下酒店管理合同的一般模式。在酒店委托管理的模式下，管理公司有权在酒店中委派总经理、财务总监等高级管理人员，同时向酒店输出酒店的营运标准，并且通过每年向酒店提供年度计划、年度预算等一系列咨询和建议，通过酒店的总经理将该等营运标准、政策、年度计划、预算加以贯彻执行，并且从酒店的收入中提取一定比例的管理费作为回报。酒店管理合同的特殊法律关系在于，管理公司和业主之间并不是简单的承包关系或者委托关系，而是集委托、服务、居间、许可等合同关系在内的一种混合合同关系，其中的特殊安排主要体现在所有的酒店雇员[①]一般均由业主公司所聘用，同业主公司签订有关劳动合同，视为业主的雇员。因此，由于这些人员的行为所造成的责任也相应地由业主承担。酒店管理公司只愿意承诺在合同履行过程中，对由于其存在故意或者重大过失所导致的损失承担责任。同时，酒店管理公司也不会对酒店的业绩进行任何保证或者担保，且不对酒店的经营损失负责，所有的经营损失也最终由业主自行承担。上述内容在通常的酒店管理合同中均有比较明确的约定，但是对于酒店不动产的保管责任，却一般在酒店合同中并没有明确的约定。

二、管理公司对于酒店不动产是否有保管义务

根据本案例中的介绍，管理公司对于有关财产的丢失，存在以下几个方面

---

① 对于某些管理公司而言，某些酒店高级管理人员由管理公司雇佣，为管理公司雇员。

的抗辩理由：

①管理公司只是作为酒店管理的咨询和建议方，酒店的全部营运是通过总经理以及各部门总监进行具体管理和实施的，如果酒店已经设置了严格的财产保管制度，而该等财产的丢失完全是由具体负责人的个人工作失误所造成的，则应该归咎于具体负责人员的个人责任，由业主承担由此带来的不利后果，而非酒店管理公司的过失。

②管理公司只负责酒店的日常经营和管理，比如酒店日常营运物资的采购都是由酒店的采购经理负责的，但是一般涉及不动产或者大型机器设备的采购，很多都是由业主主导并在酒店日常经营资金之外由业主批款单独进行采购，并按照合同或者预算的要求交付酒店使用，酒店总经理仅有使用的权利，但是并没有保管的义务，应该由业主派人负责保管和盘查。

③所谓酒店的总经理，并不是业主公司的总经理，而是酒店业务板块的总经理，每个经营年度管理公司向业主提交的财务报表和年度报告，都只是提交到固定资产折旧之前的部分，而业主自身需要考虑固定资产折旧部分，最终形成可以呈报给税务局的业主公司的财务报表，可见关于固定资产核算方面的责任应该由业主自己承担。

④管理公司只是提供咨询和服务并收取少量管理费的公司，如果让管理公司承担固定资产损失或者丢失的责任，则要求管理公司承担的责任过重，不符合权利和义务相适应的合同法原则。在这一点上，类似于同样富有争议的停车场收费问题。在某些案例中，当车辆在停车场被盗，车主向停车场管理方索赔时，收取停车费的一方经常会主张其所收取的停车费仅为车辆对相应车位的占用费或使用费，而并非为车辆提供保管服务的保管费，并以此拒绝赔付，否则，所收取的停车费远远不足以涵盖车辆丢失的风险，所收取的停车费同其所承担的责任不匹配。

三、对于酒店不动产丢失管理人是否承担赔偿责任

上述几项理由，单独看每一条，从表面看都觉得存在一定的道理，但是否确实如此？实际上，当出现不动产丢失的问题，管理公司是否应当承担责任，承担多大的责任，还是需要结合酒店的具体情况以及《管理合同》具体条款进行深入的分析，才可以得出相对比较客观的判断。

首先，我们需要看在该酒店中是否有比较严格的机器或者设备的使用和保管制度，如果在酒店中没有有关机器及设备的日常使用和保管制度，而造成物

品的丢失，笔者认为在管理上是存在一定的制度漏洞的，一个成熟、审慎的管理人应该具有比较完善的规章制度，而不会放任设备丢失事件的发生。因此，如果存在重大制度缺陷，应该说管理公司肯定存在过失。

其次，需要结合具体合同条款来看。通常情况下，在很多《管理合同》范本中均会明确约定："管理人应负责酒店的日常管理和控制，业主认可管理人对酒店的经营活动享有不受业主干预的控制权"，或者"管理公司应全权负责酒店的日常经营管理"等文字，抑或文字上虽非如此表述，但是从合同约定的实质内容判断，酒店日常经营的一切活动都需要按照管理公司的意见处理，业主不得提出任何反对意见，那么在一定程度上我们也可以推定酒店的经营在管理公司的全权控制之下。如果能够得出这样的结论，则主张酒店的机器或设备的丢失同管理公司没有一点关系，是有些牵强的。但是具体到要承担什么样的责任，以及是否构成管理公司的重大过失，则需要视具体情况和情节而定。例如，是偶尔丢失，还是经常性丢失；是很隐蔽地丢失，还是很明显地丢失；在丢失后管理公司是否做了任何补救措施，损失大小，等等，这些事实因素对于最终性质的认定都会起到一定的决定作用。

因此，通过上述分析，我们可以看出酒店机器和设备或重大资产一旦丢失，并不能绝对得出管理公司一定承担赔偿责任或者一概不承担责任的结论，要依据具体的事实和行为，并结合双方在《管理合同》所约定的具体文字进行个案分析和判断。

第六节　酒店资产的转让

案例介绍

在某酒店业主 A 公司同某酒店管理公司 B 公司所签署的关于该酒店的《管理合同》中，对于业主 A 公司向第三方转让酒店物业约定了一系列非常严格的限制性规定，即只有在满足一定前提条件之后，A 公司方可转让酒店资产。同时，在《管理合同》中还约定 B 公司对于酒店物业拥有优先购买权，即在同等条件

（价格）下，若 A 公司欲转让酒店，B 公司拥有优先购买的权利。然而，A 公司目前面临一个很好的商业机会，有一个潜在买家希望收购该酒店资产，但前提条件是必须在 3 个月内完成交易。A 公司在巨大商业利益刺激下，在未事先通知 B 公司的情况下，即开始就酒店资产转让的事宜同潜在买家进行谈判，并签署相关转让协议，当 B 公司得知时已经进入产权过户程序。因此，B 公司以 A 公司未按照《管理合同》的约定程序进行转让为由，主张上述转让行为无效，不具有任何法律约束力。那么，上述转让行为到底是否有效？如果被认定为无效，应该恢复原状吗？如果被认定为有效，管理公司又可以获得哪些救济？

争议要点

酒店资产转让的条件和限制；管理公司的优先购买权。

简要分析

一、对于酒店资产转让的一般约定

作为酒店资产的所有权人，除了如何合理地持有资产、最大限度地产生现金流以外，从酒店开业的第一天起，甚至在更早期酒店的建造阶段，业主就可能会考虑的另一个问题就是日后酒店资产如何转让、如何退出的问题。特别是对于那些本身即以投资为主要目的，并不打算长期持有物业的业主而言，《管理合同》中的转让条款对其尤为重要。同样，作为《管理合同》赖以执行的基础和前提，酒店产权的稳定性，也是管理公司非常关注的问题。如果因为酒店的转让导致《管理合同》提前终止，管理公司的预期利益将蒙受很大的损失。但是，从上述分析中我们也可以显而易见地看出，业主和管理公司在对待转让这个问题上的利益出发点是存在根本分歧的，业主肯定希望转让条款越灵活越宽松越好，限制条件越少越好，这样便于日后业主的退出和资产变现；但是，从管理公司的角度，肯定希望对于业主转让设定的限制越多越好，对于管理公司的保护越全面越充分越好。

还需补充说明一点，通常我们所理解的转让一般分为资产转让和股权转让，具体到酒店运营当中，资产转让是指业主就酒店资产整体出售给第三方，股权转让是指业主的股东将其所持有的酒店公司的直接或间接的股权控制权转让给第三方。不管是资产转让抑或股权转让，最终导致的结果都是酒店的实际控制权转让给了原业主以外的第三方。也正基于此，通常在《管理合同》中约定转让条款时，一般会把两种情况均涵盖其中。不管业主通过哪种方式操作，都受到转让条款的限制，防止业主用股权转让的方式轻易地规避对资产转让的限制。

二、管理公司对于业主转让权的限制

每个酒店的《管理合同》对于转让的约束条件不尽相同，对于其中存在的共性之处，归纳起来一般有以下几点：

①在转让前，业主至少提前一定期限向管理公司发出书面通知；

②受让人及其任何关联机构均不是管理公司的竞争对手，其中背后的理由是管理公司不希望为自己的竞争对手"打工"；

③受让人有足够的资金来源以履行业主在本酒店协议下的义务；

④受让人应信誉良好；

⑤受让人及其任何关联机构以及他们各自的董事或管理人员，均不是所谓的"被禁止人士"或者"受制裁主体"；

⑥该受让人应以书面形式概括承受业主在酒店协议下的一切责任和义务。

当然，实际的转让条款要比笔者在这里所列举的复杂得多，笔者只是就其中最核心的部分进行了列举。其中，对于国内业主来讲，可能在理解起来比较困难的是所谓"被禁止人士"或者"受制裁主体"，这主要在于很多国际知名管理公司是美国公司，其在中国管理酒店除了要遵守中国的相关法律法规之外，还受到美国本土有关法律的约束，因此，所谓"被禁止人士"或者"受制裁主体"是指基于美国法律管理公司所不能同其进行交易的对象，例如（a）可能会危及管理方或其任何关联方的博彩许可证或博彩许可证申请的主体；（b）美国财政部外国资产管制办公室不时认定为"特别指定国民或禁入人员"（specially designated national or blocked person）或类似身份的主体，或者英国、欧盟或任何其他法域的其他类似立法认定为任何类似身份的主体；（c）美国政府针对恐怖分子于2001年9月23日颁布的美国行政命令13224号第1条所描述的主体。一旦受让方属于上述名单中所列的个人或者组织，管理公司宁可放弃该项目，也不愿冒着违反美国法律甚至被吊销执照的风险同该业主进行合作。这也正是为什么在业主进行转让之前，管理公司总希望对于受让人相关背景或者有关资质进行尽职调查的原因。

三、业主未按照约定转让是否会导致转让行为无效

但是,"理想是美好的,现实总是骨感的",在正常的商业交往中,好的商业机会瞬息万变、稍纵即逝。如果经过事先通知,在管理公司的详细核实之后才进行交易,可能交易的最好时机已经错过。因此,有些业主也会冒着违约的风险私下同受让人进行沟通,直到交易接近完成,甚至已经完成之后才通知管理公司,本案中业主 A 公司也正是如此运作的。

一旦业主未事先通知管理公司,私下已同受让人达成交易,当管理公司得知之后,可能会出现两种后果:一种后果是管理公司经过审查,以及同受让人的沟通,认为受让人符合上述限制条件,那么可能对于上述转让行为进行追认;另外一种后果,管理公司在核实受让方的背景资料后,认为不符合上述合同中所约定的转让条件,管理公司认为无法跟新业主进行合作,抑或者受让人本身也不愿意继续承担原《管理合同》项下的权利和义务,双方注定无法继续合作。那么,在此种情况下,管理公司是否可以以业主的转让行为不符合《管理合同》中约定的程序而主张上述转让行为无效呢?

不仅如此,在很多《管理合同》当中,还约定有"优先购买权"条款,即当业主有意转让酒店资产时,应当事先通知管理公司,管理公司在同等条件(主要是转让价格)下,对于酒店资产拥有优先购买权。如果业主未经通知管理公司将酒店资产进行转让,那么管理公司是否可以以业主未履行通知义务、妨害了管理公司在合同项下行使优先购买权而主张上述转让行为无效呢?

对于上述两个问题的回答,从笔者角度分析,均不能当然地导致转让行为的无效。其中的主要理由是合同相对性的原理,因为不论在《管理合同》中如何约定,诸如转让的程序或者优先购买权,都是原业主同管理公司之间的约定。酒店资产的受让人作为善意第三人,并不受上述约定的限制,除非管理公司可以证明受让人存在恶意,明知管理公司存在优先购买权的情况下,还同业主进行交易。但通常情况下,证明受让人存在恶意是非常困难的。根据"谁主张谁举证"的原则,如果管理公司无法拿出足够的证据,该等受让人就很有可能被推定为恶意。笔者的上述观点,也从一些类似的案件判决中得到了印证。因此,通常情况下,一旦出现本案中所描述的情况,管理公司若确定无法同新业主就《管理合同》继续履行,除非管理公司可以证明受让人存在恶意,或者原业主和受让人之间存在恶意串通,则一般只能依照合同条款的约定,向酒店原业主主张违约赔偿责任,而并不能径直凭合同约定导致业主对于酒店资产转让行为无效的后果。

第七节　不干扰协议的履行

案例介绍

在某业主 A 公司与某酒店管理公司 B 公司所签署的关于该酒店的《管理合同》中，如同其他《管理合同》一样，对于酒店的抵押有一条关于《不干扰协议》的约定，即在 A 公司向银行贷款前，必须从贷款人那里获得一份在形式和内容上均令 B 公司满意的《不干扰协议》。在该协议中，贷款人要保证不会干扰酒店的正常经营，并且保证酒店产权的受让人必须是一家合格的受让人。在酒店开业之后，A 公司以酒店资产进行抵押融资，后因一时资金周转不灵，导致无法按时还款，遂被放贷商业银行起诉，法院随即对该酒店进行动态查封。经过一定的诉讼程序之后，法院最终决定通过拍卖的方式执行该财产，并将出售款项用于偿还业主所欠银行的债务。在此过程中，B 公司一直向法院反映，希望法院在拍卖酒店的过程中考虑到银行事先签署《不干扰协议》的因素，该酒店的购买人必须要经过 B 公司的认可。但是，在实际执行的过程中，法院并未完全考虑 B 公司的诉求，便将该酒店拍卖给一家出价最高的民营企业，但该民营企业的资质并不为酒店管理公司所认可。同时，民营企业接收酒店后，认为之前的《管理合同》过于严格，也要求对原《管理合同》进行修改。那么，此时作为管理公司的 B 公司到底应该如何处理？

争议要点

不干扰协议的内容及其执行。

简要分析

一、不干扰协议的一般约定

在国际品牌的《管理合同》当中，酒店抵押条款是业主和管理公司均非常关注，也很容易产生分歧的条款，管理公司一般均会对业主以酒店物业设置抵押进行融资做出种种限制，而这些限制中通常会包含一个条款，要求业主、贷款人（也即抵押权人）和管理公司三方之间或业主与贷款人（即抵押权人）两方之间签订一份在形式和内容上均符合管理公司要求的"不干扰协议"，即Non-disturbance Agreement（NDA）。在不干扰协议当中通常都会约定以下事项，或者说至少要达到以下几个目的：

①**事先书面通知**：在抵押权人行使抵押权之前，必须给予管理公司足够时间的事先书面通知。这是为了保障管理公司的知情权，使管理公司对于可能即将发生的酒店物业的权属变更有充分的准备时间。

②**合格当事人**：在抵押权人行使抵押权时，必须保证酒店物业的潜在购买人是"合格受让人"。不同《管理合同》对于"合格受让人"的定义或者标准略有不同，但是基本上都会包含以下几方面的内容：（i）不是管理公司的竞争对手及竞争对手的关联企业；（ii）具有履行《管理合同》项下业主方义务的充足的财务能力；（iii）资信状况良好，没有犯罪或不良记录等。这些要求均是为了保证在抵押权人行使抵押权后，酒店物业的受让人有足够的资质及能力继续履行原《管理合同》。

③**继续履行合同**：抵押权人必须保证，因其行使抵押权而导致酒店物业需要转让时，在该等转让发生同时或之前，酒店的潜在购买人或受让人必须要按照管理公司合理要求的格式与管理公司订立书面协议，同意自该等转让之日起受《管理合同》的条款和条件的约束，并承担及履行原业主在《管理合同》项下的全部义务，在剩余的《管理合同》期限内继续履行《管理合同》。

可见，不干扰协议的目的主要在于限制抵押权人随意行使抵押权，维持《管理合同》的稳定性，保证当抵押权人行使抵押权时，由于抵押权人签署了不干扰协议，《管理合同》仍然可以继续履行、不受影响，以保证管理公司能够在已约定的范围内对酒店物业实现持续性管理，从而保证自己相应的收益。

二、不干扰协议签署和执行的困境

对业主设置抵押进行限制在国外是非常普遍的做法，但是，这一限制性要求在中国的法律实践中却不一定可以达到同样的效果，主要的障碍来源于以下两个环节：不干扰协议的签署阶段和执行阶段。

（一）不干扰协议的签署阶段

目前，业主进行融资的主要途径还是通过向银行借款。通常情况下，作为贷款的条件，银行都会要求业主以土地或者房产作为抵押担保。在此类借贷关系中，银行往往处于优势地位，业主大都处于被动地位，当业主以酒店物业设置抵押向银行借款时，银行通常都不愿意也不会同意签署不干扰协议。实践当中，每家商业银行在对外贷款时，一般均会采用自己银行所惯用的《贷款合同》的格式文本，借款人对该等格式文本可以做出修改的范围是十分有限的，否则可能面临无法贷到款的风险。因此，要求业主在借款时必须同银行签署不干扰协议具有一定的难度。

（二）不干扰协议的执行阶段

即使贷款银行同意签署不干扰协议，一旦业主无力偿还银行借款，银行便会行使抵押权以变卖酒店物业的收入来偿还贷款。在中国，银行通常会通过申请法院拍卖抵押物（即酒店物业）的方式来行使抵押权，而法院在拍卖酒店物业时几乎不会考虑不干扰协议的存在，也不会将不干扰协议作为法院拍卖的一个前提条件，因此新的酒店购买人并无法定义务继续履行《管理合同》。根据我们的理解，中国法院之所以在拍卖酒店物业时不会将不干扰协议作为一个先决条件，主要有以下几方面的原因：

①在中国法院的执行案件当中，将执行标的以拍卖的方式出售并没有想象中的那么容易，经常会发生流拍的情况，造成法院长期无法执行终结。因此，法院为了能尽快地将执行标的处理完毕，尽可能地降低流拍的风险，一般不会再增设任何额外的拍卖条件，相反会想方设法地降低拍卖的门槛。

②由执行庭的法官来审查一个参与竞拍的购买人是否为一名合格受让人也是不现实的，法院的法官并不是酒店行业的专业人士，其无法判断某个竞标人是否为管理公司的竞争对手，也没有能力判断竞标人是否具备充足的资金或者良好的信誉以履行《管理合同》等。同时，法院作为一个代表公权力的执行机构，

也没有义务为某个当事人的商业利益去审查购买人的资质。

③从法理上来讲,由法院主持的拍卖程序实际上体现的是一种国家公权力,其目的是解决纠纷并且强制债务人履行债务。因此,一些基于当事人双方合意的限制,例如抵押权人和抵押人之间所签订的不干扰协议中的约定,并不是法院必须考量并遵守的因素。此外,管理公司对于酒店的管理权是基于《管理合同》的债权,相较之酒店所有权之物权处于从属地位。在中国的法律制度下,对于"债权从属于物权"原则的唯一突破仅限于承租权①,也就是我们通常所讲的"买卖不破租赁",换句话说,只有在法院拍卖前已经存在的承租合同下的承租权,才会在法院拍卖时加以考虑,而管理公司的管理权并不享有同等的法定优先地位。

综合上述在订立和执行两个层面上的原因,在实践当中,不干扰协议条款或者不干扰协议本身往往难于达到其预期的目的。在本案例中,即属于法院没有尊重业主和管理公司之间所签署的《不干扰协议》,通过公开拍卖的方式将酒店资产处置,而酒店资产的受让人又没有能力,同时也不愿意继续遵守原业主同管理公司所签署的《管理合同》,从而致使合同落空。

三、管理公司可选择的救济手段

此时,作为管理公司恐怕很难要求新的酒店业主按照原合同继续履行合同,也无法要求新业主承担违约责任,因为新业主是以公开拍卖方式取得该酒店的产权,如果拍卖是不附条件的,则新业主并不受《管理合同》的约束,管理公司根本无法要求新业主承担违约责任。管理公司只有依据原《管理合同》中的相关条款追究前业主的违约责任,或者依据《不干扰协议》追究借款银行的违约责任。但是,不管选择哪一种,结果可能都不会乐观,因为:(1)选择追究前业主的责任,看似顺理成章,但是因前业主已无力偿债,酒店资产也已经变卖,届时能够获得多少赔偿需要打一个大大的问号;(2)选择追究银行的责任,银行的赔偿能力毋庸置疑,但是正如我们前面所提到的,通常情况下银行都不愿意出具不干扰协议,因此,在最终签订的不干扰协议中我们很难发现很严格的违约赔偿条款。所以届时管理公司很可能仅能依据一般合同法的原则向银行主张赔偿责任,还需要证明其实际损失的金额,但最终可以获得的赔偿金额仍存在不确定性,很大程度上依赖于证据的充分性,以及法官的自由裁量权。

---

① 《中华人民共和国物权法》第一百九十条:"订立抵押合同前抵押财产已出租的,原租赁关系不受该抵押权的影响。抵押权设立后抵押财产出租的,该租赁关系不得对抗已登记的抵押权。"

第八节　酒店损毁和征用赔偿

案例介绍

　　某房地产开发商 A 公司委托某国际酒店管理公司 B 公司对其旗下酒店进行管理。酒店的结构以及内装已经全部完成，正处于试运营阶段，但是因为一次偶然的失火造成酒店主体结构 60% 以上被烧毁，修复时间大概需要一年，肯定无法按照预计开业日开业。所幸的是 A 公司购买了财产一切险，由保险公司对于酒店损毁的价值进行了赔偿。作为管理公司，B 公司要求 A 公司将收到的保险金优先用于修复酒店，并且将酒店恢复到可以作为五星级酒店进行经营的状态。但是，A 公司考虑到时间成本，以及酒店重建的经济成本之后，决定不再修复该酒店，并欲将酒店剩余部分改做他用，并低价进行出售。在协商无果之后，双方最终同意终止《管理合同》，但是管理公司提出业主应当赔偿管理公司因此而损失的经营服务费和许可费。那么，出现上述情况后，A 公司到底是否有权拒绝将酒店修复到原来的状态？B 公司要求 A 公司赔偿由此损失的经营服务费和许可费是否于法有据？

争议要点

　　酒店损毁的赔偿；保险赔偿的分配。

简要分析

　　对于酒店损毁的问题，可以说是一个小概率事件。但是，现实中的个案却不在少数。例如，2004 年印尼海啸的发生，沿海的度假酒店几乎损毁殆尽。离我们最近的例子还有 2009 年 2 月 9 日发生火灾的央视新址北配楼，俗称"央视过火楼"，原本也是将作为高端酒店进行经营。因此，虽然说酒店因自然灾害或者火灾等原因意外损毁是小概率事件，但是具体到某一个酒店项目，无论对于业主还是管理公司都存在着现实的威胁，这也就是为什么在酒店管理合同当中通常都会对"酒店的损毁"用很大篇幅进行约定。

一、酒店损毁后的一般处理原则

纵观各个酒店管理公司的合同范本，我们对于管理公司处理这一问题的原则作了一个简单的归纳。通常《管理合同》中会约定，一旦发生自然灾害，例如地震、海啸、火灾或者其他意外事件，造成酒店全部或者部分损毁，那么业主应有义务进行修复，但是当业主修复酒店的行为明显不经济或者不合理时，业主则有权利选择不进行修复。但是如何判断是否经济或者合理呢？一种做法是以损毁部分占酒店总资产的比例进行判断，当酒店损毁的部分超过酒店总资产的一定比例时，业主即有权不进行修复；另外一种做法同保险赔偿相关，因为通常情况下酒店都会就火灾等意外事故投保不动产保险，当发生酒店损毁时，保险公司会根据投保金额进行赔偿。因此，在有的《管理合同》中，约定只有在保险公司赔付给业主的款项，低于修复酒店的所需全部资金一定比例时，才视为不经济或者不合理的情形，换言之，即便酒店 90% 均已经损毁，但是如果保险公司已经就全额损失进行了赔偿，那么业主也应当利用这笔赔偿金对酒店进行修复，而不能就此歇业。

在本案中，即属于上述情况，酒店 60% 以上的部分被烧毁，并且 A 公司已经投保了相应的保险，但是并没有明确说明保险赔偿的数额，这需要结合具体《管理合同》中的约定，用以判断满足何种标准之后，A 公司有权不对酒店进行修复；如果按照《管理合同》的约定，尚不构成终止合同的条件，那么业主不得擅自终止。

二、酒店因损毁而终止后业主对于管理公司的赔偿

在很多酒店项目的《管理合同》中，当重建或者修复酒店已经变得不经济时，业主有权终止《管理合同》，但是，管理公司还会要求业主就合同的终止向管理公司支付一笔赔偿金，或者业主应当赔偿管理公司因此而损失的管理费和许可费。这其中背后的逻辑在于，管理公司认为双方签署的是一份为期 15 年或者 20 年的合同，当业主认为重建或者修复不经济而单方终止合同时，管理公司即失去了一份合同机会及潜在利益，因此有权获得赔偿。但是，从业主角度来看这个问题，业主也十分的无辜，因为一旦发生自然灾害造成酒店的损毁，相比酒店的管理人，蒙受损失更大的应该为酒店的所有权人和投资人。业主在承受了巨大的经济损失后，还要对管理人的收入进行赔偿，确实让人难以接受。

那么，如何在管理公司的预期利益以及业主的利益之间进行平衡？这时最有效的方式只能是借助第三方的力量，即保险公司。如果届时业主已经按照管理公司的建议投保了足额的财产保险和营业中断保险，当发生保险事故时，依照保单的承保范围，保险公司会就损毁所导致的财产损失，以及损毁期间酒店的经营利润进行赔偿，而此时业主所购买的营业中断保险中一般也会有一部分金额专门用于赔偿管理公司在此期间的管理费和许可费损失。

具体到本案当中，管理公司要求业主赔偿由此损失的管理费和许可费。对此我们首先需要区分这里所指的"管理费和许可费"是仅指发生损毁之日起至业主选择终止《管理合同》之日止（简称"停业期间"）这一期间的管理费和许可费，还是指《管理合同》期限内所有尚未履行期间（"剩余期间"）所应支付的管理费和许可费。对于停业期间的管理费和许可费，如果业主已经购买了足额的营业中断险，通常应该从营业中断保险的保险赔偿中进行支付；而对于"剩余期间"的管理费，虽然按照我国《合同法》的规定，合同项下的违约赔偿责任也包含合同项下的预期损失，但是在实践中预期损失需要一系列的证据配合才有可能被完全支持。首先，如何证明并合理计算预期损失即是非常困难的一件事，需要管理公司加以证明。其次，一旦将争议提交仲裁解决，仲裁员在审理过程中除合同本身的约定之外，还可能兼顾公平合理等民法基本原则一并进行考虑和裁量，最终的结果未必能够完全支持合同中所约定的金额。因此，针对剩余期间管理费的主张在结果的预测上尚存在一定的不确定性。

第七章

知识产权

导读

知识产权的授权许可及其使用是管理公司极其关注的问题，也是不同管理公司核心竞争所在。在这个问题上，一方面业主希望最大限度利用好国际酒店管理集团授予酒店品牌及系统的优势和作用，另一方面管理公司则希望在酒店使用品牌的过程中，最大限度地维护自己知识产权的所有权，充分保护自己的知识产权不受损害，维护自己品牌的知名度和美誉度。出发点的不同，也经常造成业主和管理公司在知识产权的授权使用上碰撞出火花。此外，很多业主还存在一种误读，将《管理合同》中的知识产权简单地理解为管理人所许可酒店使用的商标本身，实际上这个范围非常广，除商标本身以外，还包括手册、许可方技术、品牌标准以及管理公司开发和经营品牌酒店的方法、构思、步骤和方案等。如果从更为广义的角度理解，酒店管理公司所提供的标准化的中央集团服务、会员奖励计划等都可以算作管理方知识产权的一部分。

第一节 酒店品牌注册

案例介绍

　　某房地产开发商 A 公司旗下拥有一间酒店，遂委托了某国际酒店管理集团 B 公司以 X 品牌进行管理，由于签约当时比较仓促，同时 A 公司也认为如此知名的酒店管理公司不会在品牌上出现问题。但是在签署合同之后，A 公司却发现虽然该 B 公司所使用的 X 品牌的英文商标已经在中国合法注册，但是 X 品牌的中文翻译 Y 商标却已经被国内位于上海的一家餐饮企业在先注册，由于餐饮同酒店服务业同属于一个大类，因此迟迟未能获得批准注册。B 公司正在想方设法通过驰名商标保护的途径，以获得该商标所有权，但是迟迟未有结果。不仅如此，在该酒店所在地，另外一家房地产开发商开发了一家经济型酒店，也将酒店命名为"Y 商标酒店"，但是由于 B 公司对于该中文商标并没有所有权，也无法要求该酒店停止使用，当地工商局也批准该经济型酒店名称的核准和注册。基于以上原因，A 公司认为该品牌的中文商标注册存在瑕疵，而且在本市内因第三方同样使用 Y 商标经营酒店，已经构成对于本酒店的混淆，严重影响到了本酒店的客流量和声誉，因此，A 公司要求：(i) B 公司适当降低品牌许可费，或者对 A 公司进行赔偿；(ii) 对于第三方使用 Y 商标的行为进行制止、排除妨害，否则应该就由此给 A 公司带来的损失进行赔偿。那么，到底 B 公司在上述情形中是否存在过错？是否应该承担赔偿责任？

争议要点

　　酒店品牌的注册；驰名商标的认定；酒店品牌同企业名称的关系。

简要分析

一、酒店品牌在中国的注册

业主选择某一家酒店管理公司进行合作通常最为看重的就是品牌。业主之所以投入资金同管理公司进行合作，在第一层次的需求上首先是看重某一品牌，而该品牌所跟随或附带的品牌标准、集团服务、系统支持等都是业主在第二层次需要考虑的问题。但是，在很多时候，对于这一最根本的品牌问题，很多业主往往出于对管理公司的信任或者因为自身疏忽大意，在签约之前没有对于品牌的注册或授权许可情况尽到审慎的调查义务，给日后的争议留下了隐患。

在实践当中，业主应该主要从两个角度来判断品牌的合法性：第一，作为《品牌许可合同》的签约主体，许可人是否是商标的所有权人，或者合法的授权许可人，拥有充分的授权在酒店日常经营中使用该品牌商标；第二，该等管理公司的商标是否已在中国合法注册。根据笔者的观察，诸多国际知名酒店管理品牌的英文名称及标志基本已经在中国合法注册，或者通过国际申请程序，使该品牌在其他国家经注册的商标权延伸至我国。但是，对于某些国际酒店品牌的中文名称或者标志，未必已经在中国合法注册，一方面的原因可能在于该品牌进入中国市场的时间相对较短，尚未完成合法的商标注册流程和手续；另一方面，对于已经进入中国时间较长的品牌，原因可能在于该品牌当初进入中国市场时，只注册英文商标而未注册中文商标，或者当时该等中文商标已经被其他国内企业或者个人抢先注册，从而导致无法完成注册。在最后一种情况下，即使管理公司有意识向商标局进行注册，也很可能最终无法取得商标权。这正是本案中所描述的情形，由于中文商标Y商标已经提前被中国一家餐饮企业所注册，根据目前我国现行的商标分类办法，餐饮和住宿属于同一大类别，即商标分类第43大类："提供食物和饮料服务；临时住宿[①]。"因此，一旦被该餐饮企业在先申请注册，则根据《商标法》"注册在先"的原则，该餐饮企业应为该注册商标的合法所有权人，酒店管理公司对于该品牌的使用反而有可能被视为侵权。

---

① 第43大类还分为6小类，分别是4301提供餐饮，住宿服务；4302提供房屋设施的服务；4303养老院；4304托儿服务；4305为动物提供食宿；4306单一服务。

二、酒店品牌被他人抢注的处理

因此，B 公司要想合法使用该品牌的中文名称，就需要取得该中文商标的所有权，可能的方式主要有两种：第一，同目前的商标权利人进行协商，从其手中购买该商标权，从而变为该商标权利人，但前提是现有权利人同意出售，且出售的价格管理公司能够接受；第二，也即本案中管理公司所采用的方式，就是申请驰名商标认定。所谓"驰名商标"（Well-known Trademark）又称为周知商标，是指经过长期使用，在市场上享有较高声誉并为相关公众所熟知的商标。根据《保护工业产权巴黎公约》第 6 条之二和中国《商标法》第十三条的规定，一个商标在中国虽然没有注册，但基于其在中国驰名的事实，该商标所有人有权要求对于复制、模仿或翻译其驰名商标用于相同或类似商品上的其他商标，容易导致混淆的，不予注册并禁止使用。因此，如果管理公司可以通过商标局的异议程序认定在酒店和餐饮行业 Y 商标为一驰名商标，则其可以对抗该餐饮企业的在先商标权。

在中国，驰名商标的认定主要有两种方式："行政认定"和"司法认定"。"行政认定"是指驰名商标由中国商标局、商标评审委员会在具体的案件中审定，并通过国家工商总局局长办公会核审，统一向全社会公布的认定方式；"司法认定"则是指地方人民法院在审理具体案件中，对驰名商标进行事实认定的过程。由于"行政认定"驰名商标在认定效果和社会关注程度上明显具有优势，因而受到众多企业的青睐。但是，申请人也必须注意，即便被认定为驰名商标，驰名商标只有在获得认定的个案中，相对于对方商标或其他权益，具有超出普通注册商标核定范围、适度扩大保护的意义。在之后与商标权有关的纠纷案件中，仅具有证明该商标具有较高知名度的证据意义。不过，根据笔者的经验，对于"行政认定"驰名商标，在向地方工商部门提起的因商标侵权、商标与企业名称冲突寻求救济的案件中，作为驰名商标所有人的权益常常能够得到较多的重视和保护。

三、酒店商标和企业商名的关系

本案中另外一个值得探讨的问题是当其他业主也在同一城市开办了一家名为"Y 商标酒店"的经济型酒店，并且将企业名称也注册为"Y 商标酒店有限公司"的时候，毋庸置疑是会对本酒店的经营产生一定的影响的，也容易造成公众的混淆。那么，当地工商管理局同意该企业以"Y商标酒店有限公司"进行注册是否存在不当？是否合法呢？

  导致这个问题的根源在于我国法律对商号和商标实行分别立法、分别管理的体制。在我国商标由《商标法》调整，实行全国统一注册，授予时在全国范围内检索是否有相同或相近的商标。商号是由《企业名称登记管理规定》调整，实行分级注册，授予时在登记主管机关管辖范围内针对同行业是否有相似或相同的商号进行检索。由于可供用作商业标记的名称、符号总是相对有限的，并且商号与商标注册的检索体制不交叉，此时商标与商号的冲突是不可避免的。而此时法律又为这种冲突开了绿灯，《商标法》并没有明确规定将他人已登记注册的商标登记为商号的行为属于对商标专用权的侵犯，而《企业名称登记管理规定》也没有将他人的在先注册商标作为企业名称登记的禁止条件，由此就为不法分子钻法律空子进行抢注商标、抢注商号提供了合法的空间。通常来讲对于在中国已经合法注册并取得商标权的品牌，当其他企业以其品牌注册商号，并造成混淆之后，管理公司仍可以通过《反不正当竞争法》的有关条款通过诉讼的方式尝试要求该企业停止使用该商标，且不得在商号中使用该商标。但是，由于商标权本身存在地域性，即便管理公司是该商标在境外的合法所有权人，但是如果其未能完成该商标在中国的合法注册，管理公司也并非是该商标的在中国的合法所有权人，因此，也很难通过诉讼或者其他手段禁止他人使用。本案例中的B公司即属于此种情况，由于其未能取得Y商标在中国的商标权，因而无法要求或主张该经济型酒店的业主停止对于Y商标的使用。

四、无法取得商标权的后果

  如果B公司无法对于他人使用Y商标的行为予以制止，那么问题接踵而来，由此给本酒店所带来的损失，B公司应该承担什么样的责任？这个问题比较复杂，需要区分使用Y商标的不同主体、不同的情形，分别加以分析。

  情形一：拥有Y商标商标权的餐厅并未向酒店主张权利，而允许酒店继续使用中文商标Y商标。

  在这种情况下，是否构成管理公司的违约取决于在《品牌许可合同》中管理公司做出了何种承诺或保证，如果B公司承诺中文商标Y品牌已在中国合法注册，而实际上未能取得，则管理公司显然应该承担相应的违约责任。但是，如果B公司仅承诺业主有权在《管理合同》期限内使用Y商标，而此时真实权利人并未禁止酒店使用该等中文商标，业主的使用权并没有受到影响，因而，也很难向管理公司主张损害赔偿。

情形二：拥有Y商标商标权的餐厅不允许酒店继续使用中文商标Y商标，并要求酒店进行赔偿。

针对这种情形，按照《品牌许可合同》原有之意，许可人最基本的义务即保证被许可人有权使用其商标或品牌，如果连这个最基本的前提都不存在，业主则有权藉此要求解除合同，并要求管理公司赔偿相应的损失。

情形三：因使用Y商标的经济型酒店的出现，虽未禁止本酒店使用Y商标，但却给酒店的经营造成潜在影响。

针对这种情况，同样需要考虑管理公司在《品牌许可合同》中做出了何种承诺或保证，如果在签订合同时，管理公司只承诺在管理期限内业主有权使用该中文商标，并且只有当第三方因知识产权索赔给酒店造成损失时，管理方应向业主进行赔偿，而并未做出任何其他承诺与保证，则业主同样很难要求管理公司承担赔偿责任，原因在于，该第三方对于Y商标的使用并未直接给酒店造成损失，而这种因为存在市场竞争关系而导致的潜在损失很难量化并予以证明，而且也并未造成业主无法在该酒店中使用该等中文商标的后果，因此，是否可以以此为理由要求管理公司进行赔偿在实践中存在很大的不确定性。

第二节　品牌标准的变更

案例介绍

某房地产开发商A公司开发了某酒店项目，并且委托某国际酒店管理公司B公司进行管理，B公司按照《前期技术服务合同》，向A公司提供了品牌标准，并且对于酒店的整体设计及建造进行了审查。经竣工验收后，B公司认为该酒店符合品牌标准，并同意挂牌开业。在酒店如期开业后，双方在最初的一年里相安无事，但到第二个经营年度之初，A公司接到管理公司总部的一纸通知，被告知该酒店品牌的品牌标准要在整个亚太地区进行调整，这些调整包括但不限于以下内容：（一）该品牌的Logo做出了微小的调整，因此对于印有酒店 Logo 的营业用品或者悬挂的牌匾或标志都应该更新；（二）每个该品牌的酒店必须拥有 1 个水疗中心；（三）酒店客房至少要 45 平方米以上；（四）所有酒店的电视都需要采用平板电视；（五）酒店前台的软件系统也要进行更新；等等。因此，B 公司催促 A 公司拨付资金以完成上述品牌标准的更新，并主张按照《管理合同》的约定，A 公司有义务使酒店始终维持在符合品牌标准的水平。但是，A 公司却对 B 公司的要求表示了强烈的反对。A 公司认为在酒店开业之时，B 公司已经确认了酒店的建造符合品牌标准，酒店才刚刚开业，如果按照新的标准进行更改，将给 A 公司带来巨大的重复投入。因此，不同意额外支付资金实施上述品牌标准的变更。B 公司则声称，如果 A 公司不按照要求进行更新并符合品牌标准，其保留解除合同的权利。双方为此关系十分紧张。那么，B 公司的上述要求到底是否合理，A 公司到底是否有义务要配合 B 公司进行品牌标准的更新呢？

争议要点

品牌标准的变更或更新，及其成本承担。

简要分析

一、酒店开业和品牌标准的关系

一般来说，对于一家新建的酒店项目，从设计阶段即需要管理公司的技术团队介入。如果说在概念设计阶段对于管理公司技术支持的依赖性还相对有限，在酒店的扩初设计、深化设计，特别是室内设计阶段，都需要经过管理公司技术团队的参与和确认，以确保酒店的设计及施工能够满足酒店品牌标准的要求。在酒店正式开业之前，管理公司会对酒店的建筑和相关设施进行最后的全面验收，在其认为符合品牌标准和开业条件后，才会同意酒店正式开业。因此，除管理公司明确豁免或者同意业主在开业日后加以弥补的细微缺陷外，一旦管理公司同意酒店开业，则原则上应该认为酒店的建筑、设施和设备已经全面符合了品牌标准的要求，并可以为管理公司所接受。

二、品牌标准变更对于酒店的影响

但是，纵观各个酒店管理公司的合同文本，我们也不难发现，管理公司的品牌标准并非一成不变的,在关于品牌标准的定义中均会包含品牌标准可不时进行调整的措辞。不仅如此,管理公司品牌标准的调整通常是在集团层面上发生的,一旦变更就需要在该品牌全球的酒店系统中加以推广和适用,这也就意味着业主必须接受该等变更,否则就可能无法达到品牌标准的要求。但是,在本案中,由于业主 A 公司已经耗费了几年时间就酒店的设计和建造投入了大量成本,最终达到了品牌标准的要求,一旦标准改变就意味着需要业主增加投入,使 A 公司面临两难的选择。那么这个问题在实践中应该如何解决,哪一种选择更为可取呢?

首先,我们可能要分析一下,一旦品牌标准发生变更,到底会对酒店的支出造成何种影响,会影响到哪类账户中的资金使用,从而才能判断业主是否有权拒绝,或者是否有能力加以拒绝。通常来讲,根据是否可以资本化,以及是否可以作为不动产进行折旧,我们可以将酒店相关的支出分为以下三类:

第一类:既不能作为资本化开支,也不能作为不动产进行折旧。

这部分支出主要是指对于酒店建筑、设备和设施所进行的日常维护和修理,其费用按照《酒店业统一会计准则》应作为日常经营开支,而不能作为资本化开支进行列支。一般来讲,品牌标准发生变更,很难导致这部分费用的发生,因为日常的维护和修理主要针对的是因为日常使用或者自然老化所发生的个别物品的替换。但是,一旦品牌标准发生变化,往往需要统一作出更换,而非简单的小修小补,如果是整体性的更换或者采购则通常会被认定为一项资本性的开支。

第二类:可以作为资本化开支,但是却不能作为不动产进行折旧。

这部分支出虽然按照《酒店业统一会计准则》,可以作为资本化开支,但却不能作为不动产进行折旧,主要包括对于酒店进行的所有维护、修理、更改、改良、更换、更新及添附,包括对于家具、装置及设备(FF&E)的更换和更新、外墙和内墙的粉刷、墙面和地板的翻新、停车区域的翻新、卷帘门的更换,等等。由于这类支出通常是从酒店的 FF&E 储备基金之中支出,因此,对应上述项目的改造在有的《管理合同》中也将其称为"储备金设备改造项目"。对于这类支出一般会在 FF&E 储备基金的预算中列支,如果储备基金中拥有足够的资金,则无须业主额外支付资金。

第三类:可以作为资本化开支,也可以作为不动产进行折旧。

对于这类支出,一般管理公司会在资本预算中加以规定,但是由于这类支出金额均比较大,而且不属于酒店日常经营范畴所需要的支出,因此,往往需要业主额外动用自有资金进行改造。根据改造的内容不同,相对小一些的改造,例如对于房地产的套内结构或外表面，或者对房地产的机械、电力、管道、取暖、通风、空调、电梯等建筑物设备的改造，称为建筑物设备改造。与其相对的是结构性改造，仅指对于本酒店主要用途的重大变更或者对本酒店的重大扩建或改建，并旨在形成一项单独的投资收益的改造，例如增加或减少客房或会议室，或更改酒店的布局等。

除此之外，在某些酒店的《管理合同》中，管理公司还会约定一条有关资本翻新计划（或称整修计划、资本改造计划等）的内容，即在营运期内的任何时间，如果根据管理公司的合理意见，酒店需要进行重大整修或翻新，管理公司可以向业主提供一份整修计划供业主批准，但如果该整修计划是为确保酒店的营运达到品牌标准或者为保持品牌标准所必需的，业主不得不合理地拒绝给予批准。

三、品牌标准变更的处理和应对

这样的约定从管理公司维护品牌标准的角度看似十分合理，但是对于业主来说却存在很大的潜在风险，因为如果品牌标准随时处在变化当中，一旦发生变化，业主就有义务使酒店进行相应的改造，从而超出业主的预期需要加大投入。因此，如何兼顾双方的利益，如何平衡其中的"度"，就需要在管理公司和业主之间进行博弈和妥协。一般而言，在开业后的短期内，业主不应被要求批准与品牌标准变更有关的酒店结构性变动所需的资本支出或被要求为该等资本支出提供资金。从一个公平第三方的角度判断，一个标准（特别是结构性指标），一经确定就不应该在短期内发生变更，除非发生一些极端的情况（例如不变更可能危及人身安全或者造成重大安全隐患，或者被适用法律强制要求进行变更等），否则在很短的时间内品牌标准随意变更并不合理，也是不适当的。

具体到本案例当中，对于第（一）项因品牌 Logo 发生变更所需要进行的替换，如果是一些非资本化的营运用品的替换，在酒店营运预算的范围内总经理可以直接进行更换。对于由此所产生的资本性开支，例如对外牌匾的替换等，如果属于资本预算的范围内，也无须经过业主的另行同意。即便可能超过资本预算的金额，考虑到品牌一致性的要求，业主原则上还是应该同意更改，但至于具体更改的时间和方式双方可以进一步的协商。对于第（二）项和第（三）项均属于对于酒店的结构或者功能布局的重大调整，如果在开业后不久即要发生，对于业主来说确实有失公允，业主在适当程度上可以加以拒绝或者协商推迟相应的改造计划。对于第（四）项和第（五）项，应该均属于 FF&E 储备基金使用的范畴，一项属于房间设备的整体性替换，另一项属于软件系统的整体更换，

首先应当在 FF&E 储备基金的支出预算内进行支付，如果超出预算范围，笔者认为虽然不属于重大的结构性调整，但是这两项内容均属于重复投入，且所需资金也不在少数，在开业后短期内即要求业主做出上述调整是不合适的，业主可以就上述替换的费用承担，以及替换的时间同管理公司进行协商，以寻求替换方法，比如在未来几年分几期将该等设备替换，或者在满足一定折旧年限之后，逐步替换该等设备，等等。

第三节　合同终止后摘牌

案例介绍

某房地产开发企业 A 公司同某国际酒店管理公司 B 公司签署了关于该酒店的《管理合同》。酒店开业后在当地一直经营效益不错，直至酒店经营进入第十个经营年度，B 公司决定统一对该五星品牌进行升级，需要 A 公司加大硬件投入，否则只能将该酒店的品牌降级，降低为该集团下一家四星级酒店；而 A 公司不同意这样的安排，既不愿意加大投入进行资本性改造，也不同意降为更低一级的酒店品牌。双方协商无果，最后 B 公司提出提前解除《管理合同》，并且按照《管理合同》规定，要求 A 公司在终止日前停止使用一切带有品牌标志的营业用品和设备，同时拆除一切品牌标志，以避免第三人误认为该酒店仍旧是一家品牌酒店。A 公司提出：（1）对于明显带有品牌标志的指示牌和标志，A 公司同意在终止日摘除；但是对于一些带有品牌标志的低值易耗品，应该允许 A 公司继续使用直至用完，否则将给酒店带来巨大的浪费。（2）对于带有品牌标志的机器设备或者家具装置，A 公司也不同意全部拆除，否则也会给 A 公司带来巨大的成本。（3）事情的起因是 B 公司额外要求 A 公司加大投资或者降低品牌，在 A 公司拒绝的情况下，提出提前解约的也是 B 公司，因此，解约的责任应该在 B 公司，所以上述拆除有关标志、设备、营业用品的费用应该全部由 B 公司承担，而不应该由 A 公司承担。那么，上述 A 公司的主张是否合理呢？到底应该如何解决上述问题？

争议要点

《管理合同》终止后的摘牌,以及带有品牌标志的营运物资的处理。

简要分析

一、合同终止后需移除物品的处理

在酒店的日常经营过程中,业主往往会同管理公司之间因为酒店的升级改造出现矛盾,在实践中因酒店升级改造计划无法达成一致最终导致《管理合同》终止的情况也不在少数,但在大多数情况下,双方未必能够走到最终解约的地步,本案例属于比较极端的情况。由于本书后文还将专门论述有关《管理合同》终止的问题,比如合同终止之后酒店如何移交(例如资产的盘点和交接、银行账户的转移和注销、合同的延续、财务的盘点、费用的支付等一系列复杂的问题),在这里我们仅仅就其中的一小部分,即携带有管理公司品牌的物品如何处理进行讨论。

原则上讲,如无相反的合同约定,所有携带有品牌商标的物品在终止日之后都必须移除或清理,不能在酒店中继续使用,其中主要涉及三类物品。

第一类,标牌、标示或标志。这类标牌、标示或标志按照《管理合同》的一般约定,在终止后是要立即移除或拆除的,因为保留带有酒店品牌的标牌和标志显然会造成消费者的误解。对于小型的标牌,比如小的纸质提示或者说明等,物品的价值通常不高,也很容易清除,不会给业主造成过大的成本。移除成本较高的是位于酒店外部或者外立面的大型标牌和标志,可能拆除需要一定的时间,并且基本也无法回收或者再循环使用。

第二类,低值易耗品,这类物品主要包括带有酒店品牌或者标志的洗漱用品、毛巾等。通常酒店为了保持持续经营,一般会保存一定量的安全库存,安全库存的数量因酒店的入住率等具体因素而定。因此,如果双方已经有意要提前终止,或者双方就未来几个月之后的终止日期达成一致,酒店的总经理在备存酒店库存时就可能会有意识地减少安全库存。但是,在突然终止的情况下,总经理是无法提前作出预判的,这就造成在酒店实际终止之前可能酒店还保留有大量的带有品牌的低值易耗品库存。按照《管理合同》的约定,在终止日之后,业主不能在酒店中使用任何带有原酒店品牌的物品,但是针对这种情况,经业主的合理要求,通常会对低值易耗品的使用留有一定余地,允许业主在合同终止后的短时间内将库存的低值易耗品使用完毕,或者双方根据合同的约定或者终止时达成的协议，由管理公司以合理的价格从酒店中回购该等低值易耗品，用于其他品牌酒店，避免不必要的浪费。但是，需要注意的是，除非双方已经就回购事项达成共识，否则酒店管理公司并没有义务进行回购。

第三类，家具、装置及设备（FF&E）。并不是所有的家具、装置及设备均携带有品牌标志，但是在某些家具或者设备上确实可能存在带有品牌标志的情况，特别是当初通过管理公司指定采购系统所采购的物品，往往会带有酒店品牌的标志。这类物品的特点是价值通常比较大，在合同终止时尚未满折旧年限，如果在合同终止后不能使用将给业主造成很大的成本浪费。因此，应该尽量寻找变通方案解决业主和管理公司关注的问题。例如可以尝试通过遮盖、抹除或其他方式清除该等标志，只要不使住店客人可以直接辨认出该等家具、装置及设备携带有品牌标志，不至于造成误解即可。

二、合同终止后移除费用的承担

至于上述案例中所提出的清理或移除带有品牌标志物品的费用该由哪一方承担的问题，首先要看《管理合同》中对于该问题是否存在具体约定，是否对于不同原因造成《管理合同》终止所产生的移除成本和费用的承担主体进行了明确区分。如果有约定，应该首先按照合同约定执行。但是，即便在合同中没有明确约定，如果有足够的证据表明《管理合同》的终止确实因为 B 公司单方无故解约，或者由 B 公司的故意或者重大过失所导致，A 公司也可以在先行支付完毕相关费用之后，依照《管理合同》中的相关违约赔偿条款向管理公司主张赔偿责任。

第四节　集团服务和品牌标准的关系

案例介绍

某酒店业主 A 公司在我国三线城市拥有一家四星级酒店，并委托某国际酒店管理公司 B 公司进行管理，双方签署了关于该酒店的《管理合同》，酒店如期开业。在经营几年后，A公司发现酒店的收入达不到签约前的预期，酒店的利润率很低甚至入不敷出，而且每年A公司还要投入大量运营成本。就在此时，B公司提出，根据该品牌的集团政策，希望酒店额外加入一项专门为国际商旅提供的常旅客计划，并按标准缴纳一定费用；同时，B公司还要求该酒店加入某国际第三方运营方提供的预订系统，并且需要缴纳一定的前期费用以及每年的年费。A公司提出，由于酒店的经营情况不佳，而且本酒店地处三线城市，酒店主要以当地以及国内客源为主，加入这种国际预订系统以及国际商旅的会员计划意义不大，遂不愿意加入该等集团服务计划。但是，B公司主张上述要求皆属于品牌标准的一部分，且需要在全球范围内该品牌酒店进行推广，按照《管理合同》的约定，A公司有义务遵守品牌标准，因此要求A公司必须在该酒店中推行，双方为此争执不下。那么，A公司是否有义务加入该等计划？B公司的上述要求是否合理？

争议要点

集团服务和品牌标准的关系。

简要分析

一、集团服务和品牌标准的关系

集团服务可以简单理解为因酒店被某酒店管理集团挂牌管理，从而纳入到该酒店管理集团的全球统一服务系统或平台中的所享受到的一切集团性服务，最常见的比如全球市场营销和推广服务、全球预订服务、集团采购服务、集团会员优惠服务等，严格来讲集团服务同品牌标准并没有必然的联系，这一点从很多酒店管理集团的合同体系上也可以看出一斑，集团服务一般通过《集团服务合同》（或称《中央服务合同》）、《国际服务合同》、《统筹服务合同》或者进行约定，而有关品牌标准的内容一般是通过《管理合同》或者《品牌许可合同》进行约定。但是，另一方面，集团服务又同品牌标准有着千丝万缕的联系，主要体现在两个方面：

第一，某些集团服务同品牌标准互为因果。例如，如果想要接入某预订系统，享受集团预订服务，就必须要安装某一项特定软件或者后台系统，而该预订系统本身以及该软件很可能即为品牌标准的一部分。如果业主参加该等集团服务，就必须采购该款软件或者硬件。此外，为了满足某些品牌标准的要求，对于一些家具、装置及设备,或者带有品牌标志的特定物品,或者保险服务,酒店必须从某一特定供应商处进行采购,而这种指定供应商的采购往往要求业主加入管理公司的全球采购系统,必须参与到该集团采购服务当中。因此,集团服务和品牌标准往往存在相互影响和依存的关系。

第二,从适用效力的强制性上看,集团服务同品牌标准十分近似。酒店被授权使用某一酒店品牌,就必须满足该品牌所要求的品牌标准,这种标准从酒店的硬件标准直至酒店的经营服务标准,都要求业主必须按照品牌标准进行设计、建设、运营和管理,如果该酒店不符合品牌标准的要求,则面临着被摘牌的危险。集团服务同样存在着类似强制性的特点,但是管理公司对于集团服务通常会有所区分,有些集团服务是选择性适用的,即业主可以选择加入,也有权选择不加入。还有一类是强制性适用的,即如果业主同意以某酒店品牌进行管理,则连带性地必须加入或者接受该等集团服务,如果不参与某一项集团服务,会造成对于整个品牌酒店系统的影响。因此,当酒店管理公司决定在所有品牌酒店中统一推出某项强制性集团服务的时候,业主往往必须接受,而没有自行选择的余地。

二、本案的具体分析

结合本案例中所提到的两种集团服务,即新增常旅客会员计划及国际客人预订系统,业主拒绝参加是否合理呢?从某种程度上讲,业主的抗辩理由不无道理,确实管理公司所推出的集团服务并不能保证使每家酒店平等受益,可能造成处于不同地区的酒店从该等系统中的获利不同,很难做到投入跟产出完全成正比。因此,收费是否合理主要还要看收费的方式,以系统预订费为例,如果按照通过预订系统实现的客房收入为基数进行收费,显然要比以酒店的客房总收入为基数收取费用更为合理,因为收费的多少直接同其所能实现的收入挂钩。因此,对于预订系统服务的合理性,必须要结合收费方式具体判断。

在本案中,管理公司要求该酒店加入某国际第三方运营方所提供的预订系统。首先,加入该预订系统需要业主 A 公司投入很大的前期固定成本。其次,为了维持该系统,A 公司需要每年缴纳一定的年费,不论是固定年费或者是根据客房总收入而收取的固定比例的年费,均不是根据通过该系统所实现的订单数量来收费的,造成酒店的支出同该系统所带来的收益之间并无直接相关性。因此,在不考虑诸如系统成本分摊等其他因素的前提下,B 公司可能将该预订系统服务作为一项选择性服务进行推广更为合适,而不宜作为一项强制性集团服务强制要求 A 公司进行参与。

然而，常旅客会员计划同预订系统又有所不同。对于系统预订而言，如果某些酒店未加入其中，可能并不会导致该预订系统整体不能运转或者无效，最直接的影响是酒店本身无法从该预订系统获得客源。但是对于会员积分计划，一旦作为一项集团政策推出，应当尽可能涵盖某一特定区域所有品牌酒店，因为如果当会员顾客发现其加入积分计划后所累积的积分，在某些品牌酒店内可以使用，而在另外一些品牌酒店中却不能使用时，会在很大程度上影响到客户的体验，并且导致客人对于该品牌酒店管理水平的怀疑，从而影响到该品牌的整体性和美誉度。因此，对于该种会员计划，管理公司一旦决定在某一区域推出，势必要征得该区域每家酒店的同意，并且尽可能地同时开始适用，否则其适用效果将大打折扣。因此，对于常旅客会员计划，只要属于酒店管理集团在集团内的统一推广行为，而且其收费方式相对合理，比如以该会员顾客实现消费为基础收取一定的费用，从长期考虑，业主应尽可能将本酒店纳入到该会员计划当中，特别是对于那些对于品牌忠诚客户依赖性较大或者该品牌本身客户黏性较高的酒店，业主更应该尽早加入。

第五节　管理公司的专有资料

案例介绍

国内某业主 A 公司同某国际酒店管理公司 B 公司在早年签订了一份关于该酒店的《管理合同》，管理期限为 15 年。15 年期限即将临近届满，A 公司决定不再委托 B 公司继续进行管理而转为自行管理，因而面临合同到期终止的问题。除去双方因为合同终止在其他方面所进行的交接，双方在酒店客户资料的归属问题上发生了争议。B 公司认为所有的顾客或客户资料、联系信息（如地址、电话号码、传真号码、电子邮件和短信地址）、入住记录、喜好以及数据库中的任何其他顾客或客户信息，均应当属于 B 公司的专有资料，属于 B 公司的知识产权的一部分，A 公司在终止后不能保留任何复印件。但是，A 公司考虑到合

同终止后酒店的持续经营，认为 A 公司应当有权利保留在本酒店住店客人的记录和信息，即便在终止后该等资料也应该属于酒店自身的财产，由此与 B 公司产生了分歧。那么酒店客户资料到底是否属于管理公司的知识产权？在《管理合同》终止后，A 公司到底是否有权利保留酒店客人信息呢？

争议要点

酒店客户资料及其归属。

简要分析

一、管理公司专有材料的范围

关于管理公司的知识产权，业主对于管理公司的品牌或者商标属于其知识产权应该不会存在异议。但是在管理公司的品牌或者商标之外，还有大量被称为管理公司的"专有材料"或者"专有资料"的知识产权，通常都会在管理公司同业主签署的《品牌许可合同》中有所体现。这类知识产权不同于商标权，不需要在使用国进行注册，如果从法律性质上划分可以大致描述为包括但不限于商业秘密和具有著作权的材料等所有在酒店管理过程中许可方所享有的保密信息和其他知识产权，举例来讲可能包括由许可方（管理公司或其关联方）同意业主根据酒店协议为酒店的市场开发、经营和管理活动所使用的包括但不限于：（A）营运手册（包括雇员手册、培训资料、用户手册和维护流程等）；（B）客房销售记录和客户档案；（C）营运政策和程序；（D）报告和预算格式；（E）管理公司或其关联方的市场营销资料；（F）可选择的烹饪食谱和材料；（G）由许可方开发的软件和其他管理程序以及相关的源代码和目标代码；（H）管理公司和其关联方的财务记录或内部审计报告；（I）根据可适用的隐私法律不应由管理公司或其关联方披露的信息；等等。

由此我们可以看到，客人的消费记录及客户档案，或者称为顾客数据，是被严格划归为许可方专有知识产权并为许可方所独自享有的，甚至有的管理公司还针对客户数据的使用约定了更为明确的限制，比如"无论是在管理期间内，还是在管理期间届满后，被许可方对顾客数据的使用均不能违反许可条款、任何法律法规，或者管理公司任何有关保护隐私、垃圾邮件或网络安全的规定。被许可方对顾客数据的任何使用都应严格遵守管理公司在信息管理、隐私保护和市场营销方面的程序和规定以及法律的要求"。

二、业主是否有权保留客户数据

本案中双方的争议也源于此。对于《管理合同》终止后业主是否有权保留一份客户信息和资料，实践中操作不一。绝大多数外国酒店管理公司更倾向于日趋严格的保护措施，除了在终止日之前已经完成预订但尚未入住的客人信息，管理公司可以同意提供给业主外，其余酒店客人的记录、数据或信息将在合同终止后全部从酒店数据系统中移除。但是，也有管理公司将本酒店的住店客人信息和记录同管理公司系统内其他品牌酒店的住店客人的信息和记录加以了区分，认为"与客人、消费者或团体客户使用本酒店设施相关的信息和数据"应为被管理公司和业主所共有，且不应被包含在专有资料的范围内，业主和管理公司中的任何一方均有权利将该等资料用于与酒店运营相关的事宜。并且，在酒店合同终止后，在为管理功能有序移交所必需的范围内，本酒店的基本客人信息（有关其在酒店消费的、直至本合同终止期间内的信息）的一份复印件应被交予业主。

从合理性的角度出发，在第二种操作模式中，将本酒店的驻店用户信息和其他品牌酒店中驻店客人信息加以区分，看起来更为合理。作为品牌酒店，在该品牌系统内，曾经光顾过品牌酒店的所有客人、消费者、团体客户的客户信息和客户联系清单是该国际酒店管理集团系统资源的一部分，这也正是业主愿意加入该系统的原因之一，一旦《管理合同》终止，业主所享有的该等便利自然也会随之取消，因此这部分信息全部属于管理公司专有不无道理。但是，对于光顾过本酒店的客人的信息，在合同终止后业主也应该至少保留一份复印件。考虑到中国目前对于个人隐私保护的法律尚不是非常健全，而美国和欧盟都相应出台了比较严格的隐私保护法律，如美国 1974 年《隐私法案》以及奥巴马上个任期内通过的《消费者隐私权法案》、欧盟 1998 年通过的具有法律效力的《私人资料保护指南》等，因此，国际管理集团往往会担心在合同终止后业主会非法使用该等住店客户的信息，以至于该等住店客人（特别是外籍客户）因个人信息的泄露而起诉管理公司。因此，管理公司一般会在合同中对于客人的资料或信息的留存采取比较保守和严格的态度。回到本案当中，如果在《管理合同》中已经明确本酒店的客人资料或者信息属于管理公司的专有资料，在合同终止时必须交还给管理公司，则业主应无权保留本酒店住店客人的记录和信息，除非中国法律对上述内容有任何强制性的相反规定，否则无法突破双方对于合同的约定。

第六节　业主对品牌的合理使用

案例介绍

某房地产开发商 A 公司同某酒店管理公司 B 公司签订了关于该酒店的《管理合同》，委托该酒店集团以 X 品牌对酒店进行管理。在《管理合同》《品牌许可合同》等酒店合同签署后，酒店管理公司的技术团队遂开始向酒店提供技术服务，开始进行酒店的设计和建造。与此同时，在酒店旁边一路之隔，A 公司另外开发了两栋高档住宅项目。在签署酒店协议后，A 公司即开始以酒店式公寓的名义对这两栋公寓进行对外宣传，号称五星级酒店式公寓。虽然业主并未委托该酒店管理公司管理这两栋公寓，但经过一系列的宣传，特别是以酒店式公寓的名字命名，很多消费者误以为该等公寓也是由该酒店管理公司所管理，并且管理公司的人员也暗中发现该公寓楼盘的销售人员在销售过程中存在误导消费者的介绍，例如，声称该公寓的所有设计和装修都按照 X 品牌标准建造，未来可能由某酒店管理公司进行管理等。因此，B 公司要求业主立即停止类似的宣传，并赔偿由此给 B 公司带来的损失。但是 A 公司却认为，其并未将公寓挂牌，也没有使用 B 公司的品牌，因此并没有违反双方签署的《品牌许可合同》。那么，A 公司的上述做法是否适当，是否构成《品牌许可合同》项下的违约呢？

争议要点

酒店品牌的使用时间、方式和范围。

简要分析

通常来讲，业主一旦同管理公司签署了正式的《管理合同》《品牌许可合同》，即有权在酒店中根据上述合同规定使用管理公司的品牌，并有权在不违反合同的前提下就该酒店由某酒店管理公司管理的信息进行对外披露。对于一个综合体项目而言，一个享誉中外的知名酒店管理品牌可以对周边物业的销售和招租起到很好的带动作用,因此业主通常希望借助国际五星级知名酒店的品牌价值,以提高整个地块以及综合体项目的定位及价值。管理公司通常也非常清楚业主的类似商业意图,但是出于对品牌声誉的严格保护,通常会对业主的对外宣传从形式到内容都进行一定程度的限制。同时,业主对于酒店的宣传也需要把握一定的"度",往往对这个度的不同理解和把握就有可能成为双方摩擦的导火索。通常来讲,管理公司对于品牌的宣传主要关注两个方面。

一、品牌使用时间的限制

第一,使用的时间。这方面的问题发生在开业前的居多,特别是在《意向书》谈判阶段。有些业主急于推广项目,甚至住宅先于酒店项目启动并完工,很可能在酒店意向书的谈判阶段,公寓已经面临预售,如果这时能够对外抛出本项目已经引进了一家国际五星级酒店的消息,显然将会对公寓的销售起到促进作用。但是,严格来说,在这个阶段对外宣布某五星级酒店已经入驻该区域仍是欠妥的,也存在着一定的风险,因为有可能双方最终未能就《意向书》达成一致。甚至在有些情况下,即使双方已经签署了《意向书》,但在《管理合同》的谈判阶段仍然存在谈判破裂的可能。因此,出于保守起见,一般应等到正式的《管理合同》签署后,业主方能在一定范围内就某国际五星级酒店入驻某商圈进行对外宣传和公布。实践中,笔者也曾见到过,由于双方未能就《管理合同》的条款达成一致致使项目最终搁浅,在双方"分手"后一年多的时间,业主仍然在项目工地的外墙上悬挂管理公司酒店品牌标志,类似的行为显然侵犯了管理公司的知识产权。

二、品牌使用内容的限制

第二,使用的内容。在这一方面,相对于使用时间而言更难于把握和判断,也很难在前期签署的《品牌许可合同》中进行明确的约定,或者试图以列举的方式穷尽所有情况。因此,各家酒店管理公司出于对自身品牌的保护,往往对于品牌的使用以及对外宣传在合同中约定了严格的,甚至近乎于苛刻的约束性条款,任何形式的对于品牌或者商标的使用或对外宣传都必须经过管理公司的事先批准。例如:"未经管理公司同意,业主不得对任何新闻机构或通过其他途径对外发布有关酒店及酒店品牌的任何新闻或信息";任何与酒店有关的"引导标示、新闻发布、销售和市场推广材料、广告或者网站信息",凡是引用、提及到或者使用许可商标的，必须经过许可人的事先书面批准；等等。但是，在实践中，业主往往无法做到每次对酒店的提及和宣传都经过管理公司的事先同意，特别是对于综合体项目中其他组成部分的宣传。在这种情况下，业主和管理公司可以考虑达成一定合理使用的原则，例如，凡是对于该酒店由某酒店管理公司进行管理的事实性的陈述和描述，应视为不构成对于管理公司商标的侵权。但是，如果超出上述范围，存在任何其他夸大或虚假成分，例如，宣称某公寓将由某管理公司进行管理，或者在公寓的宣传册中使用到管理公司的品牌且足以给购买者造成误解，那么应该构成对于管理公司品牌的侵权。

但是，实践中如何界定"足以造成误解"仍旧是一个难题。例如本案中，如果业主对于酒店旁边的酒店式公寓的宣传中，并未提及酒店管理公司的具体名称和品牌，对外以"国际酒店管理集团所管理的"酒店式公寓进行宣传，该酒店式公寓同该酒店仅一路之隔，在外观上两者的装修风格也近似，那么，这样的宣传是否足以造成消费者的误解，会导致公众认为该酒店式公寓同该酒店为同一家管理公司所管理的呢？笔者倾向于认为在这种情况下，应该构成对于消费者的误解。当然，如果一旦双方就该问题出现争议并无法达成一致，最终提交仲裁裁决，则是否构成"足以造成误解"就要取决于仲裁员的自由裁量权。因此，管理公司为了最大限度地保护自身利益，一方面会对非品牌公寓在设计和硬件设施上提出很明确的要求，比如"非品牌公寓应当明显区别于本酒店，并有独立于本酒店的单独出入口、大堂、电梯、设施和设备"；另一方面，有些管理公司还会将合同条款表述得更为苛刻，比如"业主不得以任何会暗示或隐示非品牌公寓可能或将由管理方或管理方的关联方管理，或特定服务或设施可能或将由本酒店向非品牌公寓提供的方式，推广非品牌公寓，并且应确保其他相关方也不得以该等方式推广非品牌公寓"，依照如是约定，即便业主希望打擦边球，但是若构成暗示宣传，则同样会构成合同项下的违约。像本案例中所描述的情况，如果双方在合同中存在类似的约定，笔者则倾向于认为业主的上述行为应该构成对消费者的暗示，很可能被认定为对于《管理合同》或者《品牌许可合同》的违反。

第七节 品牌公寓对品牌的使用

案例介绍

某房地产开发商 A 公司同某酒店管理公司 B 公司建立战略合作关系，除了将自己拥有的一家五星级酒店交给 B 公司以 X 品牌进行管理之外，同时业主还希望以酒店旁边的一栋品牌公寓同该酒店集团进行合作，委托酒店集团进行管理，以 X 品牌公寓命名并对外销售。鉴于双方在品牌公寓上的合作，双方约定除其他费用外，业主对外每销售一套公寓，应当向酒店管理公司支付销售总额的 a% 作为品牌许可费。在酒店开业后，由于 X 品牌的巨大影响力，X 品牌公寓对外销售情况很好，销售价格也创下了当地房价的新高，双方皆大欢喜。但是，好景不长，在酒店对外经营 5 年后，双方因为经营理念的问题冲突不断，协商无果后，双方决定提前终止《酒店管理合同》。与此同时，管理公司 B 公司依照《酒店管理合同》以及《品牌公寓品牌许可合同》的约定，要求在《酒店管理合同》终止后，《品牌公寓品牌许可合同》也同时终止，品牌公寓不能再对外悬挂 X 品牌。A 公司对此表示十分气愤，认为当时销售公寓时已经向 B 公司支付了品牌许可费，该等许可至少应该与该等公寓的房产证年限相一致，或者至少等于《酒店管理合同》的初始期限（20 年），不应该受到《酒店管理合同》提前终止的影响，否则 B 公司应该按照剩余管理年限占初始期限的比例，向 A 公司退还品牌使用费。那么，在上述争议当中，哪一方的意见更加合理，我们如何来进行判断呢？

争议要点

品牌公寓的贴牌销售，以及摘牌处理。

简要分析

一、品牌公寓的商标许可期限

前几年的国内业主，特别是在政府主导下，负责开发当地房地产重点项目的业主，对于国际高星级酒店品牌或者奢华酒店品牌趋之若鹜。然而，近年来趋势却有所变化，更多国内业主（特别是一些私营或者民营房地产开发商）变得越来越理性，除看重酒店品牌对于当地房地产价值的拉动效应之外，同时也非常看重项目的投资回报率。因此，近些年来，伴随着酒店项目的开发，应运而生一批高端的品牌公寓项目，通过引入高端国际酒店管理集团对于品牌公寓的品牌授予，甚至引入后期的物业管理服务，相关公寓的售价可以得到大幅度的提升，从而创造出更高的投入产出比。当然，关于品牌公寓的贴牌销售也是一个非常复杂的问题，在国家法律环境、交易结构设计、相关合同关系等层面，都存在一系列需要解决和论述的问题，不可能通过短短的一个案例将所有的问题全部呈现出来。在本案例中，我们仅就同知识产权授权联系比较紧密的品牌公寓许可期限的问题，也是实践中很多业主存在误区之处，做一简单阐述和分析。

在本案中，一个核心问题是酒店管理公司到底是否有权在《管理合同》终止的同时，将品牌公寓的《品牌许可合同》同时终止？业主向管理公司支付的公寓销售价格 a% 的品牌许可费到底包含哪些内容？作为交易对价，业主享有哪些权利？要想厘清这其中的头绪，我们首先要明确一个问题，即 a% 的品牌许可费的对价是什么？在这一点上，业主和管理公司之间往往存在着严重的分歧或者误解，业主认为之所以称为品牌许可费，顾名思义应该包含了公寓使用权年限内公寓使用品牌的费用，有些业主主张应该是永久性的使用权，有些则主张至少应该同公寓所处土地使用权的剩余年限相同，有些则主张最少应该同《管理合同》的初始管理年限（20年或者30年）的期限相同。但是，在管理公司看来，该部分品牌许可费，实际上仅是业主使用酒店品牌进行销售使得公寓销售价格大幅提高之后，管理公司针对品牌溢价部分的分成，该许可费的收取实际上仅仅针对销售环节。在销售环节完成之后，在未来公寓的运营过程中，管理公司就该品牌的授权实际是免费的。因此，管理公司当然有权要求在《管理合同》终止时，同时终止公寓的《品牌许可合同》，而无须承担任何赔偿责任。如果将该主张扩展到更为极端的情况，管理公司甚至可以随时要求终止公寓的《品牌许可合同》而无须承担任何赔偿责任。

但是，上述解释显然与我们一般的理解存在矛盾，业主也不可能同意酒店管理公司可以随时终止公寓《品牌许可合同》，原因在于在品牌公寓许可所涉及的交易主体并不仅仅是开发商和管理公司两方，而是一个复杂的三方关系，还需要考虑到购买公寓小业主的利益。按照通常的理解，小业主之所以愿意出更高的价格购买品牌公寓，一方面可能因为品牌公寓的设计、装修和建造的规格或者品质确实较高，其本身价值就高于一般的公寓；但另一方面，很重要的一个原因就是看中该公寓所附加的品牌价值。如果小业主在购买公寓后随时可能面临被管理公司摘牌的风险，显然会损害小业主的利益，同时也将开发商置于随时可能被众多小业主起诉的境地。因此，在三方利益的博弈下，管理公司不可能有权随时终止对于品牌公寓的授权，但是当《酒店管理合同》提前终止时，对于品牌公寓的授权也必须同时终止，一般也是各个管理公司所坚守的底线。

二、品牌授予不等于物业管理

此外，另一个需要明确的概念是某公寓悬挂某酒店品牌进行销售，并不等同于该公寓未来必然由该酒店管理公司进行管理，这是两个完全独立的环节。可能对于某些酒店管理公司来说，如果许可某公寓以其品牌进行销售，则也必须由其自身的管理团队进行物业管理，但是，对于另外一些管理公司，虽然允许公寓使用其品牌进行销售，但是其自身并不提供相应的物业管理服务，而是由业主通过第三方物业管理公司提供物业管理服务，只要该等第三方所提供的物业管理服务具备一定的管理水平，以至于不会损坏其品牌声誉或者降低其品牌标准即可。因此，业主也需要将前期支付给管理公司的品牌许可费，同后期支付给物业管理公司的物业管理费区分开来。

三、业主应注意的问题

基于以上分析并结合本案例中的问题，面对这类似酒店品牌贴牌销售的公寓项目，业主需要着重考虑哪些问题呢？笔者认为，根据相对主体的不同，需要从两个方面进行考虑和规制：第一，相对于酒店管理公司，需要同管理公司明确一系列合同关系。关于公寓的贴牌销售，虽然各酒店管理公司的合同结构及称谓可能会有所不同，但一般会涉及《开业前设计服务合同》、《开业前采购服务合同》、《品牌许可合同》、《后期物业管理合同》等合同。其中，对于《品牌许可合同》，最好将销售阶段需要缴纳的品牌许可费，以及后续营运阶段的品牌许可费加以区分，并约定明确。同时，视双方谈判地位的不同，最好同酒店管理公司在合同中明确约定公寓可使用品牌的具体年限，以及当发生《管理合同》提前终止时，公寓是否可以继续使用该品牌，或者如果不可以继续使用，存在何种替代措施等内容，以避免日后的争议。第二，相对于购买公寓的小业主，需要在公寓销售合同或者项目介绍中尽可能地有所保留，不做任何类似于"该公寓可以永久性地使用 X 品牌"等过分夸大的陈述。如果在《品牌许可合同》中业主与管理公司明确约定了公寓的品牌许可期限，则可以在销售合同中做出明确承诺；如果《品牌许可合同》中并没有明确约定许可年限，则需要在适当的时机以适当的方式提示小业主相关风险，即有可能存在因《管理合同》提前终止导致公寓摘牌的情况，以避免以后出现该等情况时，使开发商陷入十分被动的局面。简言之，若想尽可能减小和避免因为品牌公寓许可期限可能带来的法律风险，开发商需要在同管理公司之间签署的《品牌许可合同》之中，以及同小业主之间签署的公寓销售合同中，对相关合同体系和合同条款做出精心的安排和设计。

第八章

业绩考核

导读

在目前国内的国际品牌酒店委托管理模式中,国际管理公司一般不会接受对酒店经营业绩进行保证,酒店的盈亏最终还是由业主自行承担。然而,在该类项目发展过程中,酒店管理公司逐渐能够接受在《管理合同》中增加对管理公司的业绩考核条款,即如果管理公司在一定期限内未能达到一定的考核目标,则业主有权提前终止《管理合同》而无须承担任何责任。此类业绩考核仅为退出式考核方式,通过酒店摘牌的风险来督促酒店管理公司的经营管理。但在实践过程中,很多项目中的该条款经常成为一条"鸡肋"条款,变得并无多大实际意义。本章将节选几个案例简要分析业绩考核条款其中利弊,可供读者参考。

第一节　业绩考核的时间设置

案例介绍

某市某奢华酒店的业主A公司聘请国际知名酒店管理公司B公司管理该品牌酒店，双方于2005年签署关于该酒店的《管理合同》。其中双方在《管理合同》中明确约定了B公司的业绩考核条款，要求B公司在每个考核年度完成相应的业绩指标。该酒店于2008年7月开业。由于双方均过于乐观地估计了酒店市场行情，酒店在开业后两三年中业绩平平，并未完成事先双方在《管理合同》中约定的每年业绩指标，而且相差较大。A公司向B公司提出要求其根据《管理合同》中业绩考核条款的规定弥补酒店的业绩，否则要求终止双方的《管理合同》。双方在《管理合同》谈判时就业绩考核条款设置了复杂而详细的条款，此时双方对该等条款中的测试时间段产生了争议，双方均需提出令对方信服的文意解释理由，以说服对方就范。

争议要点

业绩考核条款中考核时间的设置。

简要分析

在本案中，双方在《管理合同》谈判时已针对业绩考核条款进行了字斟句酌的分析和权衡，以期避免未来产生的纠纷，并且在合同签署之前，双方已就具体文字进行了各自均能接受的妥协和让步。但事与愿违，当酒店业绩出现不佳状况时，条款适用者在解读这些条款时还是产生了分歧和争议，这就需要双方就《管理合同》条款进行文意解释，以便得出令双方均满意的结果。首先，在详细分析该案例之前，笔者有必要对业绩考核机制进行一个简单的解释。

一、业绩考核方式

根据业内惯例,考虑到委托经营模式异于承包经营的特点,国际酒店管理公司通常不会接受对酒店经营业绩向业主提供担保或保证,由此业主将对酒店业绩无任何控制,只能信任管理公司的经营水平。显而易见,这将导致双方权利义务的严重失衡。随着酒店管理业的发展和中国业主的不断学习、发展和壮大,目前多数国际酒店管理公司开始同意接受在《管理合同》中增加关于业绩考核的条款,给予业主一定的权利,即如果管理公司的经营业绩过差,则业主有权终止《管理合同》。当然,上述给予业主的权利往往附加诸多限制条件,使得该条款的适用并不容易,也不是很普遍。通常来讲,国际酒店管理公司一般能够接受的业绩考核方式主要包括两种:以实际营业毛利完成年度预算中营业毛利数额的百分比来考核管理公司的经营业绩;或者,通过对比该酒店与竞争酒店的业绩指标来考核管理公司的经营管理水平。第一种考核方式的优点在于比较起来比较方便简洁,而且数据容易取得,其缺点在于由于年度预算的制定需要双方的共同意见,因此考核基数的确定将成为双方在年度开始之前争论的要点。后一种考核方式的优点在于能够体现该酒店在所在市场中的竞争位置,有利于督促其增强竞争力,但缺点是竞争酒店不易选择,管理公司和业主均会选择有利于己方的参考酒店,导致考核比较的标准有不确定性。目前两种方式各有利弊,各个管理公司对两种方式也各有青睐。也有管理公司将两种考核方式的同时不达标作为考核门槛,自然是大大降低了业绩考核的难度,对业主不利。

在本案中,业主在设定考核标准时参照了第一种考核方法,并对其进行了改进,即在《管理合同》中即对未来各年度的业绩标准进行了明确的约定。该等业绩的预测对双方均有一定的风险,由于市场变化无定,很难预测五年、十年乃至二十年之中的经营情况。本案中双方发生争议的起因也在于双方错误地预估了当时的国内和国际经济形势。

二、考核时间段的约定

时间是业绩考核机制中的一个重要因素,将涉及经营年度、考核开始年度、考核持续年度等。这些时间定义的稍微调整将可能导致考核结果的本质性不同。在本案中,双方对时间相关定义作了如下约定:

"经营年度"定义：即每年的1月1日至当年的12月31日，但第一个经营年度为酒店开业日至开业日当年的12月31日（注：有的管理公司会要求将第一个经营年度定义为酒店开业日至次年的12月31日，保证每个经营年度等于或多于12个月，也有根据开业日所在月份分情况定义的）。

"考核年度"定义：第一个考核年度即酒店开业日起连续12月之后的连续12个月构成的年度，而第二个考核年度则开始于第一个考核年度的第12个月的末日所在年份的1月1日，至当年的12月31日。

举例来讲，如果酒店于2008年1月1日开业，则2008年1月1日始至2008年12月31日止为第一个营业年度，2009年1月1日始至2009年12月31日是第二个营业年度；2009年1月1日始至2009年12月31日止为第一个考核年度，2010年1月1日始至2010年12月31日止为第二个考核年度。再比如，如果酒店于2008年7月1日开业，则第一个经营年度为2008年7月1日至2008年12月31日，第二个经营年度为2009年1月1日至2009年12月31日；第一个考核年度为2009年7月1日至2010年6月30日，而第二个考核年度为2010年1月1日至2010年12月31日。在本案中，实际开业时间即上述第二种假设——2008年7月1日，由此导致前两年的考核年度有交叉部分，即2010年1月1日至2010年6月30日这一阶段。

根据本案中双方《管理合同》中业绩考核条款的约定，如果管理公司连续两个考核年度未能达到合同中规定的业绩考核目标，则业主A公司有权选择终止合同，双方均不视为违约。在此基础上，管理公司B公司有权选择弥补前述未达标考核年度中的任何一个年度的业绩，则A公司的前述合同终止权将不能行使。在本案中，A公司和B公司在解读第一个考核年度和第二个考核年度时产生分歧，经双方进一步分析清晰上述时间段的含义，还原了双方在合同谈判时设定的初衷和用意，最终解除了双方的疑虑，《管理合同》得以继续履行。在《管理合同》的约定和履行过程中，时间相关概念都是非常重要且核心的条款，需要引起双方的高度重视。

第二节　业绩考核条款的落空

案例介绍

　　我国某市酒店业主 A 公司聘请国际知名酒店管理公司 B 公司管理 A 公司所拥有的奢华酒店。在双方签署的关于该酒店的《管理合同》中关于业绩考核作了如下约定：(1) 业绩考核从酒店开业后第 10 个完整的财务年度开始考核；(2) 业绩考核期间为连续三个财务年度不达标；(3) 业绩考核方式为年度经营毛利预算完成情况和周边竞争参考酒店比较两种方式不达标；(4) 考核达标百分比为 70%；(5) 管理公司有权弥补任何一个未达标年度的业主收益部分而取得豁免权。在《管理合同》谈判和签署阶段，由于 B 公司的态度比较强势，A 公司未能在该等条款中争得过多权利，基本全盘接受了 B 公司标准文本的表述。在酒店经营过程中，A 公司原本对国际品牌酒店的经营寄予厚望，但事与愿违，该酒店的效益远远达不到 A 公司尽快收回投资成本并尽早盈利的期望值，双方为此产生的矛盾亦日积月累。A 公司本来想通过《管理合同》中的业绩考核条款来依约终止《管理合同》，但是 A 公司却发现《管理合同》中规定的上述业绩考核根本无法达到原先的退出目的，任何一个条款未能满足，都将导致该条款无法启动，何况各个条款的条件均不利于业主。至此，A 公司才真正体会到上述合同条款实际上是 B 公司给予的一张实际无法兑现的空头支票。

争议要点

　　业绩考核条款的设置，以及如何防止条款的效力落空。

简要分析

　　业绩考核条款本来就是管理公司在有限范围内给予业主的退出机制，其实施效果是合同终止，双方合作关系结束，因此该条款也理应不轻易触动。然而，在本案中，双方在《管理合同》谈判时确定的业绩考核条款过于偏向于管理公司一方，导致对业主显失公平，业主基本永远无法启动该退出机制。如何评价《管理合同》中业绩考核条款的公允性，主要可能需要考虑以下几个方面：业绩考核起始年限的计算；业绩考核年限的设置；业绩考核未达标情形的确定；未达标的后果和补救等。

一、业绩考核的起始年限

笔者需再次说明，《管理合同》中业绩考核条款并非日常考核，其考核机制的启动往往将直接导致《管理合同》终止、管理公司退出等严重后果。发生该等情况下的酒店摘牌对管理公司的声誉而言将是极大的损害，因此管理公司对业绩考核条款的设置尤为谨慎，担心业主轻易就启动该考核机制，给管理公司造成损失。因此，从考核起始年度的设置开始，管理公司就通常希望能够给予较长的免考核期。通常来讲，酒店在开业后几年，有一段时间的发展成熟期。在此期间，酒店的知名度及公众认知度都需要一个发展的过程，通常在酒店开业三年后才能进入正常的良性运行的轨道。管理公司通常以此为理由，要求业主在此过渡期不能对管理公司的业绩进行考核。管理公司的这一理由是合理的，但如何确定考核的起始年限则需要双方协商确定。在本案中，起始年限设定为第10个完整的财务年度。其中，"完整"一词即排除了开业日所在年份这一非完整年度，即第一个考核年度实际为酒店开业后的第11年，再加上后续确定的3年考核期限，则从第14年起，业主才有权提出适用该业绩考核条款，而通常一个《管理合同》的年限基本在10年到20年之间（近年来有继续逐渐延长的趋势）。由此可见，业主适用该条款的起始时间被严重地拖延，该条款对于业主非常不利。

二、业绩考核的考核年限

关于业绩考核另外一个重要指标是考核年限。考核年限指的是对酒店管理公司业绩能力进行考核评估所需要的年度数额。根据业内惯例，为防止业绩考核条款的轻易启动，并给予管理公司一定的补救时间，双方通常不会仅将一个财务年度确定为考核年限，使得管理公司可能很轻易地就面临被终止《管理合同》的风险，而管理公司也不会接受这样苛刻的设定。目前业内较为常见的做法有：(1) 在《管理合同》中规定，从某一财务年度开始，如果连续两个财务年度酒店业绩未能达标，则业主有权行使合同终止权，这种方式也是多数酒店管理公司能够较容易接受的设定方式；(2) 在《管理合同》中设定，如果从某一财务年度开始后的任意三个财务年度中的任何两个财务年度出现业绩不达标的情况，则业主即有权终止《管理合同》；(3)《管理合同》中约定如果从一定的财务年度开始之后连续三个财务年度未能达标，业主才有权行使合同终止权，以及其他方法。前述不同考核方法的设定将直接导致双方在日后适用业绩考核条款时的权利，直接决定了该条款在具体实施时的效果。很显然，对于业主来讲，前述第 (2) 种方式优于第 (1) 种方式，而第 (3) 种方式中规定的连续三年不达标则对业主非常不利，因为此种情况出现的可能性较小，即便出现，也需业主等待三年以上的时间才能启动该考核机制。在本案中，管理公司坚持了上述第 (3) 种考核模式，很大程度上严重削弱了该条款的实际可操作性。

三、业绩考核的考核标准

业绩考核条款的本意是对管理公司的业绩表现设置一个最低底线，如果管理公司突破了这一最低底线，则即触动业主的合同终止权，也即业主的退出权。根据目前业内惯例，通常会设定一定的考核百分比。以前述年度经营毛利预算完成情况考核方式为例，通常会规定如果酒店的年度经营毛利业绩未能达到年度预算中设定的经营毛利预算值的一定百分比，则视为该年度管理公司的业绩不达标。一般来讲，该考核百分比不会设定为100%，会为年度预算的执行留下合理的偏离空间，这也是合乎情理的。根据笔者所接触过的业内先例，该百分比通常设定为70%至90%之间，居中的80%较多，当然也不乏确定为70%和85%的例子。很显然，如果设定为90%（案例较少）或更高，则对管理公司的预算实现能力要求较高；而像本案中设定的70%，则对管理公司的要求就较低，管理公司在该条款的风险就相对较小。结合本案中其他考核条款条件的设定，导致本案中B公司可能出现连续3年低于预算30%的可能性非常小，何况在第二、三年的年度预算制定时，B公司必然会考虑到第一年未达标的情况而故意压低经营毛利预算。

关于年度预算的制定问题。根据《管理合同》的内容，年度预算一般先由管理公司派驻的总经理制作年度预算草案，提交业主审批，业主对其提出修改意见，经双方协商确定后形成年度预算的最终稿。年度预算值是一个估算值，除业绩考核条款中规定的内容外，并没有对管理公司设定强制性的要求。而管理公司通常会在《管理合同》中明确约定不将实现预算作为管理公司的一种承诺和责任，预算未实现也不视为管理公司违约。在制定年度预算的过程中，考虑到年度预算与业绩考核条款相关联，管理公司难免会比较保守地制定下一年的年度预算草案，做出对管理公司较为安全的预算。但业主从自身利益出发，通常希望收入预算制定得越多越好，成本预算越低越好，经营毛利越多越好。上述悖论将导致双方在制定年度预算时产生分歧和争议，是制定较激进的高预算来督促并激励管理公司提高酒店效益，还是制定较保守的低预算进而避免业绩考核条款的轻易启动，这需要业主和管理公司双方的权衡和考虑。客观来讲，业主和管理公司双方都需要对酒店的收入和成本有一个客观公平的预算和评估，不应仅为躲避或促成业绩考核机制而超越现实，制定过高或过低的年度预算，会影响本应正常进行的酒店运营。毕竟酒店业绩提高才是对管理公司和业主双方均为双赢的结果。

四、业绩考核的补救

在很多管理公司所能接受的《管理合同》业绩考核条款中，笔者常常见到管理公司会在条款末尾增加一个补救机制，即规定管理公司有权在业主的合同终止权可被启动之前向业主支付一定金额的补救款，来弥补业绩考核的缺口，进而视为酒店业绩已达标。迄今为止，管理公司真正实施这一补救权的先例很少，毕竟管理公司每年的收益也不过是合同中所约定的管理费等有限费用，通常会远远少于业主收益。以有限的管理费来弥补业主收益缺口，从经济角度讲对管理公司一般是不合算的，而管理公司之所以会选择适用该补救权，通常是对未来酒店的经营有信心，不愿轻易放弃该酒店项目或这个业主客户，而且因业绩不达标被业主摘牌将在业内造成较坏的影响，对管理公司的声誉损害较大。然而，对于业主而言，业主聘请国际管理公司的预期值通常较高，对于管理公司多年不能达到年度预算值的某个百分比这一现状也一定难以接受，通过管理公司补救的方式虽然能弥补业主收益的某些缺口，但这一方法治标不治本，如果业主对管理公司未来的经营能力失去信心，则业主还是会希望尽早启动业绩考核条款，终止双方的合作关系。在这种情况下，业主通常会限制约定管理公司的补救权次数，防止在出现酒店业绩严重不佳的情况还不得不继续接受管理公司的管理。在本案中，《管理合同》中并未对B公司的补救权次数做任何限制，即B公司在补救权方面有了完全的主动权。当然，鉴于之前考核条件的设定，出现需要B公司补救的可能性实际上很小。

第三节 业绩考核的例外情况

案例介绍

　　某市酒店业主 A 公司与其聘请的国际酒店管理公司 B 公司因其经营管理的 A 公司的酒店业绩表现产生纠纷。该酒店在 2008 年之初过高预计了奥运会对酒店业务的正面促进作用，因此制定了较乐观的年度预算，然而奥运会期间因种种原因，该酒店及周边酒店均未出现预料中的业务兴旺场面，而且接踵而来的世界金融危机也为该酒店的经营业绩雪上加霜，2009 年的经营业绩也是差强人意。A 公司进而向 B 公司提出，以 B 公司连续两年未满足《管理合同》中的业绩考核标准为由，要求 B 公司对酒店业绩进行弥补，否则 A 公司将行使合同终止权。B 公司则提出金融危机是"不可抗力"事件，应属于《管理合同》业绩考核条款中所约定的例外情况，因此 B 公司认为 A 公司无权适用业绩考核条款。双方就"不可抗力"事件的认定均持有不同意见。

争议要点

　　业绩考核条款的例外情况。

简要分析

　　酒店管理公司和业主在本案中的争议要点是金融危机是否可视为"不可抗力"事件，进而作为业绩考核条款的例外情况。在分析"不可抗力"事件时，我们需对业绩考核条款的例外情况有一整体的简单了解。

一、业绩考核的例外情况

　　凡是预测，都是不精确的。一个酒店经营者无法精确预测酒店第二天会有怎样的销售业绩，更遑论未来一年、五年，甚至二十年的业绩。然而，以预算完成情况作为考核模式的业绩考核条款正是建立在预测的基础之上。新年伊始，新的酒店年度预算不管其中包含了业主的多少无法满足的委曲求全，或者附带了管理公司对未来经营效果的多少担心和顾虑，年度预算在未来一年中并不可能完全按照原计划执行，必然经历各种利好或利空的不同形势，或多或少地会与原定的年度预算有所偏离。业绩考核的本意，是为督促酒店管理公司在主观上积极地经营管理酒店，也在客观上考核管理公司的经营水平和能力，并为管理公司的管理行为设定了最低底线。如果上述业绩负面情况的发生是出于某种不可预计的客观原因，一般情况下双方会同意将这种情况免责。通常管理公司会在业绩考核条款中尽量多地列举可能导致业绩下降的种种客观原因或准客观原因，例如不可抗力事件、经济大环境的整体下滑、酒店可用房间数减少、酒店整修、业主违约等，而业主则会尽量缩小上述事项的内涵和外延，防止管理公司为其业绩不达标寻找可以逃脱惩罚的客观理由。笔者现将上述例外事项中的重要事项作如下分析：

（一）不可抗力事件

不可抗力是法定免责条件。根据我国法律规定，不可抗力是指不能预见、不能避免并不能克服的客观情况。这种情况的发生一般会导致合同项下一方或双方无法履行其义务，由此而延迟或免除该受影响一方的违约责任。笔者将结合本案中双方争议在下文就不可抗力事件和经济状况整体下滑进行详细分析。

（二）经济状况整体下滑

经济状况整体下滑通常很难被认定为不可抗力事件，因此有的管理公司会在《管理合同》中明确将经济状况整体下滑作为业绩考核的免责条件。本案中就涉及国际金融危机是否可视为不可抗力事件或因经济状况整体下滑而作为业绩考核的例外情况。如上所述，笔者将在下文另行详述。

（三）酒店硬件不能正常使用

作为酒店收入来源的主要支柱，管理公司会非常关注酒店客房的可使用情况，以及酒店其他硬件部分能否正常使用。因此管理公司通常在业绩考核条款中将酒店硬件不能正常使用作为排除情况。具体来讲，例如，酒店可用客房的减少、酒店大规模翻修或新建、酒店周边道路或建筑的新建或维修等。前述因素都将直接影响到酒店的入住率等经营情况，当然如果该等情形在年初制定年度预算时已做相应的考虑，则不应再作为业绩不达标的理由。

(四) 业主违约

根据中国法律规定，如果合同双方各自的合同义务有先后履行顺序的，先履行一方未履行之前，后履行一方有权拒绝其履行请求；先履行一方履行债务不符合债务的本旨，后履行一方有权拒绝其相应的履行请求，也即通常所说的先履行抗辩权。在《管理合同》的业绩考核排除条款中，管理公司通常也会明确将业主违约导致的业绩未达标视为免责条件。

二、不可抗力事件的定义

在本案中，《管理合同》中明确将不可抗力事件约定为业绩考核的排外条款，但并未明确将经济大环境整体下滑列为排外条款。管理公司B公司意图将引起酒店业务不景气的世界金融危机作为不可抗力事件，进而作为业绩考核的排外条款，免除B公司的补偿义务，也防止A公司以B公司业绩不达标为由终止《管理合同》。但是A公司认为经营环境的优劣势是市场经济的应有之义，不同意将经济状况整体下滑视为客观的不可抗力事件。由此，我们需要对不可抗力进行更为深入的分析和了解。

在国际酒店管理公司的《管理合同》范本中，通常都会明确约定不可抗力定义和相应条款（也有管理公司会引用国外类似法律概念，将其命名为"非常事件"、"情势变更"等）。作为合同的基本通用条款，不可抗力条款对于合同双方通常是平等适用的，双方在未来合同履行过程中均可能面临不可抗力事件，进而需要以此作为免责条件。目前笔者所见的国际酒店管理公司通常采取列举不可抗力事项的做法，而结尾以"本合同任何一方无法控制的其他情形"作概括。简单列举做法的弊端在于仅仅规定事项而不规定其严重程度，可能会导致定义的不明确，从而导致不可抗力定义和条款被不恰当地适用或无法适用。例如，有的管理公司在《管理合同》中将劳动力短缺、物资短缺这一类难以明确衡量的事项简单规定为不可抗力，这可能会引起双方的争议和纠纷。另外，关于不可抗力定义还有一个重要的问题，即是否将政府机关的作为或不作为规定为不可抗力。在国内的房地产政策环境下，政府的作为和不作为将直接影响到《管理合同》双方（尤其是业主方）的履约能力，因此双方需要对此有个清晰的认识，否则就会触及双方的违约责任是否发生。

关于经济状况整体下滑能否（以及如何）作为业绩考核的排外倾向，或者能否作为不可抗力事件，需要逐步分析。首先，经济状况整体下滑是非常模糊的描述，没有清晰而明确的评判标准，而且也并不一定就是影响该酒店经营业绩的原因。首先，从区域角度看，在什么范围的经济下滑可以（或可能）作为该酒店业绩不佳的免责条件，需要设定一定的地域范围，考虑世界金融危机与当地（酒店所在城市、所在街区）有多大的联系和关系；其次，经济整体下滑的程度如何，是否需要经济状况下滑到一定的严重程度的情况下才可作为免责条件，这一程度该如何衡量，是否有权威机构能够给予评判；最后，类似世界金融危机此类整体经济状况下滑，在司法实践中能否直接被认定为不可抗力事件？根据笔者的执业经验，在中国司法实践过程中，司法部门在认定"不可抗力"时还是会依据"无法预见、无法避免、无法克服"的标准来进行判断，而且其评判标准目前还是相对较为保守，不会轻易将某事由认定为不可抗力事件而轻易免除合同项下一方的责任。因此，从管理公司角度来讲，如果管理公司特别关注经济整体下滑给酒店业绩带来的影响，则应坚持在合同中明确将其约定为业绩考核除外情况，虽然这种约定并非一定会确保所有"危机"均能引用作为自己免责的理由，但是相对于适用法律解释还是会更有利于管理公司。

在本案中，由于管理公司未将经济状况整体下滑作为除外条款进行明确约定，而是引用不可抗力条款，笔者认为管理公司在此方面获得支持的可能性不太大。

第九章

发展限制

导读

品牌效应是酒店业主借力于国际酒店管理公司的主要原因之一,因此酒店业主应关注酒店品牌在酒店所在地的发展分布情况。由于酒店管理公司的品牌布局计划有可能与时俱进,而且酒店品牌的数量有限,因此酒店业主通常会在《管理合同》中增加管理公司发展限制条款,对管理公司的品牌发展进行一定程度的限制。从管理公司角度而言,如果限制过严,则将在未来发展过程中有所掣肘,因此管理公司对该条款也越来越谨慎。

第一节　业务发展的时／空限制

案例介绍

某市一家国际品牌酒店的业主 A 公司与某国际知名酒店管理公司 B 公司于 2002 年 6 月签署了关于管理该酒店的《管理合同》。在《管理合同》中双方明确约定，从酒店开业之后 5 年内，B 公司及其集团内的关联公司不得在该酒店周边 5 公里范围内经营管理其他同品牌酒店。该酒店于 2005 年 6 月正式开业。酒店开业后，A 公司过多干涉酒店的具体经营活动。经过几年的磨合，双方仍未就合作模式和方式达成合意。由于多年来双方龃龉不断，B 公司逐渐萌生退意，意图在终止该酒店项目的过程中寻找下一个新酒店项目，以尽量减少 B 公司的预期收益损失。根据合同规定，在 2010 年 6 月之前，B 公司不得在该酒店周边 5 公里范围内经营管理其他品牌酒店，但并未明确约定 B 公司是否有权与该限制区域范围内的酒店业主进行联系，甚至签署《意向书》和《管理合同》。B 公司已暗中与上述限制区域范围内的另一个酒店业主 C 公司取得了联系，双方于 2010 年 4 月就双方的合作达成了基本意向，但 B 公司忌惮其与 A 公司的合同限制，尚未与 C 公司签署正式的《意向书》。A 公司正在与 B 公司就《管理合同》事宜进行谈判争执，其间 A 公司得知了 B 公司与 C 公司的幕后交易，以此为由，A 公司以 B 公司违反上述发展限制条款为由将 B 公司诉诸仲裁，要求 B 公司承担违约责任，赔偿 A 公司的直接和间接经济损失。

争议要点

《管理合同》中业务发展限制条款的时间和空间限制条件。

简要分析

在本案中，酒店管理公司和业主在《管理合同》中即约定了管理公司业务发展限制的基本原则，但由于并未就某些细节做一进步的规定，导致双方在解读上述发展限制原则时发生了争议的纠纷。发展限制条款对管理公司而言尤为重要，将直接影响到其集团的区域发展规划和进程。同时，对于业主来说，如何通过业务发展限制条款保护自己也是重要课题，要防止管理公司通过增加过多开口条款导致发展限制条款的实际作用被淡化或规避。由此可见，双方在《管理合同》谈判之初就应对该条款引起重视，笔者将在下文就双方在该条款中的利弊进行分析。

一、业务发展限制

随着国内酒店业的迅速发展，各地国际品牌酒店的数量飞速增加。为了尽力避免和减少酒店的同品牌竞争，酒店业主通常会要求管理公司承诺在一定期限和区域内，不得再经营另外一家同品牌的酒店。这种限制虽然不能从根本上保护业主酒店免于或减少周边同品质酒店的竞争压力，但毕竟"物以稀为贵"，过多的同品牌酒店扎堆虽然可以推动酒店品牌宣传，但势必会在一定程度上降低社会大众对酒店稀缺性和品质的认同。从管理公司角度来看，目前管理公司对限制竞争这一条款越来越谨慎。首先在限制期限方面，管理公司通常约定非常有限的时间，例如开业后三到五年，也有将《管理合同》签署之日作为限制起算时间，进而将业主酒店工程延期的时间也计算在内。其次，在限制区域方面，目前管理公司能够同意的限制范围越来越小，已不再像之前那样动辄将整个城市作为限制区域，更有甚者将限制区域仅限定在酒店方圆1公里，使得该条款对管理公司几乎无实际限制作用。当然，在设定限制区域时，双方均应该考虑酒店所处城市各个不同区域的发展特点，考虑现有酒店和未来酒店发展乃至经济发展的趋势，以便争取到对于己方最有实际意义的区域。

二、对发展限制条款的解读

业务发展限制条款基本上是限制管理公司一方的单方条款，因此管理公司也需对该等限制有一个明确的约束性规定，以免引起歧义而导致该条款的适用范围被无限扩大。在本案中，双方仅原则性地约定了管理公司在一定期限内一定区域内不得经营管理另一家同品牌酒店，但实践操作中的具体情况却无法一一事先预料和列举。例如，本案中B公司在限制期限内与限制区域内的第三方酒店业主进行商务接洽是否违反了上述发展限制规定？严格来讲，如果仅仅是商业接洽和洽谈，很难被归入上述发展限制条款中的"经营管理"这一限制范围中。甚至可以再进一步，即便是签署了《意向书》，鉴于《意向书》的非法律强制限制的特性，也较难归在管理公司"经营管理"这一范围内。但在此思路上推论下去，管理公司与第三方酒店业主签署《管理合同》，管理公司向第三方酒店业主提供酒店技术支持服务，管理公司向第三方酒店业主推荐总经理并开展第三方酒店的开业前活动，这些活动是否可以认定为是管理公司在从事第三方酒店的"经营管理"活动？鉴于原管理公司业务发展限制条款仅为原则性的概括规定，其在解读时难免产生歧义，对其外延的范围难以获得更有说服力的结果。笔者认为，如果管理公司与第三方酒店业主就第三方酒店的委托经营管理签署了正式的具有法律效力的《管理合同》，从法律上讲，管理公司已与第三方酒店业主形成了关于第三方酒店经营管理事务的法律关系，虽然无法确定和认定管理公司将在何时和以何种方式提供经营管理服务，但上述法律关系一旦确立，则很容易被认定为管理公司已承担随时向第三方酒店业主提供酒店"经营管理"的合同义务。如果酒店"经营管理"被扩张解释，则将包括酒店开业前的所有活动，而且原《管理合同》中并未将"经营管理"活动的客体仅限定为"已开业"的酒店。因此笔者倾向于认为《管理合同》的正式签署很可能被归入上述发展限制条款中"经营管理"的范围，除非有更为明确的相反约定。而本案中 A 公司与 B 公司仅就 B 公司的酒店管理业务进行接洽应很难被简单地归入"经营管理"的限制范围内。

第二节　对发展限制的限制

案例介绍

某国际酒店管理公司 B 公司在就某市某奢华酒店与其业主 A 公司签署的《管理合同》中明确约定了 B 公司（并促成其关联公司）在《管理合同》签署后 7 年内不得在一定区域内经营管理另一家同品牌的酒店，除非获得 A 公司的书面认可。该酒店在《管理合同》中约定的预计开业时间为《管理合同》签署后的第 3 个周年日。在该酒店建设过程中，由于政府批文原因导致酒店的建设几度停工，酒店的竣工和开业遥遥无期。B公司从集团地区发展规划考虑，决定放弃该酒店项目，并与限制区域范围内的另一个酒店业主C公司取得了联系。与此同时，B公司向A公司发出了解除《管理合同》的通知，理由是因业主原因导致酒店无法如期开业，并要求A公司对B公司进行违约赔偿。A公司则提出应由B公司承担违约责任，并且要求B公司继续履行《管理合同》，理由是B公司在提供技术服务时存在违约事项，而且A公司已得知B公司与C公司的接洽，指责其违反《管理合同》中的业务发展限制条款。

争议要点

对业务发展限制条款的限制性条件。

简要分析

本案的争议要点在于《管理合同》中业务发展限制条款对于管理公司的限制是否是有一定限度的，该条款与其他合同条款是什么关系，管理公司如何保障己方的基本权利不受业务发展限制条款的限制。

一、对发展限制条款的时间限制

在本案中，根据《管理合同》规定，A公司作为酒店业主应承担促成酒店如期开业的责任。但由于政府审批方面的原因，酒店建设工期一再停滞和拖延。根据《管理合同》和《技术服务合同》的规定，取得所有相关政府部门审批也是业主A公司的责任，《管理合同》中也未将政府的不作为定义为不可抗力事件，而且A公司也未能提供B公司违反《技术服务合同》的证据。综合上述因素，初步判断酒店业主A公司应对酒店迟迟不能竣工和开业承担责任，B公司有权根据《管理合同》的相应规定借此终止《管理合同》，并有权就A公司的违约行为追究违约责任。那么，在双方就酒店竣工和开业的延期阶段，B公司是否有权与其他管理公司进行商业接洽甚至签署《意向书》呢？A公司是否有权以B公司违反发展限制条款而对B公司提起反诉呢？

如上所述，根据本案的实际情况，在B公司与C公司进行接洽之前，B公司在履行《管理合同》和《技术服务合同》时并无可被证据证明的违约行为，而酒店工期的长期拖延这一明显事实也是A公司在《管理合同》项下明显的违约情形。业主A公司违约在先是明确的事实。在此情况下，B公司有权向A公司提出解除《管理合同》，并要求A公司承担违约赔偿责任。但在此之前，B

公司是否有权违反发展条款的约定呢?根据中国《合同法》规定,当事人双方都违反合同的,应当各自承担相应的责任。那么假定B公司确实已经违反发展限制条款,构成其在该条款项下的违约,那么B公司的这一行为是否符合免责条件呢?酒店延迟竣工和开业与发展限制条款是否有必然的联系呢?从管理公司B公司这方来讲,应尽量将A公司延迟酒店的竣工和开业作为其向第三方寻找新的发展机会的根本原因,即B公司对发展限制条款的违反是因为A公司事先违反按时使酒店竣工和开业这一在先义务所造成,以《合同法》中的先履行抗辩权等法条依据来免除己方的违约责任。此外,也建议管理公司在设置《管理合同》相应条款时即将酒店按时竣工开业作为该条款的适用前提条件,甚至概括地将业主不得违约作为该条款的履行前提条件,以便在后期双方就该条款产生争议时掌握主导权。

二、对发展限制条款的其他限制

作为本案的延伸分析,笔者建议管理公司和业主从各自的利益点出发以对发展限制条款的限制有所了解。除了上文中提及酒店按时竣工和开业外,以下几点也需双方注意:

首先,作为发展限制的题中应有之义,限制区域之外及限制期限之外的均不受限制,而且受限制的品牌也仅为酒店相同品牌,并不包括酒店管理公司旗下的所有品牌。

其次,关于限制发展的业务形态,传统意义上的酒店自然是在限制范围内,那么相关行业是否作为酒店类似产品而同时受到限制呢?例如,产权式酒店、公寓式酒店、酒店式公寓、服务式公寓、分时度假项目等这些近年来较为流行且内涵、外延不清晰的产品是否可以划入发展限制的范围呢?笔者认为,如果发展限制条款中未就上述特殊业态做明确说明,则是否能归入"酒店"一类须结合酒店的土地性质、用途、规划等进行判断。此外,度假村酒店是否可归入上述限制范围也是双方需注意的事项,如果简单地将度假村酒店排除在限制范围之外,则可能因酒店类型的模糊难以确认而引起双方的争议。

再次,在实践中,很多管理公司会提出将因购买、并购、合并等原因造成的限制区域内出现同品牌酒店作为排除事项。对此业主需特别留意。另外,有的管理公司将与重大酒店客户签署的酒店合同也排除在外,即与某房地产开发商合作的酒店超过一定数量,则如果在限制区域内与该房地产开发商集团内的酒店项目公司签署《管理合同》则不认为违反了发展限制条款。随着中国酒店业和房地产业的迅速发展，集团旗下有众多酒店项目的公司已不在少数，因此上述条款如果不能严格限制，则将为发展限制条款留下很大的突破口，对业主极为不利。

再如笔者在本章第一节案例中所提及的，如果管理公司在约定的限制期限内与其他酒店业主进行接洽、协商、签订《意向书》或《管理合同》，或者以其他方式达成有约束力的安排、提供技术支持服务、进行开业前准备活动是否视为其违反了发展限制条款呢？如果双方对此有争议，事先在《管理合同》中明确约定将是有效的做法。

第十章

违约和终止

导读

《管理合同》作为一份法律文件,必然受到适用法律的规范和制约,一旦签署就受制于法律的强制约束,若任何一方违反将受到法律惩罚。常有业内人士称,在双方发生争议之前,《管理合同》仅为君子协定,直至双方出现分歧、争议才体现出其法律约束的特性。因此,如何在《管理合同》中对未来的争议防患于未然就尤为重要,双方争议的解决过程就是检验《管理合同》条款的过程。

第一节 违约赔偿金的计算

案例介绍

某市一家奢华酒店的业主 A 公司委托某国际知名酒店管理公司 B 公司进行全权经营管理。双方在酒店委托《管理合同》中明确约定，如果《管理合同》因业主 A 公司违约而被终止，则 A 公司应向 B 公司赔偿所有剩余年限的基本管理费、许可费、奖励管理费、集团服务费等，作为违约赔偿金。在该《管理合同》履行过程中，该酒店开业第 5 年时，因 A 公司长期无理由地拖欠 B 公司管理费，经协商无果，B 公司向仲裁机构——中国国际经济贸易仲裁委员会提起仲裁，提出终止《管理合同》，并要求 A 公司赔偿所有剩余年限的应付费用。该《管理合同》约定的管理年限为 15 年，剩余管理年限则为 10 年。A 公司以 B 公司的索赔过高为由拒绝任何赔付，并提出 B 公司的众多违约情形，要求 B 公司给予违约赔偿。

争议要点

《管理合同》中违约赔偿金条款的设置和执行。

简要分析

本案争议的焦点在于《管理合同》中业主的违约金如何约定和实际支付，《管理合同》中明确约定的高额违约金是否能够得到中国法律的支持。在国际管理公司进入我国并逐渐推广适用、发展壮大的过程中，《管理合同》违约金条款进行了多次的实质性变化，其中反映了西方法律框架下诞生的合同条款在国内适用中国法律和实践的过程。

一、违约金的法律规定

关于合同违约责任，我国《合同法》有如下相关规定：

对于违约责任，中国法律规定的补偿原则为"当事人一方不履行合同义务或者履行合同义务不符合约定的，应当承担继续履行、采取补救措施或者赔偿损失等违约责任"，"当事人一方明确表示或者以自己的行为表明不履行合同义务的，对方可以在履行期限届满之前要求其承担违约责任"。其中，"继续履行、采取补救措施"可进一步解释为："当事人一方未支付价款或者报酬的，对方可以要求其支付价款或者报酬"，"当事人一方不履行非金钱债务或者履行非金钱债务不符合约定的，对方可以要求履行，但有下列情形之一的除外：（一）法律上或者事实上不能履行；（二）债务的标的不适于强制履行或者履行费用过高；（三）债权人在合理期限内未要求履行。"其次，"赔偿损失"的具体规定为："当事人一方不履行合同义务或者履行合同义务不符合约定的，在履行义务或者采取补救措施后，对方还有其他损失的，应当赔偿损失。"

对于赔偿的原则，中国法律作了如下约定："当事人一方不履行合同义务或者履行合同义务不符合约定，给对方造成损失的，损失赔偿额应当相当于因违约所造成的损失，包括合同履行后可以获得的利益，但不得超过违反合同一方订立合同时预见到或者应当预见到的因违反合同可能造成的损失。"关于违约金，"当事人可以约定一方违约时应当根据违约情况向对方支付一定数额的违约金，也可以约定因违约产生的损失赔偿额的计算方法"。对于违约金金额的确定，如果"约定的违约金低于造成的损失的，当事人可以请求人民法院或者仲裁机构予以增加；约定的违约金过分高于造成的损失的，当事人可以请求人民法院或者仲裁机构予以适当减少"。可见在中国法律中的违约金的性质主要是补偿性的，有限度地体现惩罚性。一方面，违约金的最终支付数额是根据违约情况来确定的，事先约定的违约金应当估计到一方违约而给另一方可能造成的损失，而不应约定与原损失不相称的违约金数额；而另一方面，如果当事人约定的违约金的数额低于违约造成的损失的，当事人可以请求人民法院或仲裁机构予以适当增加。同时如果约定的违约金过分高于实际损失的，当事人可请求人民法院或者仲裁机构予以适当减少。以上规定都明显地体现了违约金的补偿性，将违约金作为一种违约救济措施，保护债权人的利益。对于一般高于实际损失的通常无权请求减少，这减轻了当事人的举证责任，同时表明法律允许违约金在一定程度上大于损失，在此层面上又体现了违约金的惩罚性。

二、违约金条款的适用

在本案的《管理合同》中约定了极高的业主违约赔偿金，即如果《管理合同》因业主 A 公司违约终止，则 A 公司应支付剩余管理期限的所有剩余基本管理费、奖励管理费、国际和集团服务费、许可使用费。这对于业主而言是非常苛刻的。这类违约赔偿金条款在国际管理公司初入中国甚至几年前仍是比较常见的，但近年来已很少有管理公司还在坚持类似显失公允的违约赔偿金条款，通常仅原则性地规定双方各自按照适用法律追究对方的责任，这样在谈判阶段对双方而言都比较容易接受。由于违约金是当事人事先约定的，并且违约金在补偿守约方损失的同时，还起到一定的对违约方的惩罚作用，因此，违约金既是一种追究违约责任的方式，同时又能起到一定的合同履约担保责任。高额的违约金有一定的警示作用，拟违约方在违约之前就会权衡其未来违约的责任后果，如果明确约定了带有惩罚性的违约金，尤其是违约金超过了因违约而带来的利益时，即便是根据中国法律可能会对实际违约赔偿有所减少，但对于拟违约方而言，则须慎重考虑和对比两种选择的相应后果。因此，原则上讲，违约金设置得越高，其警示和惩罚性就越高，越有利于合同的如约履行。

如上所述，中国《合同法》中规定的违约赔偿原则上仅为补偿性而非惩罚性。如果合同未规定违约金，则以赔偿实际损失为限；但是如果合同规定了违约金，在充分尊重违约金条款的前提下，如果违约金少于实际损失，索赔方可要求适当增加损害赔偿，而如果违约金金额明显高于实际损失，则赔偿方可申请适当减少违约金。本案中《管理合同》中约定的适用法律为中国法律，仲裁机构是中国国际经济贸易仲裁委员会（CIETAC）。按照目前的法律解读和操作实践，上述畸高赔偿金并不一定获得 CIETAC 的支持。但是，届时即便 CIETAC 依据中国法律不完全支持该赔偿金而对其有所减少，其举证责任也在业主 A 公司这一方，即 A 公司应收集证据证明 B 公司的实际损失远低于约定赔偿金。如果仅规定双方依据法律规定追究损失，则 A 公司应自行搜集证据证明其损失。两者之间的差异对于双方的影响和效果还是有区别的，在实际效果上也相差很大。因此，管理公司和酒店业主在设置和履行《管理合同》违约金条款时应慎重考虑其不同情况下的后果和责任。

第二节　故意不当行为和重大过失责任

案例介绍

我国某市酒店业主 A 公司通过签署酒店委托《管理合同》委托某国际酒店管理公司 B 公司管理 A 公司所拥有的该酒店。在《管理合同》中明确约定，B 公司对于酒店所承担的赔偿责任仅限于其重大过失或故意不当行为，其他所有损失均由业主 A 公司自行承担。在该酒店经营过程中，A 公司多次提出由于 B 公司原因导致酒店发生重大损失，认为 B 公司有责任补偿 A 公司的上述损失，但 B 公司以该等情形不属于上述"重大过失或故意不当行为"为由，拒绝做出任何补偿。A 公司对该等条款的法律效力及具体适用提出严重质疑，要求依法追究 B 公司的违约责任。

争议要点

故意不当和重大过失责任——管理公司的责任范围。

简要分析

通过本案反映出一个重要问题，即委托管理项目中管理公司的责任是否有限制，该等补偿责任与《管理合同》项下的违约赔偿责任是什么关系。这些问题关系到管理公司和酒店业主在酒店委托管理架构中的基本赔偿责任，对于双方都是根本性问题，也是双方在管理公司谈判期间，以及争议解决过程中必须明确的问题。该等问题将直接关系到双方预期目的的实现，以及规避最实质的风险。在本案以及笔者所接触到的一些类似案例中，该等赔偿和补偿相关问题贯穿了始终，成为双方在仲裁或诉讼过程中相互对峙的最终防线，可以毫不夸张地说，哪一方在这一问题上获得主动权，则在一定程度上就"赢"得了这场官司。

一、故意不当和重大过失条款

根据国内酒店业内的现状，管理公司和业主双方的责任赔偿条款并不是对等的，这确是国际品牌酒店业内目前普遍通行的惯例。管理公司对此所持的潜在逻辑是：管理公司接受酒店业主的委托，代表业主经营管理该酒店，对外以业主/酒店的名义行事，而且管理公司仅取得一定比例的管理费，而并非投资行为，因此酒店的损益结果应由业主来承担，对外产生的责任也由业主去承担，并补偿管理公司可能受到的损失。例如，在本案中，《管理合同》中明确约定：

"业主应补偿、保护并使管理公司及其关联公司以及其各自的高级职员、雇员、董事、股东和代理人（以下简称"管理公司受补偿方"），使其免受其根据本《管理合同》对该酒店的经营管理行为，或因为该等行为而产生的任何索赔、请求、义务、责任、控告、起诉、判决、罚款、损害、损失、处罚、费用等（以下简称"索赔"）。"

上述条款规定了一个基本原则，即全部责任均由业主承担，管理公司及相关方均免责。在此基础上，B公司同意承担一部分有限的责任，《管理合同》中规定：

"管理公司应补偿、保护和使业主及其关联公司以及其各自的高级职员、雇员、董事、股东和代理人（以下简称"业主受补偿方"），免受任何的经营人的重大过失或故意不当行为，或因为该等行为而导致的任何索赔。"

上述条款对前述业主的全部责任进行了部分的例外约定，将管理公司的责任仅限定在故意不当行为和重大过失行为之上。

此处需提请读者注意的是，根据中国《合同法》的强制性规定，"合同中的下列免责条款无效：……（二）因故意或者重大过失造成对方财产损失的"。由此可见，即便合同中规定了完全的免责条款，但只要合同适用中国法律，则上述《合同法》的强制性规定将优先适用于合同的规定，"因故意或者重大过失造成对方财产损失的"责任则将不会被免除，即便合同中有明确的免责约定。因此，在本案中的《管理合同》中，即便没有前述"重大过失或故意不当行为"的责任条款，B公司还是应当依法对该等责任承担赔偿责任。

二、补偿和赔偿的关系

在管理公司解释上述责任条款时，通常将上述责任解释为"补偿(Indemnification)"责任，即业主应补偿任何第三者可能导致的对管理公司所造成的损失，将上述赔偿的范围仅限于由于第三方索赔所产生的补偿责任，由此而区别于管理公司和业主在《管理合同》项下对彼此所应承担的违约责任。然而，在很多管理公司所提供的《管理合同》范本中，例如本案中的上述条款，并不会将该条款明确地约定为是补偿因第三人造成的损失，从字面意思上不能排除将双方之间的违约损害纳入该条款的范围内，导致双方在合同项下的所有违约赔偿责任均受限于上述不对等的规定，由此而对业主不利。再退一步讲，即便该条款中明确该等责任仅限于由于第三方所造成的损失补偿责任，该等损失也是合同一方在合同项下受到的损失，区别仅在于其中涉及了第三方。换个角度讲，作为合同项下的一方的损失，可能是自身的损失，也可能是由于第三方追究而导致的损失，如果前两种损失都是由于合同的另一方违约所导致，则均应属于合同项下的违约损失，两者并无本质区别。由此可见，管理公司刻意将第三方的存在作为限制自己的责任的理由并不充分，关键还是在于管理公司的行为是否构成了违约。根据中国法律的规定，合同违约是否需要违约方的主观恶意作为构成要件需根据合同的不同性质和不同情况而定。例如，在中国《合同法》第二十一章"委托合同"中规定："有偿的委托合同，因受托人的过错给委托人造成损失的，委托人可以要求赔偿损失。无偿的委托合同，因受托人的故意或者重大过失给委托人造成损失的，委托人可以要求赔偿损失。"而在第十九章"保管合同"中规定："保管期间，因保管人保管不善造成保管物毁损、灭失的，保管人应当承担损害赔偿责任；但保管是无偿的，保管人证明自己没有重大过失的，不承担损害赔偿责任。"由此可见，不同类型的合同在确定合同一方责任时可能适用不同的归责原则。需要说明的是，酒店委托《管理合同》的类型比较复杂，不能简单地适用中国《合同法》分则中规定的某一类合同，需要结合《管理合同》的具体规定而综合判断。笔者注意到，某些管理公司已经注意到这一问题，在合同条款设置时，特别规避将合同划入简单的委托合同或保管合同的可能。

三、对限制条款的限制

在某些管理公司的《管理合同》中，管理公司对上述有限的责任条款仍觉得过宽，希望在此基础上对其故意不当和重大过失行为责任做进一步的限制适用。例如，在本案中，《管理合同》在约定"管理公司应仅对管理公司的重大过失或故意不当行为承担责任"的原则（以下简称"甲原则"）之后，又增加了一个"管理公司不承担责任"的特别排他原则（以下简称"乙原则"），包括管理公司不承担责任的四种特别事项，即：

(i) 任何间接的或后果性的损失；

(ii) 任何保险范围内的损失；

(iii) 第三方所欠的债务；

(iv) 管理公司或其关联公司因进行商业判断而产生的损失，即使该等商业判断可能是不谨慎的。

在上述条款中，甲原则在先，乙原则并列在后，两者之间没有表明两者关系的词汇，因此如何理解和解释两个原则在冲突时哪个优先就成为一个重要的法律问题，尤其是乙原则中的第 (iii)、(iv) 两项。例如，如果是 B 公司的重大过失或故意不当行为导致了第 (iii)、(iv) 两项的结果，则 B 公司是否承担补偿责任呢？就目前的条款解读，虽然没有明确规定乙原则一定优先于甲原则的条款或字眼，但从语法上看还是会更多地倾向于不利于业主 A 公司的解读，即在后的乙原则优先于在先的甲原则。本案双方在产生纠纷并提交仲裁时就上述两个原则如何适用产生很大纠纷，需要各方尽量提供更多的有利于己方的证据。

第三节 《管理合同》的终止难题

案例介绍

A 公司是某市一家豪华酒店的业主，A 公司通过签署酒店委托《管理合同》聘请某国际酒店管理公司 B 公司管理该奢华酒店。A 公司与 B 公司及 B 公司的关联公司分别就该项目签署了《管理合同》、《品牌许可合同》、《集团服务合同》、《技术服务合同》，其中《管理合同》和《技术服务合同》是与 B 公司（在国内设立）签署，《品牌许可合同》与 B 公司的集团总部 C 公司（位于境外）签署，《集团服务合同》与 B 公司的关联公司 D 公司（位于境外）签署。《技术服务合同》在酒店开业时已届满。在上述合同的履行过程中，A 公司就 D 公司所提供的集团服务提出异议，要求解除《集团服务合同》。此时 A 公司面临一个问题：

鉴于各个合同的实际签约方不同，而且各个合同中并未明确约定关联终止和关联违约，如何终止其他合同？如何就其他合同提起损害赔偿？

争议要点

多个合同的关联终止和关联违约。

简要分析

在本案中 A 公司所遇到的问题是很实际的操作性问题，可能双方在实践过程中都会遇到，需要各方在签署合同之初以及解读相应条款时特别留意相应的后果。

一、合同架构设置

根据酒店委托管理项目的服务内容及其特点，各个管理公司的合同架构设置不同，比较典型的合同分类为：《管理合同》、《技术服务合同》、《品牌许可合同》、《集团服务合同》。但是，各个管理公司出于税务安排等不同方面的考虑，通常会对上述合同进行整合或分拆。有的公司简单地将多个合同合并在一个合同中，而更多的公司还是按照合同的性质以及其集团内部的避税考虑，分别签署不同的合同，而且管理公司这一方的签署方往往是不同的，可能涉及几个国家的不同公司。例如有的管理公司只有一份包含上述所有内容的合同，有的又分拆并重新组合成多份合同。而且根据惯例，业主只能接受管理公司提供的合同分类，只能在具体合同条款中减少其对业主的影响。最简单的合同形式即将所有上述内容包含在一份合同中；也有的简单分为《管理合同》和《技术服务合同》，某几个国际管理公司适用该方式，合同形式也相对简单；还有的管理公司适用上述传统的合同分类，分为《管理合同》、《技术服务合同》、《品牌许可合同》、《集团服务合同》；再有一些管理公司继续在以上传统分类的基础上重新分拆组合，以某管理公司 E 公司的合同为例，E 公司的合同包括《管理合同》、《品牌许可合同》、《系统支持合同》及《预订技术服务合同》四份合同，具体如下：

①《管理合同》中涵盖了上述典型合同中的《管理合同》和《技术服务合同》，详细约定了管理公司经营管理酒店的内容，以及管理公司就酒店建造提供技术服务的内容。业主将据此向管理公司支付：奖励管理费、技术服务费，以及其他一些收费；

②《品牌许可合同》中包含了典型《许可合同》中的双方权利义务条款，

但未约定许可费,许可费条款分拆到《系统支持合同》中;

③《系统支持合同》中包含了典型《许可合同》中的部分内容(主要是许可费),以及典型《集团服务合同》中的国际营销服务的内容。业主据此将向管理公司支付许可费(即传统意义上的基本费)、国际营销费用等;

④《预订技术服务合同》中包含了其他的集团服务内容,即预订服务、忠诚客户计划及其他的集团服务内容。业主据此将向管理公司支付酒店预订费、忠诚计划费等集团服务费用。《预订技术服务合同》和《系统支持合同》中的部分内容构成了集团服务(或称国际服务、统筹服务、中央服务)的主要内容。

二、合同的交叉终止和交叉违约

根据业内惯例,合同的最初版本由管理公司提供,业主并不能从根本上改变合同的架构,仅能从具体合同条款修改方面来维护业主的利益。上述错综复杂的多种合同分类方式所造成的结果是,所有合同的业主一方将是业主一个公司,而业主所面临的合同的另一方则可能是多个具有法人实体资格的不同公司。实践中,对于业主而言,理所当然地将上述合同的签约方管理公司及其关联公司从商业角度视为一个整体,但从法律上讲却并非如此。从法律角度看,不同的法人实体的权利、义务和责任是分开的,除非在各个合同中就管理公司及其关联公司等多方的责任进行关联,否则,基本可以认为各个合同是相互独立的。

在《管理合同》的标准文本中,管理公司通常会将各个合同的终止进行关联(但《技术服务合同》因其较短的合同期限而往往被当成例外),即任何一个合同若因任何原因提前终止,则其他合同也相应终止。这就是合同中关于交叉终止的规定。如有该等规定,则双方在发生合同因违约终止的情况时,可以很清晰地确定其他合同的效力,防止双方在其他合同中纠缠不清。然而,除了交叉终止外,交叉违约却较少引起管理公司和业主的重视,各管理公司的合同文本中较少有将合同交叉违约进行明确约定的。即便有的管理公司对此有明确约定,也仅将其规定为单方的、不利于业主的条款,即如果业主在任何一个合同项下的违约则视为其在其他合同项下的违约,并将为此承担违约赔偿责任。对于没有明确约定交叉违约的合同,严格来讲,只能判断对方在每个合同项下是否有违约的行为。进一步讲,考虑到双方在酒店委托管理项目中不同的职能和主要义务,管理公司及其关联公司根据不同合同的规定提供的是不同的具体服务内容,而业主的主要义务是提供符合品牌标准的酒店硬件,以及向管理公司及其关联公司支付费用。在此基础上,如果业主不能维持和确保酒店的正常使用,即很轻易地构成业主对各个合同的违约,而管理公司及其关联公司提供服务的内容相对独立,业主将必须就每个合同项下对方的违约行为进行举证。从另一个角度看,由于不同的管理公司及其关联公司通常是不同国家的公司,业主在决定向管理公司及其关联公司发出终止合同并索赔违约赔偿金时应策略性地考虑该等不同因素所能为己方带来的利弊,综合地制定诉讼策略。

在本案中,《管理合同》等合同中并未约定交叉终止和交叉违约条款,提出终止的一方应结合双方的合同约定的权利和义务及具体的事实情况来终止每一份合同,至于每份合同项下的违约赔偿金,也只能结合现有合同的约定和己方的损失来进行索赔。

第四节 有限的违约赔偿金

案例介绍

某奢华五星级酒店由国际知名酒店管理公司 B 公司全权经营管理。在经营管理过程中,由于 B 公司多次发生严重违约行为,酒店业主 A 公司向仲裁机构提起仲裁,要求终止《管理合同》,并要求 B 公司赔偿 A 公司的损失。然而,双方此前签署的《管理合同》中明确约定,无论在任何情况下,B 公司在《管理合同》等合同项下的违约损害赔偿金不得超过前一个财务年度 B 公司因该项目所收取的基本费和奖励费总额,也即 B 公司的赔偿上限仅为其一年的收入,这与业主所要求的损害赔偿金相差甚远。此时,如何处理 B 公司的赔偿责任和对其赔偿责任进行限制就成为本案的关键。

争议要点

免责条款/限责条款的效力。

简要分析

本案的关键在于合同双方在合同中事先约定的关于对一方违约赔偿的限制

或免除是否有效,在国内的法律实践中通常是如何解读和适用该等免责/限责条款的问题。

一、免责条款/限责条款的定义

免责条款是指合同双方当事人通过合同条款约定的用以免除或限制合同方未来合同责任的条款。狭义的免责条款仅指完全免除合同方责任的条款,而广义的免责条款则包括免除和限制合同方责任的条款。严格来讲,免责条款和限责条款还是有所区别的。通常情况下,法律规定和实践过程中对免责条款的要求和限制通常会比对限责条款更为严格。但是,作为不同程度地排除合同方未来的责任的条款,免责条款和限责条款在理论上和实践中并没有作严格的区分,一般统称为"免责条款",因此,下文中也将免责条款和限责条款统称为免责条款。

二、免责条款的效力

鉴于目前酒店业愈来愈多的纠纷和争议案件的出现,管理公司和业主也越来越关注合同项下的违约责任的追究和限制等问题,希望能在合同谈判和订立之初即在合同中精确约定对己方有利的条款。目前,合同双方对责任条款和免责条款尤为重视,尤其是后者,现在有些《管理合同》中已明确地约定了一定程度的免责条款。例如,本案中管理公司即通过《管理合同》为自己的违约赔偿金设定了一年期收入的上限。

条款设计者的意图是很明显的,但在中国法律框架下,该等免责或限责条款是否能够达到其预期的目的呢?首先,我们应从正面来看一个有效的免责条款该具备怎样的前提条件。在"契约自由"的法律语境下,通常而言,只要双方通过公平协商而确定的合同条款,只要不违背某些法定的基本底线,该等条款是会受到法律保护的,否则将与合同自由的原则相违背。从法理上讲,一个有效的免责条款,一般需要具备以下基本的生效要件:

首先,免责条款必须是合同双方的真实意思表示,并经过双方当事人的协商同意。合同中所约定的包括免责条款在内的所有合同条款都必须是经过合同双方深思熟虑之后确定下来的明确的、真实的意思表示,否则应视为无效。双方的意思表示都需要通过一定的合同条款文字予以体现,表现为对合同全部条款和内容的协商一致。

其次,免责条款应符合社会公共利益的要求,必须维护国家、集体或第三人的合法权益和利益,不得损害任何个人或单位的生命健康、名誉、荣誉、财产等,否则应视为无效。

第三,免责条款应合理分配合同双方之间的权益与风险。只要免责条款不违反法律的强制性规定,应是有效的,如果该免责条款不合理地片面地限制或剥夺合同一方的权益或不合理地增加合同一方的风险和责任,则其有效性可能不受法律支持。

关于免责条款的效力,我国的法律视不同情况进行了不同的规定。我国《合同法》第53条规定:"合同中的下列免责条款无效:一是造成对方人身伤害的;二是因故意或者重大过失给对方造成财产损失的。"上述两种情况的后果比较恶劣,因此需明确将其排除在免责条款之外。前者涉及人身伤害,我们可以理解和把握。后者涉及了一定程度的主观过错——故意或者重大过失,以及一定的客观结果。由此结合本章第一节案例的简要分析中所提及的管理公司的有限的故意不当行为和重大过失责任条款,不难理解管理公司设定该等自我限制条款的初衷,因为即便不做该等规定,之前约定的免除管理公司所有责任的条款还是将受限于《合同法》第53条的规定。

此处需要对格式条款的免责条款进行特别说明。格式条款不同于其他条款。根据我国《合同法》规定,"格式条款是指当事人为了重复使用而预先拟定,并在订立合同时未与对方协商的条款","采用格式条款订立合同的,提供格式条款的一方应当遵循公平原则确定当事人之间的权利和义务,并采取合理的方式提请对方注意免除或者限制其责任的条款,按照对方的要求,对该条款予以说明"。换言之,如果格式条款的提供者在订立合同时,未尽提请对方注意和说明的义务,属于强迫对方当事人接受不公平条款,则该免责条款无效。因此,从管理公司角度讲,由于所有合同版本均由管理公司一方提供,在合同谈判和交流过程中应就其中的免责条款向业主方进行说明,避免某些苛刻条款事后被业主认为是格式条款而要求仲裁庭认定其无效。

在本案中,《管理合同》中规定,无论在任何情况下,B公司在《管理合同》等合同项下的违约损害赔偿金不得超过前一个财务年度B公司因该项目所收取的基本费和奖励费总额,也即B公司的赔偿上限仅为其一年的收入。这是典型的责任限制条款,即广义的免责条款,其应受限于中国《合同法》的法律规定。如果有确切证据证明B公司在履行合同过程中有重大过失或故意不当行为,则根据《合同法》对免责条款的限制(即重大过失和故意的例外规定),上述关于B公司的限责条款的效力就会大打折扣,A公司可依据上述明确的法律规定对B公司的责任进行追究。

第五节　天价违约索赔

案例介绍

某市一家奢华酒店的业主 A 公司与某国际知名酒店管理公司 B 公司签署了关于 B 公司管理 A 公司的该奢华酒店的《管理合同》。在该《管理合同》中，双方明确约定，如果任何一方违反合同约定导致《管理合同》被提前终止，违约方应赔偿非违约方的全部直接和间接损失，包括非违约方的可期待利益。双方在履约过程中发生《管理合同》争议，B 公司以 A 公司严重违约为由，要求终止《管理合同》，并要求 A 公司赔偿 B 公司剩余管理年限的所有管理费等收入。同时，业主 A 公司亦向仲裁庭提出反诉，认为 B 公司行为已构成严重违约，要求 B 公司赔偿其直接和间接经济损失数亿元。

争议要点

间接损失、可期待利益的认定。

简要分析

本案所反映出的问题在目前国内酒店委托管理领域内将越来越凸显，其对赔偿方的经济性打击是极其巨大的，需要引起业主和管理公司的足够重视。在本案中，《管理合同》双方均认定对方构成严重违约，要求对方赔偿自己的损失，其中包括其可期待利益这一间接损失。如何认定可期待利益等间接损失是进一步厘清本案的关键。

一、间接损失和可期待利益

间接损失即相对于直接损失而言，通常只是可期待利益的丧失，即因受到某种侵害（如违约、侵权等）而导致其本来应当得到的利益未能获得。目前我国《合同法》第 113 条有明确的规定："当事人一方不履行合同义务或者履行合同义务不符合约定,给对方造成损失的,损失赔偿额应当相当于因违约所造成的损失,包括合同履行后可以获得的利益,但不得超过违反合同一方订立合同时预见到或者应当预见到的因违反合同可能造成的损失。"前文中所提及的"合同履行后可以获得的利益"是指在合同签署时已经预见到的、在合同适当履行后一方合同当事人可以实现和获得的,但因合同另一方当事人的违约行为而导致其未能实际实现的财产利益,又称之为"可期待利益"、"预期可得利益"等。

很显然,上述《合同法》的相关原则性规定不管在文意解读上还是在司法实践操作中都比较含混模糊,且没有相对应的司法解释,要依靠于法官或仲裁员的自由裁量,其结果必然导致该法条适用的不确定性。司法实践中也存在因赔偿标准模糊而导致出现不合理的判决或裁定结果。学术界对如何适用可期待利益的赔偿争议颇大,因此还有待于法律对上述《合同法》第113条作进一步的明确解释。

对于可期待利益的理解和掌握,可从其具体特点入手。第一,可期待利益指的是未来的一定利益,在违约时尚未实现,需要合同的继续履行才能得以实现。第二,正如上述法律条文所述,可期待利益具有可期待性,可期待利益的损失是合同当事人在签署合同之时已经预见到或应该预见到的利益的损失,则可期待利益即当时可以预见到的利益。第三,可期待利益不应脱离实际,应具有一定的现实可实现性。同时,作为赔偿可期待利益的构成要件,违约行为、损害事实及前两者之间的因果关系都是在认定损害赔偿时的必要前提。

二、对可预见性的理解

通过对《合同法》第113条的解读,我们可以发现,目前对可期待利益的限制主要通过其"但书"来实现,即"但不得超过违反合同一方订立合同时预见到或者应当预见到的因违反合同可能造成的损失"。第一,"预见"的主体是"违反合同一方",即违约方,而并非未违约方。第二,预见的时间是"订立合同时",而并非合同违约时。第三,"预见"包括"已经预见"和"应当预见",后者为正常一般人的评判标准。第四,超过可预见的损失不在赔偿范围内。在实践过程中,很多人对上述但书的解读存在严重的误读,导致可预期利益条款的无限制滥用。在判断是否"可预见"和"应当预见"时,首先应以一般合理的正常的自然人的判断为标准,以其正常标准来衡量彼时能否预见到该等损失。在此基础上,还应考虑违约方的特殊身份、职业和认知能力等因素,身处不同处境和地位的违约方的评判标准将有所不同,特别的身份和职业往往会有区别于一般人的特点,进而导致其可预见性的不同。此外,违约方对非违约方和合同的认识和了解也将影响到违约方的可预见性,违约方在签署合同时对合同另一方的了解将影响到其预见未来收益和损失的判断标准。另外,双方合同对价的确立,以及双方信息的披露程度等因素也影响到违约方的判断,不同的合同对价是决定违约方判断标准的重要因素,合同金额将直接反映双方在未来合同履行过程中的各自收益和可能的损失,而合同一方对另一方特别信息的披露,也将进一步影响信息接收方的判断。

让我们回到本案中,在 A 公司和 B 公司签署的《管理合同》中,双方明确约定了违约赔偿包括直接损失和间接损失。《管理合同》也明确约定了双方在未来合同履行过程中的费用计算方式,即 A 公司应逐年支付给 B 公司基本管理费、奖励管理费和许可费等。那么如果本合同因任何一方的违约而导致被提前终止时,应该如何确定可期待利益这一间接损失?《管理合同》中约定的剩余年限的管理费和许可费是否即可视为 B 公司的可期待利益,该等赔偿是否可视为 A 公司在签署《管理合同》时即已预期到的可能损失?如果《管理合同》因为 B 公司的违约而终止,A 公司为该酒店项目而预期获得更大的利润是否需要 B 公司来承担? B 公司在签署《管理合同》时是否可预期该等业主利润的赔偿?可期待利益的赔偿又受到《合同法》及其法律条款怎样的限制和影响?这些问题需要本案中合同双方和仲裁庭的进一步的思考和解决。

第六节　法定抗辩权

案例介绍

我国某市某酒店业主 A 公司委托某国际酒店管理公司 B 公司管理 A 公司的酒店。在该酒店的经营过程中,A 公司一直拖欠 B 公司的管理费和许可费,迟迟不予支付。B 公司向 A 公司一再发函要求其支付拖欠款项,并最终向 A 公司发出了律师函,要求 A 公司在指定期限内立即支付,并支付相应的延期付款利息,否则将终止该酒店项目的《管理合同》,并要求 A 公司承担所有违约赔偿责任。B 公司在发函之后即从该酒店撤出了酒店总经理,并停止了该酒店的所有国际集团

 酒店管理合同：从履行到争议解决

服务项目。A公司对此进行了回应，列举了B公司及B公司所委派总经理的违反《管理合同》的种种行为和事实，要求B公司限期改正，并指出前述违约行为是导致A公司不予以付款的原因。同时，A公司指责B公司未经同意撤离总经理、停止国际集团服务项目是严重的违约行为，因此要求B公司予以纠正并赔偿A公司的经济损失。双方为此互相指责，均指称对方的违约行为在先，因此拒绝对方的索赔。

争议要点

《管理合同》履行过程中可适用的各类法定抗辩权。

简要分析

本案双方所遇到的问题也是司法实践中酒店业主和管理公司在仲裁或诉讼过程中必然遇到的问题。业主和管理公司都是《管理合同》的履行方，当一方发生严重违约而被诉讼时，该违约方必然同时探究对方是否也存在违约行为。任何交易较复杂的合同的履行方在履行合同时很容易构成合同项下烦琐条款中的任何一个条款的违反，其区别仅在于所违反条款的重要程度，以及违反的严重程度。现实中的案例都是复杂的，所涉及的各方在履行合同过程中都或多或少地存在违反合同约定问题，尤其是双方在争议阶段通常都不再继续按约履行。在本案中，A公司和B公司也存在相同的问题。如何处理双方在该种情况下的权利和义务，需从法定的合同抗辩权说起。合同的抗辩权，是指合同一方当事人有依法对抗对方要求或否认对方权利主张的权利，主要包括同时履行抗辩权、先履行抗辩权、不安抗辩权。中国《合同法》对各类合同抗辩权进行了明确的规定。笔者以下将逐一分析该等抗辩权。

一、同时履行抗辩权

我国《合同法》第66条规定："当事人互负债务、没有先后履行顺序的，应当同时履行。一方在对方履行之前有权拒绝其履行要求。一方在对方履行债务不符合约定时，有权拒绝其相应的履行要求"，此即同时履行抗辩权的法律规定。"同时履行"包括合同中明确约定应同时履行的债务，以及合同未约定履行的先后顺序的，应同时履行。顾名思义，"同时履行"是同时履行抗辩权的前提条件和基本特征。在此情况下，如果合同当事人一方未按照合同约定履行其义务，则另一方合同当事人则可依据该法条的规定而拒绝履行其合同项下的义务，后者的拒绝履行是合法行为，不构成违约。首先，适用同时履行抗辩权的合同应

是一份双务合同，即合同双方在合同项下均有应履行的义务，而不适用于单务合同。在本案中，业主 A 公司的主要义务是向管理公司 B 公司支付管理费和许可费等费用，而 B 公司的主要义务是受托经营管理该酒店，前述费用作为该等服务的对价。其次，合同项下的双方义务应当同时履行，或没有明确约定其先后履行顺序。在此情况下，如果合同一方当事人未履行其应履行的义务，则另一方应已提出履行或准备履行，否则，前者可能同时行使同时履行抗辩权。两者的义务应具备一定的牵连性，一般是指一方合同当事人的债务因不可归责于合同双方的原因而导致其债务不能履行，而双方的履约义务互为前提，一方不履行，则另一方即可不用履行。实践操作中，业主公司以管理公司经营管理不当为由拖欠管理费的情况时有发生。这也是管理公司通常极其坚持银行账户控制权的主要原因之一，而且管理公司通常也强烈反对在《管理合同》中约定管理费等费用的支付以业主审批财务报表或双方会签为付款前提。

在本案中，A 公司和 B 公司都可能以同时履行抗辩权作为己方不履行义务的抗辩理由，这时需要分析两者的具体义务的关系是否具备前述构成要件。对于本案中双方持续合作的关系，A 公司的付款义务和 B 公司的管理义务可视为双方的持续性义务，两者互为前提，属于一定时期内的"同时履行"。

二、先履行抗辩权

《合同法》第 67 条明确约定了先履行抗辩权，该法条规定："当事人互负债务，有先后履行顺序，先履行一方未履行的，后履行一方有权拒绝其履行要求。先履行一方履行债务不符合约定的，后履行一方有权拒绝其相应的履行要求。"与上述同时履行抗辩权明显不同，先履行抗辩权的前提是合同双方所应履行的义务存在先后顺序，即一方的某项义务应先予履行，而另一方的义务可在其后履行。先履行抗辩权在本质上是对先期违约的抗辩权。在本案中，A 公司和 B 公司的具体不同义务存在先后顺序。作为先履行抗辩权的构成要件，双方当事人应互相承担义务，而且该等义务有先后履行顺序，而应先履行一方未能履行，或者该履行为部分履行或瑕疵履行，即广义上的不履行，该等部分履行和瑕疵履行也通常被认定为违约的一种。

在解读上述法条时，应澄清其与《合同法》第 113 条的关系，第 113 条规定："当事人双方都违反合同的，应当分别承担各自应负的民事责任。"上述两条法条在适用时存在重合的情况，当出现重合的时候，需要分清双方的义务是否存在一定的关联性。在司法实践中，经常存在因适用第 113 条而忽略第 67 条的情况，导致后履行方也被认定为违约，而忽视其享有的先履行抗辩权。因此，在某些管理公司所提供的《管理合同》版本中，明确将业主的违约导致的一系列的管理公司违约进行免责，以便清楚地排除第113条的适用。此类规定有利于澄清法律条款的适用，保护己方在对方违约时的权利。但对方对待此类条款亦应尤其注意，笔者建议或者予以删除，或者改为同时适用于双方的条款。

三、不安抗辩权

我国《合同法》第68条规定了"不安抗辩权"，即"应当先履行债务的当事人，有确切证据证明对方有下列情形之一的，可以中止履行：（一）经营状况严重恶化；（二）转移财产、抽逃资金，以逃避债务；（三）丧失商业信誉；（四）有丧失或者可能丧失履行债务能力的其他情形。当事人没有确切证据中止履行的，应当承担违约责任"。前述先履行抗辩权保护的是后履行方的权利，而不安抗辩权保护的是先履行一方的权利，顾名思义，同时履行抗辩权保护的是同时履行义务方的双方权利。作为不安抗辩权的构成要件，第一，双方应互相承担履约义务，而且两者的义务履行时间存在先后顺序。第二，后履行方表现出其履行能力明显降低，有未来不能履行的可能性。其表现形式包括上述的经营状况严重恶化，转移财产、抽逃资金以逃避债务，丧失商业信誉等已经或可能丧失履行债务能力的现实风险。但是，如果在合同签署时，合同一方已经得悉对方存在上述倾向，则在合同签署后不应以相同理由行使不安抗辩权，这是题中应有之义。第三，享有不安抗辩权的先履行方应提供充足的证据证明对方存在上述情况。第四，后履行方未能提供足够的担保。行使不安抗辩权的当事人应当承担的义务包括：通知义务，即行使不安抗辩权的当事人应当将中止履行的事实、理由以及恢复履行的条件及时地通知对方；如果对方当事人提供了相应担保时，行使不安抗辩权的一方应当恢复履行合同。在某些委托管理项目中，经常出现一方当事人明显不能履行的情况而导致另一方长期不能解除合同的情况，例如如果业主方迟迟未能开始或严重拖延酒店建设工期，则管理公司可适用不安抗辩权提出终止《管理合同》。

同时履行抗辩权、先履行抗辩权、不安抗辩权此类抗辩权是争议双方在诉讼及仲裁实践中最常提到的法定抗辩理由，也是法官或仲裁员衡量和评判双方过错和相应责任的重要法定依据。对该等抗辩权的灵活运用，可以有效地减轻或免除己方已有责任，同时追究对方的责任。在本案中，A公司和B公司应针对自己和对方的不同具体义务，选择适用上述法定的抗辩权，以在争议解决中争取到仲裁员更多的支持。

第四编
从争议到解决

在以上三个章节里,我们共向读者介绍了从《意向书》签署之后到《管理合同》履行的整个过程中的数十个争议案例,基本涉及酒店业主和管理公司之间的大多数重要事项和焦点问题。那么,在面对这些大大小小的分歧和争议时,当事者应该如何着手解决,解决的途径通常有哪些,在解决的过程中应注意哪些事项,则是本章将着重介绍的议题。笔者将于下文分别介绍专家解决机制、仲裁及诉讼等几种常见争议解决方式,并对《管理合同》等正式合同中常见的通用法律条款统一进行介绍,以作为本书的归结。

第十一章
专家解决机制

导读

很多读者也许会对"专家解决"一词略感陌生,毕竟在当前司法实践中,凡言及争议解决,首先浮现在脑海的往往是"诉讼"、"仲裁"等概念。然而,在国际品牌酒店行业中,专家解决机制是一种被普遍提及的纠纷解决机制,专家解决机制作为《管理合同》的一个有机组成部分,已逐渐被国内的酒店业主所接受。了解和采用专家解决方式,有助于业主和管理公司构建一个多层次、多途径的争议解决机制,从而更好地为包括《管理合同》在内的酒店合同的履行保驾护航。要深入理解和运用专家解决机制,首先需要了解什么是专家解决机制,以及专家解决机制适用于哪些情况。与仲裁、诉讼等纠纷解决方式一样,专家解决机制也拥有一套基本固定的程序,一旦业主和管理公司发生争议,双方便可遵循着这一程序有条不紊地解决。本章将通过几个简要的案例,从具体的案情入手,就上述问题向读者做一简要的介绍和说明。

第一节　专家解决的概念和适用范围

案例介绍

某房地产开发商A公司与某国际品牌酒店管理公司B公司合作以某品牌开发一家高端酒店，并就该酒店签订了《管理合同》和其他配套合同。在酒店开业筹备阶段，当业主审阅完管理公司提交的开业前预算后，业主发现管理公司海外采购的种类和数量过多，无谓增加了业主成本。但管理公司则认为这些采购项目在国内没有符合要求的供应商，为了保证酒店的品牌标准，必须进行海外采购。双方虽经多次协商，但始终无法就开业前预算达成协议。由于酒店预计开业日日益临近，若不尽快确定酒店的预算，双方都将蒙受损失。纵观双方所签订的《管理合同》，其中有这样的约定："业主与管理公司与以下事项有关的争议应当提交专家解决：……（3）对开业前预算和年度预算的批准……"那么什么是专家解决？如何确定何种争议适用于专家解决呢？

争议要点

专家解决机制的基本内容及其通常适用于该解决方式的争议。

简要分析

一、专家解决机制的定义

酒店经营管理，尤其是高端国际品牌酒店的经营管理是一个专业而系统的领域，涉及内部财务控制、人力资源、外部营销推广等诸多事项，一旦酒店业主和管理公司在履行《管理合同》的过程中就酒店的经营产生争议，其往往具有很强的专业性。例如，当双方对酒店的建造是否满足特定的品牌标准产生分歧时，认定品牌标准的具体内容及酒店在哪些方面需要满足品牌标准等专业知识将至关重要；又如，当双方对酒店年度预算的金额产生分歧时，便需要了解年度预算通常应当包含的项目、财务术语的定义和执行，以及行业内制定年度预算的惯常流程。

仅就理论而言，当发生上述争议时，若《管理合同》没有特别的规定，任何一方应有权根据《管理合同》中的仲裁条款或诉讼条款，将此争议提交仲裁机构申请仲裁或向有管辖权的法院提起民事诉讼。然而，在实践中，无论是业主一方还是管理公司一方，都不希望轻易启动仲裁或诉讼程序，一则上述程序耗时耗力，不可避免地将对酒店的经营产生重大的影响；二则并非所有争议都有必要上升到对簿公堂、终止双方合作的程度；三则尽管法官和仲裁员是法律方面的专家，但并不一定对酒店经营中的专业知识有深入的了解，因此双方通常更希望由通晓酒店行业的专业人员给予更有利于酒店经营的意见，帮助双方及时解决争议问题。正是基于上述原因，在目前国内业主和管理公司签订的大多数《管理合同》文本中，我们通常能看到一种区别于仲裁和诉讼的纠纷解决机制，即专家解决机制（也有"专家裁定"、"专家决定"等称谓，实为同一概念）。这种纠纷解决机制为双方解决专业性较强的争议提供了仲裁或诉讼之外的另一种途径和选择。

因此，我们可以将专家解决机制概括理解为一种纠纷解决机制，即双方在《管理合同》中约定，当某一特定争议产生后，由双方委派一名或多名独立的第三方专家，听取双方对争议事项的意见，并根据该等专家的专业知识和实践经验对上述争议进行判断，而后做出对双方具有约束力的决定，并由双方遵照执行。

二、专家解决机制的适用范围

专家解决机制是《管理合同》中一个普遍存在的条款，主要用于解决《管理合同》履行及酒店经营过程中所产生的专业问题。就一般意义而言，专家解决机制通常可适用的情形主要包括：(1) 业主和管理公司在《管理合同》规定的时间内无法就酒店开业前预算或开业后的年度预算达成一致；(2) 当业主有意将酒店转让给第三方时，双方对该第三方是否为《管理合同》项下的合格受让人存在分歧；(3) 双方对酒店年度审计结果存在异议；(4) 业主和管理公司发生有关资本支出的争议；(5) 业主与管理公司就酒店征收征用补偿分配的争议；(6) 其他《管理合同》约定应适用专家解决的事项。该等事项通常为专业性较强，且并非双方之间根本性的、可直接导致双方解约的矛盾分歧。

根据笔者的经验，业主和管理公司对专家解决机制的态度，往往在实践中直接决定了其适用范围的大小。从管理公司角度来看，在现行《管理合同》的框架下，各国际品牌酒店管理公司对专家解决机制的态度存在一定的差异。一些管理公司较为看重专家解决机制在经营过程中的作用，在合同条款中详细规定了诸多应适用专家解决的事项；但也有一些管理公司考虑到经营的复杂性，对专家解决机制采取相对灵活的态度，仅规定将一些重要的或一定金额以下的经营性争议（如预算争议）交由专家解决，其余的问题则更多地寄希望于就具体情况与业主协商或通过仲裁等其他途径解决。

此外，不同的业主对于专家解决机制的适用范围也存在不同的认识。一些业主由于对专家解决的权威性和公正性存在顾虑，当遇到争议时，更倾向于采取传统的争议解决方式，即先协商，协商不成则诉诸仲裁或者其他具有公信力的机构；而某些业主则希望建立不同的争议解决机制，以适用于严重程度不同的纠纷，因此倾向于在合同中明确约定仲裁条款的同时也引入专家解决机制，避免协商不成陷入僵局的情况发生。

由此可见，专家解决机制的适用范围并非一成不变，而是由业主和管理公司根据各自的意见在行业惯例的基础上在《管理合同》中加以确定，因此业主在确定专家解决条款时，既要考虑对方是哪家管理公司及其对于专家解决的基本态度，同时也要根据自身的情况加以判断。另外值得一提的是，由于各管理公司的合同体例不同，专家解决适用的情形既有可能在某一条款中统一列举，也有可能散见于合同各个条款中，尤其对于后一种情况，业主需要在纵览合同后，予以通盘考虑。

第二节　专家解决的程序

案例介绍

某置业有限公司 A 公司是国内某家五星级酒店的业主，其将该酒店委托给国际品牌管理公司 B 公司经营和管理。在经营过程中，双方就某一年度预算中有关人事的项目发生争议，业主认为酒店高管的薪酬计划不甚合理，要求管理公司进行调整；而管理公司认为该薪酬计划是根据其在中国大陆地区的薪酬标准制定，并且已经参考了酒店所在地的劳动市场情况。在双方签署的《管理合同》中约定了专家解决机制，其中具体约定任何一方可通过书面通知另一方启动专家解决机制。双方各推荐一名专家，并从中协商一致最终确定一名专家人选，双方拟聘用的专家应当具备与处理《管理合同》项下应提交专家解决的争议相适应的能力和经验，双方对专家人选协商不成则由中国国际贸易仲裁委员会主席在上述两名专家中指定。双方按上述约定聘请专家后，受聘专家要求双方限期提供双方的《管理合同》、近年酒店年度预算中关于高管薪酬的内容、业主对年度预算的审批等材料，同时要求双方对各自的主张提供书面的说明和论证。

争议要点

从专家选聘到裁决做出的一系列程序性法律问题。

简要分析

一、专家所需要具备的条件

选聘专家是专家解决机制的首要步骤，而其中首要问题便是专家需要具备何种资格或资质。对此，为了能够使专家解决发挥其应有的作用，《管理合同》通常要求专家至少应当具备三大基本要求，即公信力、专业性和独立性。仅有这些抽象的要求是不够的，可能会发生上述案子中"公说公有理，婆说婆有理"的局面。因此，在具体合同文字中，双方需要对专家的资格和资质作出更为具体的约定。具体而言，第一，应当要求该专家在国际品牌酒店行业内享有一定的声誉，可以是行业内知名的专业咨询机构，也可以是拥有行业声望和地位的律师、会计师、顾问或当地资深酒店从业人员等个人。需要说明的是，此类要求并非盲目迷信名望，而是为了最大限度地保证专家最终裁定的公信力。第二，由于争议问题通常具有非常强的专业性，作为居中评判的专家应当具有酒店经营方面的丰富经验。目前许多《管理合同》均明确要求最终被聘用的专家应当具有十年甚至更长时间的国际酒店行业经验。第三，专家解决机制的本质是纠纷双方将争议问题提交第三方专家判断，因此受聘专家应当独立于纠纷双方，不得与任何一方存在直接的利益关系或冲突。但考虑到酒店行业的相对封闭性和独立性，如果绝对禁止与任何一方有过先前利益关系的人士出任专家，则可能会使专家人选的选择范围过于狭窄，因此，一些管理公司对存在先前利益关系的人士出任专家做了特别的限制，例如限制一定时间内受聘于一方的人士不得作为专家候选人。

二、专家人选的确定

一般情况下，当业主和管理公司发生争议后，若一方希望启动专家解决程序，应在《管理合同》规定的期限内提前书面通知另一方，由双方协商一致后确定专家的人选。关于专家的人数问题，上述案例展现了目前较多采取的一种方式，除此之外，一名专家单独审理、裁判的方式也较为常见。在独任专家的模式下，双方通过协商确定一名双方都可以接受的专家人选处理双方的争议，如果双方协商无法达成一致，则由特定的机构为双方指定一名专家。一名专家独任裁判的优点在于无论是专家人选的确定还是争议的审理和解决，往往速度快、效率高。然而，也有管理公司对专家聘任规定了相对复杂的程序，例如像上述案例中业主与管理公司那样，规定双方各指定一名专家，而后该两名专家共同推选第三名专家，最终由该三名专家组成专家团处理双方的争议（在此基础上，也有《管理合同》约定，如果其中一方没有为己方选择专家，则该争议将由另一方选择的专家独任处理）。暂且不论这种方法是否合理，仅从程序的设置上看，专家团模式更类似于仲裁程序，相较于独任专家，更有利于保证结论的合理和公正，但由于程序相对复杂，所需要耗费的时间和经济成本，也将较独任专家有所增加。因此，具体采用哪种程序设置，需要在成本和结果两个因素中进行取舍和权衡。

三、专家裁定的作出

在双方按照前述确定专家人选后，专家解决机制将进入实质的审理和裁定阶段。通常情况下，专家主要以书面审理方式为主，即双方各自将争议内容的主要事实、能够证明该等事实的主要文件和材料，以及其对争议的观点和意见通过书面形式提交专家并抄送对方。同时，双方可以针对对方提出的事实和提供的材料提出意见，并对对方的观点进行反驳或答辩。此外，应专家的合理要求，双方还应向专家提供与争议有关的其他信息（例如酒店保存的账簿或其他财务信息等），并为专家解决纠纷提供必要的协助和配合。在收到双方提交的材料和意见后，专家将对双方提交的材料进行审阅，必要时要求双方给予补充或解释，并依据所掌握的材料和其具备的专业知识和经验最终形成正式的专家裁定结果。有的管理公司在专家裁定机制中要求适用"棒球原则"，即专家只能在管理公司和业主方分别提出的两种不同请求中选择其一，非此即彼，以此来避免管理公司或业主方提出过于不合理的请求。另外，有的管理公司会在《管理合同》中专家裁定机制条款中明确约定，凡涉及是否符合酒店品牌标准的争议，专家均须听从管理公司一方的意见，以确保管理公司对酒店品牌标准的解释权。以上问题的确定和执行都有待于业主和管理公司在《管理合同》谈判和履行过程中进行权衡。

值得注意的是，业主和管理公司通常会在《管理合同》中约定专家做出最终裁定并通知双方的期限，并在聘任专家时将上述要求明确告知专家，这是专家解决机制有别于仲裁与诉讼程序的重要特点。尽管各个管理公司的《管理合同》对上述期限长短的具体规定并不完全相同，但从这一条款中不难看出，专家解决机制相较于仲裁与诉讼程序更为注重效率，同时操作更具有灵活性。

第三节 专家解决的其他问题

案例介绍

国内某房地产开发有限公司 A 公司就其所有的某酒店与国际酒店管理公司 B 公司签订了一份《管理合同》，其中约定："如双方对某项支出是否属于资本性支出发生争议，应当通过专家解决。"在合同履行过程中，管理公司要求业主就某一项资本性支出提供资金。业主认为该笔支出并不属于资本性支出，而是经营支出。如果双方根据上述《管理合同》的条款将该争议提交专家，请求专家确认该笔支出不属于资本性支出，并要求管理公司承担专家费用，除了前述的程序问题外，还可能涉及一些其他问题等，例如：(1) 裁决范围问题。假设专家在审阅相关材料后，裁定该笔费用属于资本性支出，并要求业主在合同约定期限内将该笔资金支付至酒店资本账户，该裁决中超过请求的部分效力如何。(2) 费用承担问题。假设双方在《管理合同》中并没有对费用承担做出明确约定，专家裁定的费用应由谁承担。(3) 裁决的效力问题。任何一方不服专家裁决是否还有其他救济途径。

争议要点

专家裁定的费用分担，裁定的约束力和效力。

简要分析

一、专家裁定的费用分担

专家解决机制的成本分担也是当事方可能会重点关注的一个问题。一般而言，业主和管理公司通常事先约定，由专家在裁定中规定相关费用的分担；若裁定中没有规定，则通常由双方平均分担。但实践中，也有采用其他方式的情况，例如，双方约定专家解决的相关费用可由专家裁定支持的一方向对方主张。此外，当上述相关费用最终由业主承担时，还需要关注另一个问题，即该等费用是否可以计入酒店的经营成本。对此问题目前无法一概而论，一些管理公司认为上述费用是双方发生争议所产生的成本，实质与酒店的经营无关，故不能计入经营成本；但也有部分管理公司经过谈判后能够接受将该等费用计入经营成本，因此需要根据不同管理公司的实际情况区别对待。

二、专家裁定的排他效力

在专家做出最终裁定之后，便面临着该等裁定是否发生法律效力，以及如何执行的问题。目前众多的《管理合同》均规定，专家的裁定具有终局性，对双方均有约束力；甚至有的《管理合同》还规定，业主和管理公司不得通过仲裁、诉讼或者其他方式对专家的裁定提出异议，也不得要求其他机构对专家裁定的事项进行裁决。那么这样的规定是否具有法律效力，或者说能在多大的程度上限制一方寻求其他救济途径呢？

在研究上述问题之前，我们需要首先在法律层面明确该等专家裁定的性质为何。根据中国现行的法律法规，目前我国争议解决的方式主要有和解、调解、仲裁、诉讼等。结合上文对专家裁定的定义，专家裁定显然不是仲裁或者诉讼程序，也并非和解程序，因为和解通常意义上是指纠纷当事人之间通过相互协商解决纠纷的机制。而调解程序是指纠纷双方在第三方斡旋的基础上就纠纷达成一致意见的机制。从上述分析中，我们不难得出结论，专家解决方式实际上就是中国法律项下的调解机制，而专家裁定实质便是以双方认可的独立第三方的意见为主导的调解协议。既然是调解协议，那么专家裁定只要不违反法律的强制性规定，原则上应当是合法有效的。但需要说明的是，根据我国现行的法律规定，专家裁定作为调解协议的一种，其本身并不具有强制执行力，即如果一方拒不执行已生效的调解协议，另一方不能直接申请法院执行该调解协议，而只能依法通过司法程序，要求法院确认该调解协议，在得到法院的生效判决确认后，才能申请法院强制执行。

那么专家决定是否能够排除仲裁和诉讼的管辖呢？我们认为应当区别对待。对于仲裁而言，如果《管理合同》中已明确规定提交专家解决的事项不受仲裁管辖，可以理解为双方就该部分争议并未约定仲裁管辖，因此仲裁机构对于该部分争议自然是没有管辖权的，专家决定实际上起到了排除仲裁管辖的作用。这一结果实际上已与管理公司在制定管理公司范本时通常有意规避诉讼的初衷背道而驰，应引起注意。而对于诉讼，则有所不同。从法律理论而言，诉权即提起诉讼或者申请仲裁的权利，是每个当事人的基本救济权利，该等权利是法定的权利，并不会因为双方的协议而丧失。因此，专家解决排除诉权的条款实际上否定了对方的诉权，这样的条款是否具有法律效力是值得质疑的。因此，建议双方在订立《管理合同》之初，慎重对待该等条款的文字，可采用其他的表述方式，以避免该等条款在诉讼实践中被法院认定为无效。

三、专家裁定所能裁决的范围

上述案例实际还包含着一个需要明确的法律问题，即专家裁定是否应当遵守类似于诉讼中"不告不理"的原则？对此，我们需要明确专家决定的法律基础，即双方对专家的授权，授权其就双方提交的事项进行判定。因此不难理解，专家只能就双方提交的具体争议进行裁定，如果对其他双方未争议或者未提交的问题做出裁定，则该裁定的相应部分不应当具有约束力。因此，当事方在申请专家裁定时需要对提出的主张进行认真的研究，既要能解决实际问题，又不能超出双方约定的范围。

第四节 选择专家解决的利与弊

一、专家解决机制的优势

也许有的读者会有疑问,既然目前已经有仲裁和诉讼等多种途径可解决业主和管理公司双方间可能发生的争议,为何还要专门设立专家解决的方式呢?通过本章前三节的论述,相信大家不难发现,专家解决机制相对于仲裁和诉讼方式具有一些优势。

首先,专家解决机制是一种效率较高的争议解决机制。通常情况下,仲裁程序需要经历立案、证据交换、一次或几次开庭、补充意见(如有)、仲裁裁定做出、仲裁裁定执行等一系列具体程序,往往历时一至两年;而诉讼程序基于审级制度以及每一审级中的复杂程序,一般需要比仲裁更长的时间,有的更是历时数年之久。相较于这两种争议解决机制,专家解决可谓省时。例如根据某管理公司的《管理合同》规定,当争议发生后,一方可通知另一方启动专家解决机制。在另一方收到上述通知后30日双方应当确定专家的人选,而后在确定专家后30日内,专家应当将其决定提交给争议双方。当然,上述时间仅仅是在一切顺利的前提下理论上完结专家解决程序的最快时间,考虑到实践过程相对复杂,时间可能会有所延长,但相对于动辄以年计的仲裁和诉讼程序,专家解决程序通常可以在数月内完成,最大程度上减少了对酒店开业或经营的影响。

其次,专家解决机制是一种专业性较高的争议解决机制。从前文专家解决机制的适用范围不难看出,专家解决机制主要致力于解决酒店经营过程中发生的运营和财务方面的专业问题,该类问题并不在于判断业主和管理公司哪方存在违约或者不当行为,而是需要就某一事项是否在酒店经营方面合理进行判断。举例而言,对于年度预算中某一项支出是否需要调整或者某一项支出是否属于资本性支出这样的问题,如果按照传统争议解决机制将上述问题提交仲裁或诉讼,仲裁员或者法官依然需要当事双方提交大量的相关材料作为判断的依据。

因此，只有对酒店业经营惯例或者酒店业会计制度有深入了解和经验的人才能做出明确的判断，如果仅从这个角度而言，酒店行业的专家将比仲裁员或法官更适合处理该等问题。

最后，专家解决机制是一种保密性较强的争议解决机制。这一优势主要是针对诉讼而言的。根据我国《民事诉讼法》的相关规定，除了特殊的案件外，一般情况下法院应当对民事案件进行公开审理。考虑到争议可能对酒店经营造成的不良影响，以及争议中可能涉及双方和酒店的保密信息（例如酒店的账目及预算的数据等），双方往往不愿将争议的存在及解决公之于众。而在专家解决机制中，除了当事双方外，仅有第三方专家涉及，并且出于该等专家的职业素质及保密协议的存在，当事双方商业秘密泄露的风险基本是可控的。

二、专家解决机制的局限性

尽管专家解决机制有其优势，但同时也具有一定的局限性或者不足之处。首先，专家解决仅适用于特定的争议，即前文所述的酒店经营过程中发生的运营和财务方面的专业性争议，除此之外的法律性争议依然需要通过传统的仲裁或者诉讼方式解决。其次，专家决定的执行力问题仍然值得商榷。正如前文所述，从法律角度而言，专家决定实际上是一种第三方调解协议，因此其并不具有天然的强制执行力，因此实践中可能碰到两个问题，即：（1）获得不利结果的一方不自觉执行专家决定；（2）获得不利结果的一方向法院起诉，使"专家决定是最终的且对双方具有约束力"这一约定成为一纸空谈。尽管可能会遇到上述两个问题，但我们理解这种风险仍然是可控的。对于第一个问题，如果一方不自觉执行专家决定，另一方可以请求法院确认专家决定，赋予其强制执行力。而对于第二个问题，需要区分两种情况。首先，如果专家决定确实存在程序违法或者结果显失公平等瑕疵，则获得不利结果的一方应当有权按照《合同法》的相关规定向法院提起诉讼，请求法院撤销该等专家决定或者宣告该等专家决定无效。其次，如果专家决定没有上述法律明确规定的瑕疵，而单纯因一方不愿承担不利的结果，则该一方另行起诉的行为实质上是对双方设置专家解决机制初衷的背离，因此可以在商谈《管理合同》时，在合同的文字上对一方另行起诉进行限制，从而在不剥夺任何一方诉权的前提下，限制一方在专家决定不利于己的情况下选择另行起诉。

第十二章
仲裁解决机制

导读

目前几乎所有酒店管理公司都会在其《管理合同》中将仲裁列为争议解决方式之一，仲裁也是实践中关于《管理合同》的争议解决中最常用的方式。相对于专家解决机制，仲裁更具有法律权威性，仲裁裁决得到法律的认可并可以通过法院进行强制执行。相对于诉讼解决机制，仲裁更具有灵活性，仲裁员在审理仲裁时具有更大的灵活度，可以在双方当事人的利益之间找到更好的平衡。按照我国仲裁立法与实践，除法律另有规定外，当事人可以在仲裁协议中就仲裁所涉及的任何事项，包括仲裁规则的适用、仲裁机构和仲裁员的选择、仲裁地点、仲裁协议和仲裁程序的适用法律、解决争议实体问题的适用法律、仲裁使用的语言等事项做出约定，这是民法意思自治原则的充分体现。因此，在实践中，仲裁在酒店领域及其他领域中成为争议解决最重要的机制之一。

第一节　仲裁解决机制的特点和优点

案例介绍

某房地产开发公司 A 公司与某国际品牌酒店管理公司 B 公司就某酒店项目签订了关于该酒店的《管理合同》、《技术服务合同》等合同，其中约定双方如发生争议，应提交香港国际仲裁中心通过仲裁解决。根据该《管理合同》和《技术服务合同》等合同的约定，管理公司应该向业主提供某些开业前的服务，然而在管理公司提供开业前服务的过程中，业主与管理公司产生了一些纠纷。在双方协商未果的情况下，业主根据《管理合同》的仲裁条款向香港国际仲裁中心提起了仲裁，并要求管理公司赔偿业主的损失。业主与管理公司各选定了一名仲裁员并与该仲裁机构指定的第三名仲裁员一起组成仲裁庭对仲裁请求进行了审理。

争议要点

仲裁是否能够有效地解决《管理合同》双方的争议。

简要分析

仲裁之所以能成为《管理合同》争议解决最常用、最有效的方式之一，是由仲裁本身的特点决定的，那么仲裁究竟有哪些特点呢？

一、意思自治

仲裁作为《管理合同》双方对争议解决方式的选择以双方当事人的自愿选择为前提。《管理合同》双方对于因《管理合同》引起的纠纷是否提交仲裁、仲裁机构的选择、仲裁庭的组成，以及仲裁的审理方式、适用的规则等均由双方协商确定，双方有完全的自主决定权。《管理合同》双方可以根据实际情况选定自己信赖的仲裁员审理案件；可以就开庭审理、证据提交和意见陈述等事项达成协议，共同设计符合自己特殊需要的仲裁程序；还可以选择是否终止仲裁程序等。因此，仲裁解决机制充分体现了当事人意思自治的原则。

二、专业高效

由于酒店业的特殊性，总体而言，目前国内具有酒店相关知识背景的法律专家数量仍然很有限，因此，在选择仲裁员时，双方可以充分了解己方所要选择的仲裁员的教育背景、专业方向和从业经验等，尽量寻找一个在酒店领域有充分履历和经验的专家，从而保证双方之间的纠纷能够被给予公正有效的仲裁和裁定。在仲裁机构的仲裁规则允许及双方存在约定的情况下，当事人还可以指定仲裁机构提供的仲裁员名册之外的专家担任仲裁员，给仲裁员的选择范围进行了很大的补充。与诉讼机制相比，双方能够选择仲裁员无疑具有更大的灵活性。此外，与法院经常进入二审程序相比，仲裁裁决一经做出即具有法律效力，是终局裁决，并受到法律保护，对当事人具有约束力并可强制执行。一裁终局是仲裁的效率体现，既节省时间，又节约金钱，使得当事人可以经济高效地解决纠纷。

三、经济保密

仲裁以不公开审理为原则，除了争议双方外不会有其他旁听人员，有关的仲裁法律和仲裁规则也规定了仲裁员及仲裁秘书人员的保密义务，因此《管理合同》双方的商业秘密等不会因仲裁活动而泄露，满足双方对保密性的需求。此外，仲裁的经济性主要表现在：第一，时间上的快捷性使得仲裁所需费用相对减少；第二，仲裁采用一局终裁的形式，无须多审级收费，使得仲裁费往往会低于同样标的案件的诉讼费；第三，仲裁的自愿性、保密性使当事人之间通常没有激烈的对抗，且有关商业秘密不会对外公布，相对来讲对当事人之间今后的商业机会影响较小。

四、广泛执行

仲裁具有的另一大优势是仲裁裁决承认与执行的广泛性，并且在一定条件下具有域外效力。1958年《联合国关于承认及执行外国仲裁裁决的公约》（《纽约公约》)以国际公约的形式约定了世界各国之间相互承认和执行仲裁裁决的制度，使得仲裁裁决的承认和执行具有域外操作效力。中国大陆于 1987 年加入了《纽约公约》[①]。2013 年 4 月 16 日，随着缅甸正式加入《纽约公约》，《纽约公约》的成员国增加到了 149 个[②]。根据《纽约公约》的相关规定，在中国做出的仲裁裁决，不仅可在中国得到执行，还可在《纽约公约》的所有缔约国得到普遍承认与执行，而不必再就同样的事项再次进行司法裁判和确认。同样，在中国境外做出的裁决，只要是合法有效的，也可以直接在中国境内执行。因此，相对于诉讼而言，仲裁无疑在理论上具有更广泛的跨国执行力，也理应能够为维护《管理合同》双方的权益提供更好的保障。

第二节　仲裁机构／仲裁地的选择

案例介绍

　　A 公司为国内知名地产公司，在与酒店管理公司 B 公司合作开发某酒店的《管理合同》中，仲裁机构约定为新加坡国际仲裁中心。在该酒店开业一年之后，A 公司认为该酒店的业绩与 B 公司做出的年度预算不符，而且也未达到 A 公司的预期收入标准。随后，A 公司以 B 公司经营不善为由，向新加坡国际仲裁中心提交了仲裁请求。A 公司没有处理涉外仲裁的经验，对新加坡仲裁机构的规则和执行程序也不了解，因此 A 公司实际上并不希望在境外仲裁，然而根据《管理合同》的约定，A 公司只能向新加坡国际仲裁中心提起仲裁。最终，A 公司不但为翻译证据材料等付出了高额的翻译费用，还承担了大笔的律师费和差旅费，且最终的仲裁裁决也没有达到 A 公司的预期结果。

[①] 我国在加入《纽约公约》时做出了两项保留：一是"互惠保留"，即我国只承认和执行在缔约国领土内做出的仲裁裁决；二是"商事保留"，即我国只承认和执行属于契约性和非契约性商事法律关系引起的争议所做出的裁决。

[②] 统计截至 2013 年 6 月 1 日，详情见联合国国际贸易法委员会，http://www.uncitral.org/uncitral/zh/uncitral_texts/arbitration/NYConvention_status.html。

争议要点

仲裁地的选择对仲裁结果会造成什么样的影响。

简要分析

仲裁机构的选择对于《管理合同》的争议解决尤为重要,而在选择仲裁机构的过程中,除了要考量仲裁机构本身的声誉、仲裁员素质、仲裁规则等因素外,最重要的便是对仲裁地的选择。根据国际法律原则,仲裁机构所在地决定这一个仲裁的"国籍",在双方没有明确约定适用法律或适用法律没有明确规定的情况下会适用仲裁地的法律。此外,对于在不同国家和地区做出的仲裁也会在域内效力和执行上存在一定的差别。选择一个正确的仲裁机构,不仅可以为《管理合同》双方减少很多不必要的负担,如差旅费、仲裁费等,更能通过专业、高效的裁决在最大程度上保护《管理合同》双方的权益。那么在选择仲裁机构时需要考虑的因素主要有哪些呢?

一、仲裁员

在《管理合同》中,常见的仲裁员选择条款如下:"仲裁庭由三名仲裁员组成,业主应指定一名仲裁员,管理公司应指定一名仲裁员,第三名仲裁员应由双方共同指定,如果在提起仲裁之日后三十天内双方仍未就该第三名仲裁员的指定达成共识,则应由仲裁委主任指定。"一般情况下,仲裁机构会向双方当事人提供仲裁员名单,双方可在仲裁机构提供的仲裁员名单中根据自己的判断选择认为合适的仲裁员。

在仲裁员的选择过程中,除了要考虑仲裁员的声誉、名望、专业领域、仲裁经验等因素,鉴于《管理合同》的特殊性和专业性,选择具有酒店业或相关专业知识背景的仲裁员对案件审理尤为重要。对于大多数仲裁员来讲,其接触酒店业务的机会有限,因此在没有具有酒店业背景的仲裁员的情况下,也可以考虑选择与酒店业相关的房地产、旅游、餐饮等行业背景的仲裁员。如在某仲裁案中,由于争议双方选择的仲裁员并不具有酒店业相关的知识背景,导致在开庭审理过程中花费了太多时间和精力为仲裁员解释酒店业相关的知识,不仅严重影响了仲裁的效率,给双方造成了很多不必要的负担,而且可能因为仲裁员的非专业而导致仲裁结果严重偏颇。

此外,有些《管理合同》的仲裁条款还约定了争议双方可以选择仲裁员名单之外的人士作为仲裁员参与仲裁甚至可以作为首席仲裁员对案件产生重大影响。也有些《管理合同》的仲裁条款约定首席仲裁员的国籍必须与争议双方的国籍都不相同，也是出于利益冲突和回避等原则做出的约定。可见，作为仲裁的实际审理者，仲裁员对仲裁的影响是非常巨大的。

二、仲裁规则

仲裁规则是由仲裁机构制定的在仲裁程序中所应遵循和使用的规范。根据我国《仲裁法》的规定，我国仲裁委员会仲裁规则的制定分为两种情况：国内仲裁委员会的仲裁规则，由中国仲裁委员会统一制定；涉外仲裁委员会的仲裁规则由中国国际商会制定。仲裁规则主要包括以下内容：仲裁管辖，仲裁组织；仲裁的申请、答辩和反请求程序；仲裁庭的组成；仲裁的审理和裁决程序；仲裁委员会、仲裁庭和当事人的权利义务；仲裁语文、翻译、送达、仲裁费用等。当事人可以通过《管理合同》的约定排除某些仲裁规则的适用，也可以对某些仲裁规则进行修订，但是不得违反仲裁法中的强制性规定。由于《管理合同》中不可能对每项规则做出明确的约定，因此在没有特别约定的情况下，仲裁庭将按照其所在的仲裁机构的仲裁规则进行仲裁审理。

总体上讲，我国境内各仲裁机构的仲裁规则没有太大的实质性差异，但一些境外的仲裁机构的仲裁规则会与国内的仲裁规则有较大差异。各大管理公司的《管理合同》中都会有关于仲裁规则的规定，一般情况下都是该仲裁机构当时有效的仲裁规则。仲裁规则也会对仲裁案件的审理产生重大的影响，在选择仲裁机构时也需对该仲裁机构的仲裁规则进行考量。

三、仲裁机构社会评价和声誉

仲裁机构的社会评价、声誉等影响着仲裁裁决的执行情况。目前，仅我国境内大大小小的仲裁机构就有几十个，仲裁机构的规模、声誉也不相一致，而在全球范围内仲裁机构更是不计其数。一个知名度高、声誉良好的仲裁机构做出的裁决，不仅有利于当事人自觉履行裁决义务，也有利于法院对仲裁裁决的承认和执行。如果一方当事人拒绝履行仲裁裁决，则另一方必须通过法院来申请执行，这无疑会造成额外的负担，而声誉良好的仲裁机构做出的裁决，当事人更可能自觉履行裁决。此外，对于境外仲裁机构做出的裁决和境内仲裁机构做出的裁决需要在境外申请执行的，一个具有良好国际声誉的仲裁机构会使承认和执行过程减少很多不必要的麻烦。

四、仲裁地点

仲裁地点简单地说就是仲裁活动进行的地方,即进行仲裁程序和做出仲裁裁决的所在地。在仲裁实践中,无论是临时仲裁还是机构仲裁,对仲裁地点的约定都是最为重要的。仲裁地点对于《管理合同》的仲裁条款同样也是非常核心的因素,仲裁地点的不同对仲裁结果影响十分巨大。首先,仲裁地点决定着仲裁的"国籍",从我国讲即该仲裁是境内仲裁还是境外仲裁;其次,仲裁地点也对仲裁便利程度产生很大影响,如在北京的当事人在广州仲裁,无疑会增加许多额外负担;最后,仲裁地点也会对仲裁结果产生实质影响,例如,法律制度的不同或是仲裁员的法律思维不同等都会影响仲裁结果。

(一)仲裁地点对仲裁国籍的影响

顾名思义,仲裁的国籍即该仲裁应属于哪个国家/地区的仲裁。在当前的仲裁立法和实践中,仲裁地点在确认仲裁的国籍这一问题上起着重要的甚至是决定性的作用,即一般情况下,在哪个国家/地区进行的仲裁和做出裁决,该仲裁即具有哪个国家/地区的国籍。而不同国家/地区的仲裁裁决在我国境内的承认和执行的效果也有所不同。

比如中国的法院只能撤销在中国境内仲裁机构做出的仲裁裁决,而对境外做出的仲裁裁决并没有管辖权。此外,中国法院对于境内的仲裁和境外的仲裁也采取不同的审查标准和执行方式,具有中国国籍的仲裁裁决可以不需要法院的承认便可申请执行,而不具有中国国籍的仲裁裁决一般情况下则必须先由中国法院承认后方可申请执行。但对于与中国签订有关仲裁裁决承认与执行相关公约的国家/地区做出的裁决,则应遵守公约的相关规定,在程序上会有很多便利性安排,从而提高仲裁裁决执行的效力以及节约成本等。如《最高人民法院关于内地与香港特别行政区法院相互认可和执行当事人协议管辖的民商事案件判决的安排》和《内地与澳门特别行政区关于相互认可和执行民商事判决的安排》等,都会对境内法院承认和执行港澳地区的仲裁裁决做出一些便利性规定。

比如有些管理公司设立在香港地区、新加坡或是其他国家或地区,因此仲裁地点会坚持选择在香港地区、新加坡等中国境外,在这些地区做出的仲裁裁决,如果需要在中国境内执行,必须通过中国法院先予以承认之后再通过法院进行强制执行,而不能通过境外法院的执行令或当事人自行执行。管理公司和业主在《管理合同》中确定仲裁地时应考虑到上述执行问题。

(二) 仲裁地点对仲裁便利程度的影响

仲裁地点除了决定仲裁的国籍之外，还会决定着仲裁的便利程度等。仲裁地点的不同会影响差旅费用、证据的收集、律师的聘用等，尤其对于境外仲裁讲，出于对当地法律背景和仲裁庭的了解程度等因素，可能还会需要聘用当地律师，无疑会给争议双方造成额外成本。

如在某一仲裁案中，一方当事人所在地与仲裁地点相距几千公里，但由于该方当事人的证据材料过多，而所有证据又必须在仲裁庭经过质证，出于安全性的考虑，导致其不得不驱车或飞行几千公里亲自将证据原件带到仲裁庭，造成了很多额外的负担。而在另一个仲裁案中，由于仲裁地点位于境外，一方当事人不得不聘请境外律师，最后产生的律师费可能要比聘请境内律师的律师费多出数倍。

在另一方面，由于很多仲裁委员会在全国各地或世界各地都有分仲裁庭，如国际商会或中国国际经济贸易仲裁委员会（CIETAC），如果在仲裁条款中仅仅选择了由国际商会或 CIETAC 仲裁，则容易造成仲裁地点的混淆。一般情况下如果仅约定仲裁机构而没有约定仲裁地点不会造成仲裁条款的无效，如 CIETAC 的仲裁规则规定如果当事人选择了 CIETAC 进行仲裁而没有约定仲裁地点，则由 CIETAC 总部指定，当事人就可能丧失了对仲裁地点的控制，可能会造成一定的不便。

(三) 仲裁地点对仲裁结果的实质影响

在中国的法律实践中，即使在不同城市的仲裁庭就同一事项所做出的判决也有可能不同，这与不同地方的经济发展程度、司法环境、仲裁员的教育背景等有很大关系。而如果仲裁地点在境外，对仲裁结果产生的实质影响可能会更大。由于法律体系和司法制度的不同，境外仲裁员在接受教育的过程中与国内仲裁员所接受的教育差别很大，因此，在仲裁实践中，仲裁庭对有些问题的处理会因为法律原则的不同而产生不同。

比如在损害赔偿方面，英美法体系支持惩罚性赔偿，并且对期待利益的损失有明确的规定；而在属于大陆法体系的中国和一些其他国家中，惩罚性赔偿并不会像英美法系国家得到更好的支持。因此有些酒店管理公司会坚持将仲裁地点设在新加坡、香港等属于英美法系的国家和地区，一方面也是出于《管理合同》中有类似于惩罚性赔偿的规定。

除了在损害赔偿方面外，法律体系的不同也会在其他实质方面产生影响，比如保全程序、合同中一些其他实质性问题等。在当前中国的法律背景下，对于律师的调查取证权并没有特别好的保障，因此在没有法院介入的情况下，当事人往往不会理会仲裁庭的权威性，因此对于对方律师调查取证的要求置之不理或者不予配合，给仲裁的审理造成了很大的不便。此外，由于《管理合同》的性质在中国法律背景下并不明确，因此不能明确适用我国《合同法》中关于"委托合同"的有关规定，而不像在判例法国家通过一个或几个判例即可确定关于《管理合同》有关争议的适用法律或审判规则，而仲裁庭在裁决的时候也会引用这些判例并根据先例进行裁决。

第三节 仲裁条款的效力

案例介绍

酒店业主 A 公司与酒店管理公司 B 公司签订了一份关于该酒店的《管理合同》，后因双方合作不愉快，A 公司根据《管理合同》中的仲裁条款向北京国际经济贸易仲裁委员会（CIETAC）提起了仲裁。然而当 CIETAC 接到 A 公司的申请后，以双方没有履行仲裁前置程序为由拒绝受理仲裁申请。原来 A 公司与 B 公司的仲裁条款中约定，双方在提起仲裁之前必须经过 3 个月的正式磋商并由指定人员进行调解。然而 A 公司在争议产生之后，并没有经过正式磋商等程序直接就向 CIETAC 提起仲裁，随后 CIETAC 便以双方没有履行前置程序为由而没有受理 A 公司的仲裁请求。

争议要点

设置仲裁前置条款是否有效。

简要分析

"由本合同引起的或与本合同相关的一切争议（但明确约定适用专家裁定的

争议除外），经双方协商3个月未能解决的，任何一方可将其提交至位于北京的中国国际经济贸易仲裁委员会（CIETAC），由一名或数名仲裁员根据CIETAC当时有效的仲裁规则进行仲裁并予以最终解决。仲裁员将按照CIETAC仲裁规则予以仲裁。仲裁语言为中文。"

以上是某项目《管理合同》的仲裁条款节选，这只是《管理合同》中仲裁条款的一段，而并非全部。通常情况下，《管理合同》中的仲裁条款是由一系列分条款构成的。根据我国《仲裁法》的规定，有效的仲裁协议应当具有下列内容：（一）请求仲裁的意思表示；（二）仲裁事项；（三）选定的仲裁委员会。因此，如果在《管理合同》中的仲裁条款约定不规范，很可能会导致仲裁协议无效。同时我国《仲裁法》第17条也规定了仲裁协议的三种无效情形：（一）约定的仲裁事项超出法律规定的仲裁范围的；（二）无民事行为能力人或者限制民事行为能力人订立的仲裁协议；（三）一方采取胁迫手段，迫使对方订立仲裁协议的。一般情况下，《管理合同》的仲裁条款不会有法定无效的情形，而在实践中也很少有《仲裁法》第17条规定的情形出现，因此下文将不会对该三种情形另作分析。

实践中，最经常导致仲裁条款效力出现瑕疵的主要情形有：

一、仲裁和诉讼的同时约定

笔者曾在某个酒店项目的《管理合同》中看到了这样的条款："有关因本《管理合同》引起的争议应由中国国际经济贸易仲裁委员会根据其仲裁规则予以解决，该等仲裁是终局的且具有拘束力。任何一方均可将前句中所述争议提交至位于中国北京的法院。"根据我国法律的规定，当事人同时约定诉讼和仲裁的，仲裁条款视为无效，相关争议由法院管辖。同时根据我国法律规定，对于仲裁裁决有异议的，可以向有关法院申请撤销仲裁裁决，但一般情况下法院不能就仲裁事项做出另一份判决。因此，有些酒店项目的《管理合同》中会约定就仲裁裁决可以提交至有关法院进行裁判，并不构成诉讼和仲裁同时约定，但在关注仲裁条款时，必须对有关可以提交诉讼的约定格外注意。

二、仲裁前置程序

如本节一开始所提到的案例，有时候业主与酒店管理公司双方会在仲裁条款设定提起仲裁的前置程序，如第三人仲裁、完成索赔程序等，但也并不是所有情形都能成为仲裁前置程序。如大多数仲裁条款中都约定在一方提起仲裁之前，应进行充分友好的协商，协商不成方可按照约定提起仲裁。有时合同一方会以双方协商为仲裁前置程序为由反驳提出仲裁一方的仲裁请求，但该质疑并不能实质性地最终避免仲裁程序的进行。但在实践中，《管理合同》的双方仍然应谨慎设计仲裁条款，以免由于仲裁前置程序的不当设置而对双方利益造成损害。

三、仲裁范围约定不明

根据我国《仲裁法》的规定，提起仲裁需要有仲裁事项。一般情况下，《管理合同》中的仲裁条款都会约定"由《管理合同》引起的或与本合同有关的一切争议"应提交仲裁解决，但在有些情况下仲裁条款并不会包括《管理合同》中的全部内容，如一些合同约定某些事项必须通过专家解决机制处理而将这些事项排除在仲裁范围之外；此外，有些时候《管理合同》也会明确约定某些条款或事项不在仲裁范围内。因此，如果仲裁条款约定范围不明也可能会导致仲裁条款效力出现瑕疵。

第四节 提起仲裁应注意的其他事项

除了前面提到的仲裁机构、仲裁地和仲裁条款之外，《管理合同》双方当事人在提起仲裁时还应注意以下几个事项：

一、聘请法律顾问

仲裁属于专业法律活动，因此需要专业的法律人士参与进行。一个好的法律顾问不仅可以帮助当事人把握仲裁规则和程序，也可以在实体上尽可能维护当事人的合法利益。《管理合同》一方从争议发生后决定提起仲裁的那一刻起，就应聘请有丰富经验的专业法律顾问介入。专业法律顾问将从仲裁提起、证据整理、文书起草等多方面协助当事人进行仲裁。对于与《管理合同》相关的仲裁来讲，由于其行业的特殊性以及合同的专业性，聘请具有酒店业从业背景的律师团队无疑会给案件带来丰富的经验和更大的帮助，会对仲裁结果产生实质性的影响。

二、提起仲裁的时效

根据我国现行法律的相关规定，除了劳动仲裁等，并没有关于商事仲裁时效的特别规定，因此，根据《仲裁法》第 74 条的规定，"法律对仲裁时效有规定的，适用该规定。法律对仲裁时效没有规定的，适用诉讼时效的规定"，因此，与《管理合同》有关的争议一般情况下诉讼时效为两年。在实践中，有时候争议的发生时间可能并不是一个十分确认的时间，或者违约/侵权事实的发生之时并不容易被人察觉，而且有的行为是持续发生的，因此在某些情况下当一方发现争议事实时已经过去很长时间了，甚至超过了诉讼时效。例如，发生在某一总经理在任期间的争议很可能只有在下一任总经理任期期间才会被发现，而此时对于诉讼时效，以及对酒店总经理违约和管理公司违约的区分和认定也是需要特别关注的问题。

三、仲裁语言的选择

仲裁的语言，即在仲裁过程中应使用的语言，不仅包括在仲裁庭审过程中使用的语言，也包括在仲裁过程中应提交材料的语言，包括证据材料。仲裁语言虽然并不是提起仲裁的必要条件，但在仲裁实践中至关重要。例如，在某个在中国境内审理的仲裁案件中，由于约定的仲裁语言为英语，除了仲裁申请书等程序性材料之外，大量的中文证据材料也需要翻译成英文之后再交给仲裁庭，给双方当事人增加了非常大的负担，仅翻译费就耗资巨大，而且由于其中某位仲裁员的母语并非英语，在实际审理过程中语言障碍也给各方造成了很大的不便。

四、准备证据材料

在仲裁案的审理中，除了依据合同约定和法律规定外，仲裁庭能否支持当事人仲裁请求的重大因素就是证据材料的证明力。一套完善的证据材料能够在最大限度上支持所提起的仲裁请求，而缺乏证据或证据证明力不够则很可能导致仲裁请求不被支持。例如，在某仲裁案中，由于一方当事人部分证据模糊不清导致无法辨认关键内容，最终导致与这部分证据支持的仲裁请求没有被仲裁庭支持，从而给该方当事人带来很大的利益损失。

五、注意保密义务

几乎所有《管理合同》中都有保密条款，而在发生争议之后仲裁之前，除非仲裁庭裁决解除《管理合同》，否则《管理合同》一直处于生效的状态，合同双方仍然负有合同约定的保密义务。有时一方当事人认为发生争议后没有必要再履行合同，双方以后也不会合作，因此就忽略了《管理合同》中约定的保密义务，对一些商业秘密进行泄露从而构成了违约，这点也在仲裁中被另一方提出并产生了损害赔偿。但在实践操作中，仲裁一方通过向媒体披露仲裁案件详情进而通过社会舆论来影响案件审理结果的案例并不罕见，可见各方对于仲裁的保密性质似乎并未给予应有的重视。

第十三章
诉讼解决机制

导读

在我国民事争议解决的各种途径中,民事诉讼无疑是为人广泛熟知并运用的一种争议解决机制。然而,在我国酒店行业的实践中,当事人各方却往往不愿意将诉讼作为其首选的争议解决途径。由于诉讼与仲裁的相互排斥性,相当一部分当事人在仲裁程序和诉讼程序之间毫不犹豫地选择仲裁而舍弃诉讼。为何诉讼程序在我国国际品牌酒店行业的实践中甚少适用?诉讼程序在酒店业纠纷解决的过程中是否毫无用武之地?本章将主要围绕上述两个问题展开讨论。

第一节 诉讼作为争议解决方式的实践应用

了解我国高端酒店行业的读者可能会发现,各大国际管理公司目前的合同版本几乎没有一份愿意将诉讼作为争议解决的方式。无论是在酒店合同谈判过程中,还是争议解决过程中,诉讼程序极少作为管理公司与业主解决纠纷的备选方式。为何合作双方对诉讼如此敬而远之呢?这其中的原因是复杂的。

第一,诉讼程序耗时耗力。诉讼是一个国家的司法机关运用国家赋予的司法权对当事方的争议进行审理裁判的程序,具有浓重的公权力色彩,因此诉讼是所有可供选择的争议解决方式中程序最为严格、耗时最为冗长的一种。我国实行两审终审的审级制度,根据《民事诉讼法》的规定,人民法院适用普通程序审理的案件,应当在立案之日起六个月内审结;对判决的上诉案件,应当在第二审立案之日起三个月内审结。尽管法律对审理期限有上述规定,共计九个月,但实际上法院的公告时间、鉴定时间、管辖权异议处理时间等都不计算在上述期限内,一个民事案件依其复杂程度,可能历时一年甚至数年,当事人往往不堪诉累。

第二,诉讼程序专业性强。正如上文所述,民事诉讼程序是国家审判权的表现,因此程序设置较为复杂,实践操作中需要很强的策略性和技巧性,即便有专业律师的协助,当事人有时也无法完全控制诉讼的进程。此外,诉讼实践中存在许多不确定的因素,当事人(尤其是外国当事人)通常很难把握。

第三,诉讼一般采取公开的方式审理案件。这种审理方式通常是管理公司和业主接受不了的。首先,由于酒店行业的特殊性,双方的争议很可能涉及双方的商业秘密,一旦随着案件的审理公之于众,将对商业秘密持有方在市场上的竞争力造成很大的负面影响。其次,即便双方以商业秘密为由申请不公开审理,但存在争议这一事实本身无论如何是无法保密的,试想宾客会愿意入住一个管理方与业主正在发生纠纷的酒店吗?入住这样的酒店会有安全感吗?因此酒店存在争议这一事实就会对正在经营中的酒店造成严重的影响,并且很多时候这样的事实对酒店的打击可能是致命的。

第四，诉讼必须采取中文。作为司法主权的一部分，法院审理案件只能使用中文。尽管法院会为不懂中文的当事人提供翻译，但考虑一些国际品牌要求合同以英文为准，并且聘用的都是外国律师，因此这一要求对他们来说是无法接受的。

第五，诉讼中当事人不能决定法官人选。众所周知，在诉讼程序中双方无法主动选择审判员，而仅能被动地申请有特殊关系的审判员回避。这使得当事人无法确定审理酒店争议案件的审判员是否是酒店领域的专家，或者是否了解酒店行业。

此外，还有许多其他因素，在此不再一一列举。正是由于这些复杂的原因，在国内高端酒店业内争议解决中出现诉讼的几率实际并不高。

第二节　诉讼作为辅助争议解决方式的应用

尽管严格意义上的诉讼程序并不常被采用，但法院在酒店争议中所起到的辅助性作用依然是不容忽视的。

首先，作为广义意义上的诉讼程序，执行程序在酒店业争议解决过程中起着重要的作用。当前，更多当事人选择通过仲裁或专家决定方式解决双方之间的争议。对于上述由第三方做出裁判的程序，即便当事人获得了最终的裁判，但这些裁判内容仅仅是纸面的，并未真正付诸实施。此时如果当事人一方因裁判结果对其不利而消极抵制该等裁判，即不主动地履行业已生效的专家裁定或仲裁裁决，另一方只能依法通过强制执行程序，申请法院这一民事强制执行的唯一机构，才能最终实现其权利。因此，法院在生效仲裁裁决和专家决定执行过程中发挥着重要的作用。

其次，申请司法临时措施在酒店业争议解决过程中起着重要的作用。所谓司法临时措施，是指在对案件所涉事实和法律问题进行全面审查并做出终局裁决之前，由于案件的具体、特殊的紧急情况而由司法机关对权利人所给予的临时性的救济措施。根据措施内容的不同,司法临时措施通常可分为司法禁令、证据保全和财产保全。司法禁令,是酒店合同中经常出现的术语,是指司法机关依据申请人的申请,责令被申请人停止或者不得进行一定行为的命令。这种禁令通常针对一些特殊的可能造成一方不可挽回的损失的行为而做出。例如,管理公司认为业主在履行《管理合同》的过程中涉嫌泄露该管理公司的商业秘密,此时管理公司自然有权根据《管理合同》提起仲裁,也可以向法院提交一纸诉状主张业主侵权。然而,假设业主确实泄露了有关的商业秘密,无论仲裁或者诉讼都将经历一段时间,即便管理公司最终获得了胜诉判决,但其宝贵的商业秘密已然公之于世,这种损失对于管理公司而言往往是难以用金钱衡量和补偿的。因此,在该案件中,法律许可管理公司可以向法院提出申请,请求法院在其与业主在涉及有关商业秘密的争议解决之前,业主不得将涉案信息向第三方披露,以防止管理公司不可挽回的损失。在受理管理公司的请求后,法院将对管理公司提交的事实理由和证据进行实质的审理,最终确定是否颁发上述禁令。当然,上述案例仅是其中一个例子,实践中业主和管理公司都可能存在申请司法禁令的情况,第一时间申请禁令将有助于控制事态继续恶化。证据保全和财产保全相对较容易理解,即司法机关根据当事人的申请对涉案的证据或者财产给予临时性保护,以避免该等证据或财产毁损灭失。上述三种司法临时措施或有助于还原案件事实,或有助于提前防止胜诉方利益受到侵害,无论从程序还是结果而言,都具有重要的意义。

　　此外,正如前述"专家解决机制"一章中所述,如果一方希望专家决定能够获得强制执行,还需要首先通过诉讼程序对专家决定进行确认,而这一确认程序就是我们通常所称的诉讼程序。由于前文已做相关分析,此处不再赘述。

　　因此,尽管当前酒店合同中甚少将诉讼作为双方争议解决的可选方式,但并不意味着酒店业争议解决可以完全脱离诉讼程序。恰恰相反,离开了诉讼程序,双方的很多权益将始终停留在纸面而无法落于实处。因此,建议业主与管理公司对诉讼程序应有必要的了解。

第十四章
其他通用条款

导读

酒店项目《管理合同》中的通用条款规定了业主和酒店管理公司在《管理合同》项下的一些其他权利和义务,通常情况下这些权利和义务也会在其他系列合同如《技术服务合同》、《品牌许可合同》、《集团服务合同》等中都有所体现。有些酒店管理公司整套合同的通用条款与《管理合同》一致,或在其他合同中约定直接适用《管理合同》的通用条款;而有些《管理合同》的通用条款则并不是与其他合同都保持一致,在一些条款上可能会存在一定差异。有些业主可能会认为通用条款约定的都是一些无关紧要的事情而不予重视,有些业主也可能认为通用条款因其"通用性"而忽视了不同合同之间可能只有几字之差而导致的效力不同。本章将主要对《管理合同》中一些常见的通用条款进行介绍和简要分析,这些也是业主和酒店管理公司在实践中应更加注意的问题。一般情况下,《管理合同》的通用条款包括:管辖法律、酒店协议的解释、弃权、通知、不可抗力、政府批准等,不同的《管理合同》的通用条款可能会有一些差别,或存在其他特别约定。下文笔者将摘选一些实践中容易产生问题的条款进行分析。

第一节　管辖法律

管辖法律，在有些《管理合同》中也称为"适用法律"，是指《管理合同》受哪个国家/地区法律的管辖，并依哪个国家/地区的法律进行解释。有时管辖法律会在争议解决条款中进行约定，即约定在进行争议解决时适用何种法律，处理的往往是争议解决过程中与争议直接相关的问题，包括法律程序等。而有些时候则会在通用条款中对管辖法律进行约定，即对整个合同的管辖法律进行整体约定，包括对合同相关条款的解释等。

值得注意的是，对于境内酒店而言，业主与管理公司是在中国境内签订的《管理合同》并在境内履行，若约定《管理合同》适用外国法律并受外国法律管辖是否有效呢？从法律角度上讲，在中国履行的《管理合同》约定适用外国法律应该是有效的。但是，由于酒店的开发、建设和管理都是在中国境内实际进行的，如果约定管辖法律为其他国家/地区的法律，在实际操作中也很可能出现因不符合中国法律而产生矛盾的情况。

第二节　不可抗力

不可抗力条款往往是比较容易被忽略的条款，但一旦发生争议不可抗力往往是免除责任最重要的条款之一。根据我国法律，不可抗力是法律规定的免责条款，当事人约定排除不可抗力条款的适用或约定的不可抗力范围小于法定范围都不能阻止法定不可抗力条款的适用。我国《合同法》将不可抗力定义为"不能预见、不能避免并不能克服的客观情况",仅用概括的方式进行定义,但在《管理合同》中的不可抗力条款往往详细地列举各类不可抗力事件。例如,某《管理合同》规定:"不可抗力是指下列任何事件或情形:(i)财产损害或征收;(ii)风暴、地震、飓风、龙卷风、洪水或其他自然灾害;(iii)战争、恐怖活动、起义、叛乱、暴乱或其他内乱;(iv)传染病、检疫限制或其他公共卫生方面的限制或劝诫;(v)罢工、停工或其他劳工中断事件;(vi)交通瘫痪;(vii)物料、供给或水、电等公用事业供应的限制或匮乏;(viii)对于本酒店经营所需的任何批准,相关政府当局未能做出,或者任何该等重要的批准被暂扣、吊销或撤销;或者会导致本协议下所涉及之本酒店经营不为法律所允许的任何其他情形;(ix)超出主张不可抗力的一方合理控制的任何其他事件。"

在此需要注意的是,并不是说只要发生了《合同法》项下的不可抗力,受影响方就自然具备了法定的义务免除或解除合同的权利,只有在不可抗力的发生严重冲击了合同一方或双方对于合同的履行,导致一方或双方在签署合同时所预计的合同所期望达到的目的根本不能实现的,才能成为符合《合同法》法定解除合同的条件。笔者的前述分析更多的是学理上的分析,在现实案件中将存在错综复杂的各种情况。例如,究竟什么是不可抗力?什么是不能预见?什么是不能避免?什么又是不能克服?界定的标准是什么?如何通过证据链条证明某一事件属于《合同法》项下的不可抗力?除此之外,证明不可抗力的影响导致合同目的不能实现也同样是非常复杂的。如果酒店所处地点发生暴风、洪水,例如2012年受极端气候影响下,我国各地台风、暴雨、山洪灾害频发,此类自然灾害是否会影响《管理合同》目的的实现呢?如果发生罢工游行,比如由于日本强行国有化钓鱼岛而在我国国内产生的大规模游行示威浪潮,是否会影响合同目的的实现呢?如果发生大规模社会性疫情,比如SARS、禽流感,或者出现大规模限制入境的情况,比如北京奥运会时的部分情形,是否会影响合同目的的实现呢?再比如,酒店发生火灾,比如央视新办公楼的配楼酒店的大火,是否会影响合同目的的实现呢?请读者们注意的是,笔者上述列举的几种情况,实际是根据《管理合同》可能面临的不同现实问题而试举的例子,存在很强的现实性,并且可能由于认知角度的不同,而影响是否能适用不可抗力的最终结果。双方在认定某事件是否为不可抗力时,需结合事件和性质及危害程度来综合考量。例如酒店被征收、物资短缺、经济低迷、经济危机、政府作为/不作为等事项是否一定会被认定为不可抗力事件并非定论。如果双方对不可抗力的认定发生争议,则需要有权威的第三方提供证明,甚至通过仲裁或诉讼来进行裁定。

第三节　政府批准

多数《管理合同》中会将政府批准放在通用条款中进行规定，但在具体的细节上可能会存在一定差异，如有些管理公司只是原则性地约定"业主应就《管理合同》向中国的政府部门提交申请或其他任何备案，则在提交上述申请或其他备案之前，由经营公司核实相关详情"；而有些管理公司则规定得相对严格："业主应当在生效日后的30日内，自行承担费用，获得所有必要的批准，以使本酒店协议能被有效执行并使业主和管理公司能够履行其各自在本酒店协议下的义务。如果在前述期间内未能获得该等批准的，管理公司可以立即终止本协议而无须承担任何责任"；也有些管理公司将政府批准列入不可抗力条款中，如上文"不可抗力"中引用的条款。值得我们注意的是，在上述第二种约定政府批准的情况下，如果业主在规定期间内未能获得政府批准，管理公司有权终止《管理合同》。因此在实践操作中，业主与管理公司应就政府批准事项达成一致，并对政府批准所需时限、要求等进行充分了解，以防止由于政府原因造成不能批准或延迟批准而导致产生管理公司解除合同的权利，甚至有可能造成业主承担违约责任的后果。此外，关于境内酒店管理公司受托管理酒店，并不需对《管理合同》进行审批和备案，因此上述批准和备案将无须操作。对于境外酒店管理公司直接在境内受托管理酒店的审批和备案事宜，目前在国内不同城市存在不同的操作实践，甚至存在因各政府部门意见不一而导致《管理合同》无法正常备案的情况。无论酒店业主或酒店管理公司应对这一根本性政策风险提前进行调研把控。

第四节　合同语言

正如本章一开始所介绍的案例中所提到的，合同语言也会对《管理合同》产生重大影响。由于大多数知名酒店管理公司都是国际公司，因此在与中国业主签订的《管理合同》大多是中英文双语的，也有一些是只有英文文本的。在中英文文本都存在的情况下，有些时候双方会约定中英文具有同等效力，有些时候也会约定以中文或英文为准，而一旦产生争议，尤其是对中英文的理解产生不一致的时候，合同语言的效力就显得尤为重要。如果双方在谈判期间为回避矛盾而不约定优先语言，则届时如果发生中英文歧义时，根据我国法律规定双方可以协议补充约定，如果不能达成补充协议的，则按照合同有关条款或者交易习惯确定，双方可提出证据证明双方在合同谈判时的原意。

第五节　保密义务

一般情况下，不论是《管理合同》还是其他类型的商业合同都会有保密的相关约定。在《管理合同》中，除了一些一般保密义务如《管理合同》本身的保密义务之外，还会有一些特殊的保密义务，如对酒店 IT 系统及顾客数据等相关信息的保密义务。酒店管理公司对保密条款一般都比较看重，有些保密义务从《意向书》签订之日起便产生，有些保密义务在《管理合同》结束后结束，而有些条款的保密义务则在《管理合同》结束之后仍然要维持一段时间。此外,保密条款中还会规定一些豁免或例外情形,也是合同双方需要注意的地方。

第六节 通知

从合同角度讲,通知只是约定了通知的方式以及送达时间,这也是通知条款最核心的因素。而一旦到了争议解决环节,通知的方式和送达则会成为很多证据的关键。不符合通知条件的通知将不被承认,而对有一定期限约定的通知会因为送达时间认定的不同导致被认定为超过期限。因此在酒店实际运营中需要严格按照《管理合同》约定的方式做出每一份通知。在仲裁和诉讼阶段,在提起书面证据时,是否符合通知要求等与通知条款相关事宜将变得尤为重要,可能直接影响到仲裁员/法官对相关证据的认定,进而影响整个案件的最终审理结果。

后 记

2009年9月，笔者与孙铤哲先生、李亚先生、孟宪石先生及张兵先生共同编写的《酒店管理合同：从谈判到履行》由旅游教育出版社出版，并于2013年4月再版。感谢旅游教育出版社和编辑赖春梅女士的鼎力协作！该书的出版首次填补了国内酒店管理合同谈判和履行领域的空白，而且至今仍是该领域该题材唯一完整而系统的专业著作，并受到酒店业内业外人士的广泛关注。

在《酒店管理合同：从谈判到履行》的写作、出版、流传过程中，笔者也在时刻关注着国内酒店业的最新发展趋势和动向。随着我们参与酒店项目的数量和种类的继续增多，我们越来越感觉到酒店管理合同不止是简单的一份合同，合同里的条款文字，合同外的谈判和履行，管理合同里里外外、前后始终、随时随处都存在着可能发生争议的风险。在我们与酒店业内人士的交流过程中，一个普遍的共识是目前大规模粗放式开发出来的不计其数的国际品牌酒店，必将在未来几年里发生各式各样、林林总总的争议和纠纷，这也是目前国内酒店业在快速发展之初所必须经历的阶段。因此，如何解决酒店管理合同在履行过程中所出现的争议和纠纷，将是未来长时间内酒店项目各方所必须关注和解决的问题。

近年来笔者接触到越来越多的关于酒店管理合同履行期间的各种各样的争议案件，有的经双方协商和解，有的经第三方调解，有的已通过仲裁裁定，有的提交了法院判决，还有更多的尚在争议过程中。通过争议过程中业主和管理公司各自的争论和依据，我们也发现了许多在管理合同谈判阶段所难以仅从字面意思解读出来的问题和风险，并使我们以诉讼的角度审视作为非诉讼阶段的酒店管理合同谈判，由此开拓了我们的视角和思路。此外，笔者作为中国国际经济贸易仲裁委员会（CIETAC）仲裁员的实务经验，也为本书的写作及笔者所从事的酒店业务的法律实务带来丰富的直接和便利资源。

因此，基于我们对国内酒店市场最新发展态势及方向的了解和掌握，笔者深感有必要在《酒店管理合同：从谈判到履行》获得业内普遍认可的基础上继续写下去。新书承前启后，顺理成章，遂定名为《酒店管理合同：从履行到争议解决》。

由此成书。

王丽华

2013年6月